무너지는 환상

무너지는 환상

2008년 경제 위기 이후 세계는 어떻게 달라지는가

알렉스 캘리니코스 지음 | 이수현 · 천경록 옮김

책갈피

무너지는 환상

2008년 경제 위기 이후 세계는 어떻게 달라지는가

지은이 알렉스 캘리니코스
옮긴이 이수현 · 천경록
펴낸곳 도서출판 책갈피
등록 1992년 2월 14일(제18-29호)
주소 서울시 중구 필동2가 106-6 2층
전화 02)2265-6354
팩스 02)2265-6395
이메일 bookmarx@naver.com

첫 번째 찍은 날 2010년 8월 5일

값 13,000원
ISBN 978-89-7966-076-0 03300
잘못된 책은 바꿔 드립니다.

"항상 현실 자체만큼 급진적이려고 노력해야 한다."

V I 레닌

차례

서문과 감사의 말 | 9

서론 2008년에 세계는 어떻게 변했는가 | 13

1부 무너진 금융 | 39

금융화란 무엇인가? | 45

금융 위기를 보는 세 가지 관점 | 59

민스키·61 / 하이에크·68 / 하비·71

단지 금융 위기만은 아니다 | 78

장기적인 과잉 축적과 수익성 위기·79 / 불안정하고 불균형한
세계 금융 시스템·91 / 경제성장의 동력이 된 금융 거품·100

경기회복의 딜레마 | 118

Alex Callinicos

Bonfire of Illusions
The Twin Crises of the Liberal World

2부 포위된 제국 | 133

국가의 역습 | 135

제국들의 충돌 | 148

불협화음을 지휘하기 | 168

결론 정책 교체냐 체제 교체냐 | 177

신자유주의의 종말? | 179

국가, 시장, 계획 | 189

후주 | 201

찾아보기 | 230

일러두기

1. 이 책은 Alex Callinicos, *Bonfire of Illusions: The Twin Crises of the Liberal World*(Polity, London, 2010)을 번역한 것이다.
2. 인명과 지명 등의 외래어는 최대한 외래어 표기법에 맞춰 표기했다.
3. ≪ ≫ 부호는 책과 잡지를 나타내고, 〈 〉 부호는 신문과 주간지를 나타낸다. 논문은 " "로 나타냈다.
4. 본문에서 [ ]는 옮긴이가 우리말로 옮기면서 독자의 이해를 돕고 문맥을 매끄럽게 하기 위해 덧붙인 것이고, 지은이가 덧붙인 것은 [— 캘리니코스]라고 표기했다.
5. 본문의 각주는 모두 독자가 이해하기 쉽도록 옮긴이가 설명을 첨가해 덧붙인 것이다.

서문과 감사의 말

이 책의 제목을 두고 한동안 심사숙고를 거듭했음을 고백해야겠다. 내가 염두에 둔 환상은 냉전 종식 이후에 지배 이데올로기가 된 환상, 결정적으로는 1989년 프랜시스 후쿠야마가 ≪역사의 종말≫에서 주장해서 유명해진 신념, 즉 인류는 오직 자유 자본주의라는 토대 위에서만 평화와 번영과 자유를 누릴 수 있을 것이라는 신념이었다. 이런 신념은 환상이었을 뿐임이 2008년 늦여름과 가을에 밝히 드러났다는 것이 이 책 ≪무너지는 환상≫의 출발점이다. 즉, 러시아와 그루지야의 전쟁에서 미국이 지정학적 좌절을 겪고 2008년 9월 15일 리먼브러더스 파산으로 경제적 지진이 일어나면서 그런 환상은 산산조각 나고 말았다는 것이다.

나는 여전히 이 판단이 옳다고 생각한다. 그리고 실제로 이 책에서 특히 지난 수십 년 동안 선진 자본주의 경제들이 겪은 장기적 과잉 축적과 수익성 위기에 기초한 분석을 폭넓게 발전시켰다. 그러나 나는 한 가지를 망각했다. 그것은 마르크스가 종교적 신앙을 순전히 지적으로만 비판하는 태도의 한계를 지적하면서 다음과 같이 말한 것이었다. "사람들에게 자신이 처한 상황에 대한 환상을 포기하라고 요구하는 것은 그런 환상이 필요한 상황을 포기하라고 요구하는 것이다."

그래서 자유 자본주의는 엄청난 물리적·상징적 타격을 입고도 마치 아무 일도 없었다는 듯이 일사천리로 나아가려 한다. 2009년 11월 영국은행이 발표한 보고서를 보면, 미국·영국·유로존●이 금융권에 쏟아부은 구제금융이 14조 달러로 세계 총생산량의 거의 4분의 1에 해당한다. 각국 정부는 여전히 금융시장을 달래려 하지만 금융시장이 계속 살아남을지는 그들 자신의 노력에 달려 있다. 공공서비스는 신자유주의적 '정상 상태'로 돌아가려는 움직임 때문에 망가지고 있다. 가장 어처구니없는 것은 지구온난화라는 엄청난 문제를 시장 해법으로 해결하자는 주장이다.

그래서 환상은 사라지지 않고 오히려 살아남았다. 이것은 집단적 사기이고 자기기만이지만, 우리가 다루는 환상이 물질적 이해관계로 지탱되고 있다는 사실을 보여 준다. 다시 말해, 그런 환상은 "환상이 필요한 상황"의 징후다. 따라서 이런 상황 자체를 종식하는 것이 절실하다. 2009년 12월 코펜하겐 기후변화 정상회의는 주요 열강들 간의 이기적 책략 때문에 지리멸렬하게 끝나고 말았다. 이는 기업 간, 국가 간 맹목적 경쟁에 따라 움직이는 경제체제를 제거하는 것이 세계적으로 얼마나 중요한 일인지를 분명히 보여 준다.

● 유럽연합 국가들 중에서 유로화를 통화로 사용하는 16개국.

이 책을 쓰면서 당연히 다른 사람들의 도움을 받았다. 폴리티 출판 사에서는 클레어 앤설Clare Ansell, 수전 비어Susan Beer, 데이비드 헬드David Held, 세라 램버트Sarah Lambert의 도움을 받았다. 샘 애시먼Sam Ashman, 조셉 추나라Joseph Choonara, 크리스 하먼Chris Harman은 모두 이 책의 초고를 읽고 매우 귀중한 논평을 해 줬다. 로렌조 퍼사로Lorenzo Fusaro는 데이비드 하비가 쓴 ≪자본의 한계The Limits to Capital≫가 다양한 각도에서 자본 주의를 분석하고 그 결과를 종합한 중요한 저작이라는 것을 일깨워 줬다. 그들 모두에게 도와줘서 고맙다는 말을 전하고 싶다. 물론 그들의 도움을 내가 어떻게 이용했든 이 책의 내용은 전적으로 내 책임이다.

2009년은 1960년대 세대 마르크스주의 지식인들을 여럿 잃은 끔찍한 해였다. 예컨대, 조반니 아리기와 제리 코언이 사망했다. ≪무너지는 환상≫은 또 다른 두 사람에게 바치는 책이다. 피터 고완(1946~2009)은 지난 10년 동안 현대 세계를 비판하는 독창적이고 흥미로운 정치경제학을 발전시켰다. 그 전에도 고완은 특히 옛 소련과 동유럽을 지배하던 스탈린 체제가 아닌 다른 종류의 사회주의를 발전시키려는 노력을 꾸준히 선도했다. 나는 고완의 책을 읽고 그와 대화를 나누며 많은 것을 배울 수 있었다. 그는 훌륭한 사람이었고 지난해 6월 그가 죽은 것은 정말 큰 손실이었다.

그러나 지난해 11월 뜻밖에도 크리스 하먼(1942~2009)이 갑자기 죽었다. 그 슬픔은 지금도 뭐라 형언할 수 없다. 35년 넘게 내 친구였던 하먼은 탁월한 지식인이었다. 그는 매우 다양한 방면에서 마르크스주의 사상을 발전시켰는데, 특히 그의 정치경제학 저작들은 매우 중요했고 나 자신의 정치경제학을 구축하는 데 큰 도움이 됐다. 하먼의 마지막 저서 ≪좀비 자본주의Zombie Capitalism≫에서 분명히 드러나듯이, 마르크스주의 정치경제학에 관한 저술 활동이 한창 왕성할 때 그가 죽었다는 것이 특히 슬프다. 나는 ≪좀비 자본주의≫의 초고를 읽고 논평을 해 줬다. 하먼이 ≪무너지는 환상≫과 그 전작前作인 ≪제국주의와 세계 정치경제Imperialism and Global Political Economy≫의 초고를 모두 읽고 논평해 줬듯이 말이다. 우리의 오랜 대화가 끝났다는 것과 내가 하먼 없이 계속 일해 나가야 한다는 것이 아직도 믿기지 않는다.

서론

2008년에 세계는 어떻게 변했는가

How the World Changed in 2008

어떤 사건이나 날짜를 역사의 전환점(위대한 시작이나 종말)으로 선언하는 일은 분명히 유래가 있다. 그런 선언의 시작은 아마 1792년 9월 프랑스 혁명군이 발미에서 구체제 군대들을 격파하자 괴테가 "오늘 여기서 세계사의 새로운 시대가 시작됐다"고 선언한 일일 것이다. 그러나 언론이 최신 유행이나 정치 주기의 변화를 중대한 역사적 단절로 묘사하거나 선언하면서 그런 관행은 따분하기 그지없는 상투적 표현으로 전락하고 말았다. 여기서 드러나는 것은 끝없는 새로움이라는 이데올로기, 즉 끝없이 새로워지는 것이 현대 자본주의의 중요한 측면이라는 이데올로기다.

그러나 이런 변질이 일어났다고 해서, 정말로 시대의 획을 긋는 사건들이 일어나지 않는 것은 아니다.[1] 내가 보기에 2008년 늦여름과 초가을에 바로 그런 사건이 일어났다. 그 사건의 성격을 잘 보여 주는 에피소드가 두 가지 있다. 하나는 8월 초 러시아와 그루지야가 벌인 짧은 전쟁이고, 다른 하나는 9월 15일 리먼브러더스 파산이다. 특히 후자는 1930년대 대공황 이래 최대 규모의 금융 폭락을 일으킨 촉매제였다. 이 두 에피소드(둘의 중요도는 약간 다른데, 후자가 전자보다 더 중요하다)는 어떤 사건의 계기들인가?

언뜻 드는 생각은 그 에피소드들이 탈냉전 시대의 종식을 보여 준다는 것이다. 이런 생각은 흔한 통념, 즉 탈냉전 시대를 종식시킨 것은 2001년 9월 11일 뉴욕과 워싱턴에 대한 테러 공격이라는 생각과 맞지 않는다. 그러나 곰곰이 생각해 보면 이런 통념은 사실과 다르다는 것을 알 수 있다. 유럽이 서방에 유리하게 재통합되고 옛 소련이 붕괴하자 국가 간 체제에서 미국의 전례 없는 우위 시대가 시작됐다. 이런 미국의 우위를 반영한 이데올로기를 가장 강력하게 표명한 사람이 '역사의 종말'론을 주장한 프랜시스 후쿠야마인데, 이 이데올로기는 두 가지 주장으로 요약할 수 있다. 하나는 현대 사회가 합리적으로 수용할 수 있는 사회·경제 체제는 자유 자본주의뿐이라는 주장이고, 다른 하나는 자유 민주주의가 확장되면 전 세계에 훌륭한 글로벌 거버넌스가 실현될 수 있을 것이라는 주장이다. 이런 주장이 표현되고 개진되는 방식은 다양했지만, 주요 서방 국가 지도자들에게 그런 주장은 공통의 상식이었다.[2]

9·11 공격은 이런 이데올로기와 정치적 주장에 도전한 극적인 사건이었지만, 그 이데올로기와 주장을 결코 분쇄하지는 못했다. 오히려 9·11 공격에 대한 대응으로 조지 W 부시 정부는 미국의 헤게모니를 재확인하고 강화하는 데 진력했다. 그리고 실제로, 처음에 미국이 아프가니스탄과 이라크에서 신속하게 승리한 것처럼 보였을 때 많은 사람들은 미국의 노력이 성공하고 있다고 생각했다. 더욱이 부시 2세가 이끄는 미국은 신자유주의 말고는 대안이 없다는, 1989년 이후 서방 지배계급의 일치된 견해를 재천명했다. 탈레반 정권 붕괴와 사담 후세인의 몰락 사이에 부시 정부가 발표한 악명 높은 "국가 안보

전략" 보고서는 서두에서 냉전의 결과를 다음과 같이 요약한다. "지속 가능한 국가 성공 모델은 자유, 민주주의, 자유기업을 바탕으로 하는 모델뿐이다."[3] 다른 서방 국가들은 부시 정부의 일방주의를 못마땅하게 여겼을 수 있고 때로는 미국이 대표하는 자유 시장 자본주의 버전과 약간 다른 자유 자본주의 모델을 옹호하기도 했다. 그러나 유럽연합이 도하 라운드(WTO가 9 · 11 대응 방안의 일환으로 출범시킨 무역 자유화 협상)에 헌신한 것을 보면 원칙 수준에서는 미국과 그 밖의 서방 국가들 사이의 이견이 비교적 사소했다는 것을 알 수 있다(협상이 끊임없이 교착상태를 벗어나지 못한 데서 드러나듯 유럽연합과 미국의 이해관계 충돌은 사뭇 다른 문제였지만 말이다).

그렇다면 2008년은 왜 이런 패턴과의 단절인가? 먼저, 러시아-그루지야 전쟁부터 살펴보자. 언뜻 보면 이 전쟁은 러시아 국가(차르 제국과 옛 소련 제국의 유산 상속자를 자처하는)와 그루지야 정부(러시아가 후원하는 분리주의 고립 소국인 남오세티야와 압하지야를 되찾으려고 혈안이 돼 있던) 사이의 오래된 영토 분쟁처럼 보였다. 그러나 그루지야 대통령 미하일 사카슈빌리는 2003년 11월 '장미 혁명'으로 집권한 이후 줄곧 캅카스에서 "유로-아틀란티시즘의 전초기지"(〈파이낸셜 타임스〉가 그렇게 불렀다)를 자처하면서, 나토 가입을 추진하고 미국과 이스라엘의 지원을 받아 군대를 훈련시키고 군비를 증강했다. 사카슈빌리가 2008년 8월 7일 남오세티야의 수도인 츠힌발리를 공격한 것은, 〈파이낸셜 타임스〉가 지적했듯이 "러시아가 쳐 놓은 교묘한 함정"에 빠져든 것일 가능성이 높다. 다시 말해, 러시아 대통령 드미트리 메드베데프와 대통령보다 더 강력한 실세 총리인 블라디미르 푸틴은 그 전쟁을 이용해 그루지야에 처참한 군사적 패배를 안겨 줬는데, 이는 나토를 동쪽으로 확장해 러시아를 포위하려는 미국의 노력에 저항하겠다는 단호한 의지를 보인 것이다.[4]

따라서 러시아-그루지야 전쟁은 러시아의 '가까운 외국'*에서 벌어진 그저 그런 영토 분쟁에 불과한 것이 아니었다. 안보 자문업체 대표인 조지 프리드먼은 전쟁 직후 메드베데프가 광범한 지정학적 목표를 천명했다고 지적했다.

> 메드베데프는 러시아가 지역과 세계 체제의 전반적 재편에 관여하고 있다고 말했다. 지역 수준에서 러시아가 옛 소련이나 러시아 제국을 부활시키려 한다는 말은 옳지 않을 것이다. 옛 제국의 영역에서 러시아 중심의 제도적 구조와 지리적 관계 구조를 새로 창출하고 있다는 말이 옳을 것이다.
>
> 세계 수준에서 러시아는 이 새로운 지역적 파워(와 러시아의 상당한 핵 자산)를 이용해서, 미국이 우위를 잃고 있는 세계 체제에서 일정한 구실을 하고 싶어 한다.[5]

프리드먼은 러시아의 이런 전략은 미국이 이라크와 아프가니스탄에 발이 묶여 다른 지역의 위기에 대처할 군사적 능력이 없는 사실을 이용하는 데 달려 있다고 주장한다.

미국은 러시아에 엄청난 기회의 창을 열어 줬다. 한동안 미국은 세계

---

* near-abroad : 옛 소련이 해체될 때 독립한 신생 공화국들.

다른 지역으로 상당한 병력을 보낼 만한 여유도 없고 확장된 전선의 병력을 지원할 능력도 없었다. 더욱이, 미국은 이란 제재 문제나 잠재적으로는 아프가니스탄 문제에서도 러시아의 협력이 필요했다. 러시아는 여전히 그 지역의 일부 세력들에게 상당한 영향력이 있기 때문이다.

미국은 러시아가 필요했으므로 러시아를 봉쇄할 수 없었다.[6]

다시 말해, 러시아-그루지야 전쟁은 오늘날 이라크 전쟁의 장기적 결과라고 널리 알려진 것, 즉 미국의 이라크 점령으로 미국의 우위가 확인되고 강화되기는커녕 미국의 약점이 드러나고 더 커졌다는 사실을 뚜렷이 보여 줬다. 고故 조반니 아리기는 부시 2세 정부가 "미국 헤게모니의 최종 위기"를 확인시켜 줬다고 설득력 있게 주장했다.[7] 런던에 있는 국제전략문제연구소IISS의 러시아·유라시아 선임 연구원인 옥사나 안토넨코는 버락 오바마 집권 이후 미국을 대하는 메드베데프-푸틴 정권의 태도에서도 비슷한 견해를 엿볼 수 있다고 말했다. "오늘날 모스크바의 압도적 견해는 미국이 쇠퇴하고 있고 러시아와 협상할 때는 불리한 처지일 수밖에 없다는 것이다."[8]

러시아는 가장 중요한 수출품인 석유와 천연가스의 가격 상승으로 막대한 외환 보유고를 쌓아 놓은 덕분에 이렇게 단호한 태도를 취할 수 있었다. 러시아의 이런 태도는 '권위주의적 자본주의들'이 성장하면서 미국 헤게모니와 미국이 주창한 신자유주의 경제 모델에 도전하고 있다는 생각을 확산시켰다. 어쨌든, 2000년대 세계경제의 핵으로 떠오른 중국에서는 놀라운 경제 호황으로 공산당의 지배력이 약해지거나 국가 관리자들, 지방 기업인들, 다국적기업들 사이의 통치 동맹이 흔들릴 조짐은 전혀 보이지 않았으니까 말이다.

그러나 미국 헤게모니의 분명한 약화, 심지어 종말은 첫째 에피소드만큼이나 둘째 에피소드와도 밀접한 관련이 있다. 2008년 9월 리먼브러더스 파산으로 세계 금융시장이 폭락하자 유럽의 주요 정치인들은 재빨리 신자유주의와 미국의 우위가 급격히 약화했다고 주장했다. 프랑스 대통령 니콜라 사르코지는 다음과 같이 선언했다. "자유방임은 끝났다. 시장은 전능하고 항상 옳다는 생각도 끝났다." 독일 재무장관 페어 슈타인브뤼크는 독일 국회에서 훨씬 더 노골적으로 말했다. "미국은 세계 금융계의 수퍼파워 지위를 상실할 것입니다."[9] 그러나 세계경제 위기로 미국이 약해졌다는 생각(더 정확히 말하면 미국의 처지에서는 두려움)은 대서양 건너편에서도 퍼져 있었다. 예컨대, 빌 클린턴 정부 시절 재무부 차관을 지낸 로저 올트먼의 반응을 보자(물론 그는 총체적 파멸에서 [벗어나려고] 유럽연합과 제휴하려 한다).

2008년의 금융·경제 폭락은 75년 만에 닥친 최악의 위기이고 미국과 유럽에게는 중대한 지정학적 좌절이다. 앞으로 몇 달이나 몇 년동안 미국과 유럽 각국 정부는 국제적으로 이렇다 할 구실을 할 수 있는 수단이나 경제적 신뢰를 모두 잃을 것이다. 이런 약점은 언젠가는 극복되겠지만 그때까지는 세계의 무게중심이 미국에서 멀어지는 경향이 증대할 것이다.[10]

그러나 당연히 금융 폭락 자체가 그 지정학적 결과보다 훨씬 중요하다. 사실, 러시아-그루지야 전쟁은 미국의 권력이 쇠퇴하는 훨씬 더 장기적인 지정학적 과정의 한 단계일 뿐인 반면, 리먼브러더스 파산과 그 여파는 훨씬 더 두드러진 전환점이었다. 2006~2007년 미국 주택시장의 투기 거품 붕괴(이른바 서브프라임 모기지 위기)와 그 후의 신용 경색에서 시작된 사태가 전면적인 세계 경제·금융 위기로 발전해서 제2차세계대전 이후 처음으로 세계 총생산량이 감소했다. 비록 1930년대 대공황만큼 심각하고 오래 지속되지는 않을 수 있지만, 현재의 위기를 보면 1930년대와 비교하지 않을 수 없다. 오늘날 파국의 규모가 훨씬 더 두드러진 이유는 2000년대 중반의 신용 호황이 떠받친 자본주의 번영기 직후에 파국이 찾아왔기 때문이다. 2007년 3월 당시 영국 재무장관이었고 머지않아 총리가 되는 고든 브라운은 마지막 예산안을 의회에 제출할 때 경제도 강력하고 정부 재정도 튼실하다고 자랑하면서 다음과 같이 선언했다. "우리는 과거의 호황-불황 순환으로 결코 돌아가지 않을 것입니다."[11] 서브프라임 위기가 닥치고 나서 몇 달 후인 그해 10월에도 IMF는 2000년대 호황이 1950년대와 1960년대 장기 호황기의 전후 자본주의 황금시대보다 더 낫다고 평가했다.

지난 몇 년 동안 생산량은 1970년대 오일쇼크 이후 그 어느 때보다 더 급속히 증가했다. 그러나 1960년대와 비교해도 현재의 성장 수준과 기간은 나쁘지 않은 듯하다. 다시 말해, 과거보다 더 많은 나라들이 급속하게 성장하고 있으며 대다수 나라와 지역에서 생산의 변동성도 1960년대보다 상당히 완화됐다.[12]

18개월이 채 안 돼 IMF의 논조는 바뀌었다. 그래서 지금의 세계 경제·금융 위기와 1930년대 대공황 사이의 "유사성을 걱정"했다.[13] 사르코지와 슈타인브뤼크의 반응에서 드러나듯이, 위기의 책임은 대체로 1980년대 이후 미국과 영국이 주도한 규제 완화, 자유 시장 일변도의 자유 자본주의 버전 탓으로 돌려지고 있다. 그럼에도 1930년대 대공황 때와 마찬가지로 위기의 규모가 워낙 크다 보니 위기의 원인이 어느 정도나 체제 탓인지, 즉 자본주의 생산양식의 본질 자체에서 비롯한 것인지를 살펴보게 된다.

더욱이, 대공황 때 그랬듯이 이번에도 세계경제 위기로 말미암아 정책이 극적으로 역전逆轉됐다. 1929년 8월 국제 금융 위기가 확산되고 은행가들이 공공 지출 대폭 삭감을 요구하자 영국 노동당 정부가 붕괴했다. 그리고 노동당 총리였던 램지 맥도널드가 이끌고 보수당이 지배하는 국민정부가 들어섰는데, 이 후임 정부는 신속하게 영국을 금본위제에서 탈퇴시켰다. 전임 노동당 정부 내각의 일원이었던 패스필드 경 시드니 웨브는 "우리에게 금본위제에서 탈퇴해도 된다고 말해 준 사람은 아무도 없었다"고 불평했다. 이 말은 페이비언협회 창립자들조차 당시의 자유 시장 정설에 사로잡혀 있었다는 것을 보여 준다. 그러나 당시 정책과 이데올로기가 극적으로 바뀌고 있었다는 것도 분명히 보여 준다. A J P 테일러는 다음과 같이 논평했다. "며칠 전만 해도 관리통화제도를 가족계획만큼이나 사악한 짓으로 여겼는데, 이제는 피임법과 마찬가지로 흔해 빠진 일로 여긴다."[14] 1930년대 대공황 시대의 특징은 국가가 국민경제에 훨씬 더 깊숙이 개입하고 일부 나라(특히 히틀러 치하 독일과 스탈린 치하 소련)에서는 국민경제 전

반을 지도하기도 했다는 것이다.[15]

아직까지 세계 경제·금융 위기에 대한 대응은 1930년대의 국가 자본주의만큼 멀리 나아가지는 않았다. 그러나 그 방향은 똑같다. 활동적인 보수당 역사가 닐 퍼거슨이 2007년 12월 〈파이낸셜 타임스〉에 쓴 다소 오만한 글을 보면 이데올로기의 역전을 분명히 알 수 있다. 퍼거슨은 다윈의 진화론과 자연선택설을 이용해 금융시장의 움직임을 서투르게 분석하면서 "사유화가 전 세계를 휩쓸고 있는 지금, 선진국에서 멸종 위기에 처한 종(은행 가운데 — 캘리니코스는 국유 은행뿐"이라고 썼다.[16] 이런 주장은 당시에도 어리석은 것이었다. 영국의 신노동당 정부가 그해 가을 신용 시장이 얼어붙자 파산 위기에 몰린 노던록 은행을 국유화하는 법안을 추진하고 있었기 때문이다. 그러나 퍼거슨은 머지않아 크게 당혹스러워했다. 2000년대 중반의 신용 거품이 꺼지면서 피해자가 속출하자, 규제 완화된 세계 금융시장의 핵심부에 있는 바로 그 정부가 파산한 금융기관들을 구제하려고 엄청난 돈을 썼기 때문이다. 그것은 세계 역사상 최대 규모의 국유화였다. 2008년 가을 레임덕● 상태의 부시 정부는 모기지 회사인 패니메이와 프레디맥, 거대 보험회사인 AIG를 인수했고, 영국 정부는 스코틀랜드왕립은행(자산 기준으로는 세계 최대 기업)과 로이드뱅킹그룹의 최대 주주가 됐다. 이제 세계를 휩쓴 것은 재국유화 물결, 그것도 파산한 산업체가 아니라 금융권의 관제 고지들을 재국유화하는 물결이었다.

은행 구제는 훨씬 더 커다란 정책 전환의 일부였다. 주요 국가들

● 집권 말기의 권력 누수.

은 자국 은행 시스템에 천문학적 자금을 쏟아 부었고, 세계경제를 불황에 빠뜨린 수요 급감을 막으려고 소비와 차입을 늘렸다. 이런 정책 전환이 가장 두드러진 곳이 미국과 영국이라는 사실 때문에 혼란과 때로는 분노가 일어났다. 미국과 영국이야말로 규제 완화와 사유화 흐름이 가장 멀리까지 나아갔고 다른 국가들에도 규제 완화와 사유화 압력을 가장 강력하게 가한 국가들이었기 때문이다. 신자유주의를 따르는 것은 바보짓임이 드러났다. 즉, 체제의 핵심부 국가들은 다른 국가들에는 신자유주의를 강요하면서도 정작 자신들이 경제적 곤경에 빠지자 신자유주의를 실천하지 않았던 것이다. 체코 총리 미레크 토폴라네크는 당시 유럽연합의 순번제 의장이었는데 2009년 3월 유럽의회 연설에서 세계적 경기부양을 모색하는 오바마의 정책(세금 감면과 공공 지출 증대)과 미국의 보호무역주의 경향을 일컬어 "지옥으로 가는 길"이라고 말했다.[17] 유럽연합을 확대·강화하는 데 회의적인 레임덕 정부의 수반이 내뱉은, 별로 외교적이지 않은 이 말은 자본가들이 신자유주의에서 케인스주의로 전환하는 것에 대한 유로존 주요 국가들(특히 독일과 프랑스)의 더 광범한 반감과 일치한다. 예컨대, 슈타인브뤼크는 영국 총리 고든 브라운이 수요를 증대하려고 부가가치세를 인하한 것을 비판하며 다음과 같이 말했다. "이런 조처는 영국의 부채를 엄청나게 늘려서 한 세대 전체가 부채 상환에 허덕이게 만들 것이다. 전 같으면 결코 적자예산을 편성하지 않았을 바로 그 사람들이 지금은 막대한 돈을 쏟아 붓고 있다. 수십 년 동안 고수하던 공급 중시 정치에서 우둔한 케인스주의로 전향하는 것을 보면 정말 기가 막힌다."[18]

그러나 정치적 혼란은 중대한 이데올로기 위기와 밀접한 관련이 있었다. 이 점도 1930년대와 비슷한데, 당시 자유 시장 정설을 바탕으로 한 '영국 재무부 관점'(메이너드 케인스가 고전학파 경제학자들의 견해를 지칭한 말)은 끊임없는 지적 비판을 받았다. 그 결과 대안적 경제 모델들이 정당성을 획득했다. 케인스가 ≪고용·이자·화폐의 일반이론≫(1936)에서 제시한, 국가가 관리하는 자본주의 모델뿐 아니라 다양한 종류의 계획경제도 정당성을 인정받은 것이다.[19] 1937년에 펭귄 출판사가 대량으로 찍어 낸 책에서 G D H 콜*은 다음과 같이 썼다. "이제 선택은 국가 규제냐 자유 경쟁이냐가 아니라 제한적 자본주의 통제하의 계획이냐 소비자의 욕구를 최대한 만족시키기 위한 공적 지원하의 계획이냐다." 대공황에 대처하는 소련, 파시스트 이탈리아, 나치 독일, 뉴딜 시기의 미국, 보수당 치하 영국의 다양한 계획 조처들을 살펴보고 나서 콜은 다음과 같이 결론지었다. "내가 연구한 다섯 나라 중에 오직 한 나라에서만 인간의 복지 요구를 충족시키려고 가용 생산 자원을 풀가동하는 계획적 노력이 있었다. 그 나라는 물론 하나뿐인 사회주의 국가, 즉 소련이다."[20]

스탈린주의 지령 경제가 점차 정체하고 1970년대와 1980년대에 케인스주의 수요관리 정책이 심각한 경제 위기 재발을 막지 못하자, 밀턴 프리드먼과 프리드리히 폰 하이에크의 지도 아래 자유방임 경제학이 다시 지적 헤게모니를 되찾고 로널드 레이건과 마거릿 대처 정부의 정책들이 정당화될 수 있는 환경이 조성됐는데, 이 정책들이 일

---

* 협동조합 운동을 주창한 페이비언협회 소속 정치 이론가, 경제학자, 역사가.

반화된 것이 신자유주의였다.[21] 그러나 세계경제 위기와 그에 따른 정책 대응을 보면, 적어도 신자유주의 경제 정책 레짐policy regime●은 실패했다고 분명히 말할 수 있다. 따라서 이 정책 레짐을 정당화한 이론들은 경제 위기에 일조했다는 비판을 결코 피할 수 없다.

경제학이라는 분과 학문은 지난 수십 년 동안 매우 계량화한 신고전학파 정설로 무장한 채 이견을 용납하지 않았는데, 이런 경제학이 점차 비판을 받고 있다. 2008년 12월 영국 여왕은 런던 정치경제대학교LSE를 방문해서 다음과 같이 질문했다. "왜 아무도 경제 위기를 예상하지 못했소?" 안타깝게도, 연행돼서 런던탑에 갇힌 사람은 아무도 없었다.[22] 주류 경제학에 도전한 사람들은 대체로 외부자들, 즉 여왕이나 나심 니콜라스 탈레브 같은 사람들이었다. 금융시장 관계자들의 자기기만을 비판해서 인기를 끈 보수파 저술가 탈레브는 금융 경제학, 특히 현대 포트폴리오 이론MPT을 신랄하게 비판했다.

경제학과 금융 분야 연구의 토대인 MPT는 '알프레드 노벨을 기리는 스웨덴 중앙은행의 경제학상'을 몇 차례 수상했다. 스웨덴 중앙은행이 제정하(고 상금을 지원하)는 이 상은 전차 알프레드 노벨이 제정한 노벨상과 혼동돼서 이제는 '노벨 경제학상'이라는 잘못된 이름으로 불린다.

MPT가 만들어 낸 시그마, 베타, 샤프 지수, 상관관계, 위험 평가, 최적의 포트폴리오, 자본자산 가격결정 모형 같은 기법들은 내가 '검

● 개별적인 단위 정책들을 포괄해 정책 과정 전반을 제약하는 제도적 틀.

은 백조'(백조는 대부분 흰색이므로 아주 희귀하다)라고 부르는 사건들만큼이나 현실성이 없다. 따라서 내가 문제 삼는 것은 이 상이 과학을 모독했을 뿐 아니라 금융 시스템을 파산 위험으로 몰아넣었다는 것이다. …… 거듭되는 경제 위기에서 우리가 배운 것은 MPT의 경험적·과학적 타당성이 점성술 수준이라는 것이지만(점성술만큼 아름답지는 않다), 전 세계에서 학생 15만 명이 배우는 경영학에서는 그 교훈이 무시된다.[23]

금융 폭락으로 꼴찌상을 받을 만한 사람이 있다면 앨런 그린스펀일 것이다. 청년기에 에인 랜드가 주도한 자유방임 지상주의 우파 소모임의 일원이었던 그린스펀은 학업을 마친 후 공화당 정부의 경제 고문이 됐다가 1987~2006년에 미국 중앙은행인 연방준비제도이사회(이하, '연준')의 의장을 지냈다. 흔히 1990년대 말 미국의 경제성장을 대부분 그린스펀의 공적이라고 여겼다. 그래서 미국 기득권층의 궁정 사가라 할 수 있는 밥 우드워드는 그린스펀에 대한 존경을 담아 ≪마에스트로Maestro≫*라는 전기를 쓰기도 했다. 그러나 그린스펀은 주식시장과 주택시장에서 투기 거품이 커지도록 방치했다는 이유로 심지어 퇴임 전부터 점차 비판의 대상이 됐다. 이런 비판이 절정에 달한 것은 2007년 8월 금융시장이 얼어붙었을 때였다.

리먼브러더스가 파산하고 곧바로 금융시장이 폭락하자 2008년 10월 그린스펀은 파국을 부른 범인을 색출하는 데 혈안이 된 미국 의회

---

* 국역 : ≪마에스트로 그린스펀≫, 한국경제신문사, 2002.

의 청문회에 출석했다. 중국 문화혁명 때 '부르주아' 교수들의 자기비
판과 비슷한 분위기의 청문회에서 그린스펀은 금융시장이 자신의 이
론과 맞지 않는 것을 보고 "충격과 불신" 상태에서 헤어나지 못하고
있다고 실토했다.

> 제가 저지른 실수는 [금융]기관들, 특히 은행과 기타 기관들이 자기
> 이익을 추구하는 것이야말로 주주 이익과 기업에 투자한 자본을 가
> 장 잘 보호하는 방법이라고 생각한 것이었습니다. …… 따라서 여기
> 서 문제는 매우 튼튼한 건물처럼 보이던 것, 실제로 시장 경쟁과 자
> 유 시장을 떠받치는 가장 중요한 기둥이 무너졌다는 것입니다. 그리
> 고 앞서 말씀드렸듯이, 이 때문에 저는 충격을 받았습니다. 아직도
> 저는 그런 일이 왜 일어났는지 제대로 알지 못합니다. 그리고 문제가
> 어디서 왜 시작됐는지를 알게 되면 그만큼 제 견해를 바꿀 것입니다.
> …… 그렇습니다. 저는 결함을 발견했지만, 그 결함이 얼마나 심각하
> 고 영속적인 것인지를 알지 못해서 매우 당혹스러웠습니다.[24]

이것은 그린스펀의 생각과 달리 사소한 '결함'이 결코 아니다. 신
고전학파 경제학은 애덤 스미스의 다음과 같은 유명한 말을 도그마*
로 만들어 놓았다. 시장 참여자는 "자신만의 이익을 추구하는" 흔히
"보이지 않는 손에 이끌려 자신이 결코 의도하지 않은 목표를 촉진
하게 된다. …… 그는 자신의 이익을 추구함으로써, 흔히 사회의 이

---

* 독단적 신념이나 학설.

익을 증진시킨다. 그가 정말로 사회의 이익을 증진시키려 할 때보다 더 효과적으로 말이다."[25] 이 독단적 경제학은 경제주체들이 저마다 자신의 이익을 추구하도록 내버려 두면 사회적으로 최상의 결과를 얻을 것이라고 단언한다. 케인스는 이런 주장을 분쇄하기 위해, 시장 경제가 완전고용에 미치지 못하는 수준에서 균형에 이를 수도 있음을 입증하려고 노력했다. 그러나 이제 '자유방임 지상주의 공화당원'인 앨런 그린스펀도 이기심과 공공복리 사이의 연관이 무너졌다는 것, 적어도 금융시장에서는 그랬다는 것을 인정한다. 그 함의는 엄청나다. 신자유주의 시대에 공공서비스를 사유화하려는 노력처럼 시장 해법이 공공 정책을 지배하게 된 것을 생각해 보면 말이다. 그렇게 인정한 사람이 그린스펀만도 아니었다. 도이체방크 총재 요제프 아커만도 그 몇 달 전에 "시장의 자기 치유 능력을 더는 믿지 않는다"고 말했다.[26]

반면에 지적 패배를 인정하려 들지 않는 사람들도 있었다. 2009년 봄 〈파이낸셜 타임스〉는 요란하게 선전한 "자본주의의 미래"라는 연재 기사를 야심 차게 시작하면서 논쟁의 결과를 예단해서, 문제는 "투명하지 않은 금융 부문"이었다고 주장했다. 즉, 신용파산스와프CDS*와 부채담보부증권CDO** 같은 파생금융상품들이 정확한 평가를 받지 않은 채 시장에서 유통된 것이 문제였는데, 이런 관행은 "방정

---

* 채권 발행사가 부도날 경우 원금을 상환받을 수 있도록 한 보험 성격의 신용 파생 상품.
** 회사채나 금융기관의 대출 채권, 자산담보부증권(ABS)이나 모기지담보부증권 (MBS) 등을 묶어 만든 유동화 채권.

식을 이용한 튤립 행상과 다를 바 없었다"*는 것이다.

따라서 시장 자본주의의 조종弔鐘을 울리는 사람들은 틀렸다. 시장이
실패한 것이 아니라 바람직한 시장을 만드는 데 실패한 것이다. 비난
받아야 하는 것은 특정한 사고방식이고, 그런 사고방식은 그린스펀
만 갖고 있었던 것이 아니다. 그들은 자본주의 경제의 고유한 불안정
성을 무시했다. 그래서 그런 불안정성을 관리할 수 있는 정책 입안자
들의 관리 책임을 면제해 줬다. 이것은 사회체제의 파산이 아니라 그
사회체제를 책임진 사람들의 지적 · 도덕적 실패, 변명의 여지 없는
실패다.[27]

문제는 체제가 아니라 체제를 관리하는 사람들이라는 결론은 "자
본주의 경제의 고유한 불안정성"이라는 말 때문에 뒤죽박죽이 되고
만다. 이 말은 "바람직한 시장"은 위기를 겪지 않는다는 생각과 모순
되는 듯하기 때문이다. 더 일관된 답변을 한 사람은 〈파이낸셜 타임
스〉의 수석 경제평론가인 마틴 울프였다(비록 그린스펀과 달리 오류를
솔직히 인정하지는 않았지만 말이다). 세계 경제 · 금융 위기가 발발하기
몇 년 전에 울프는 신자유주의 세계화를 적극 옹호한 책 ≪세계화가
성공하는 이유Why Globalization Works≫를 펴냈다. 그 책에서 울프는 조
지프 스티글리츠와 더 급진적인 사람들의 비판, 즉 금융 세계화가
1980년대와 1990년대에 중동부 유럽과 남반구의 '신흥 시장 경제들'

---

* 17세기 네덜란드에서 벌어진 튤립 투기 거품 현상에 빗댄 말.

에 강요됐고 동아시아 경제 위기의 주된 원인으로 널리 인정된다는 비판을 교묘히 피해 갔다. 신자유주의 시대에 금융 위기 발생 건수가 급증했다는 것을 인정하면서도 울프는 다음과 같이 주장했다. "대규모 금융 위기는 피할 수 없지만, 위기로 빠져드는 경향을 완화할 수 있다고 믿을 만한 근거는 충분하다"[28] 그 뒤 울프는 특히 금융 위기 문제를 집중적으로 연구한 결과를 책으로 펴냈다. 세계경제 위기가 시작되기 전에 써서 2008년 가을 금융 폭락 직후에 출판된 그 책에서 울프는 금융 위기를 세계 체제의 주변부에서 일어나는 현상쯤으로 취급했다.[29]

그러다가 체제의 핵심부에서 경제 위기가 시작되자 그는 오랫동안 두르고 있던 지적 외투를 재빨리 벗어 던졌다. 이제 그는 "케인스가 우리에게 금융 위기를 숙고할 최상의 방법을 선사했다"며 포스트케인스주의 경제학자 하이먼 민스키를 칭찬했다(그래서 금융시장의 고유한 불안정성을 분석한 민스키가 갑자기 유행을 타게 됐다).[30] 울프는 심각한 불황을 겪고 나면 세계경제가 다시 건강해질 것이라고 주장한 자유시장론자들을 비판하고, 주요 국가들이 이미 실시한 경기부양책보다 훨씬 더 큰 규모의 경기부양책으로 유효수요를 증대하기 위해 "충분한 것보다 더 많은 일을 해야 한다"고 강력하게 촉구했다.[31] 울프의 〈파이낸셜 타임스〉 동료로서 1970년대에 영국 기득권층이 프리드먼의 통화주의로 전향하는 데서 핵심 구실을 한 새뮤얼 브리턴은 울프보다 더 멀리 나아가 "케인스, 당신이 지금 살아 있어야 하는데 ……" 하고 말하면서, 돈이 어디서 나오느냐는 경기부양책 비판가들의 물음에 다음과 같이 대꾸했다. "한마디로 대답하면, 데브던에 있는 영국은행 조폐국에서 나올 것이다."[32]

　이런 식의 지적 재주넘기는 경제 위기가 얼마나 심각한지를 여실히 보여 준다. 경제적 비상사태 동안에는 '정상 영업'(시장 자본주의의 정상적 작동)을 유보할 수 있다는 것이다. 그럼에도 정책과 이데올로기가 역전되자 가능한 것들의 경계가 넓어졌다. 신자유주의는 경제 관계가 다시 자연 질서처럼 보이게 하는[*] 효과를 냈다. 케인스 혁명은 비록 자본주의를 최악의 경제 위기에서 구하려는 것이었지만 경제를 정치적으로 통제하려는 생각을 정당해 줬다. 예컨대, 필립스 곡선(인플레이션과 실업률이 반비례 관계라고 가정하는)의 교훈은, 정부는 저마다 정치적 색깔이 있으므로 자신의 가치와 우선순위를 가장 잘 반영하는 인플레이션-실업률 조합을 선택할 수 있다는 것이다. 따라서 경제 관계를 지배하는 것은 물리적 과정의 동역학과 비슷한 자율적 메커니즘이 아니라는 것이다.[33]

　프리드먼의 주요 비판 대상 하나가 필립스 곡선이었고, 프리드먼은 시장경제가 노동 비용·생산성·수급으로 결정되는 '자연'실업률로 이끌리는 경향이 있음을 입증하려 했다. 정부는 매우 단기적으로만 실업률에 영향을 미칠 수 있으며, 자연실업률보다 낮은 수준으로 실업률을 유지하려고 지출을 늘리고 세금을 내려서 통화량을 늘리더라도 물가 상승률만 올릴 뿐이라는 것이다. 이런 주장은 케인스주의 수요관리 정책을 포기하고 금리 통제권을 독립적 중앙은행에 넘겨줘서 통화·재정 안정성을 추구하는 것을 정당화했고, 이것이 1980년대

----

[*] 이른바 경제 관계의 재再자연화.

와 1990년대에 모습을 드러낸 신자유주의 경제정책 레짐의 핵심 특징이었다. 그 목표는 경제를 19세기와 20세기 초의 금본위제 시대처럼 다시 모종의 자동조종장치에 맡기는 것이었는데, 하이에크는 이를 두고 "통화량을 규제하는 약간 자동적인 체제로 돌아가는 것"이라고 불렀다.[34] 제3의 길(중도좌파와 신자유주의를 결합하려는 토니 블레어, 빌 클린턴 등의 노선)의 주요 전제는 이런 '경제 관계의 재자연화'를 받아들이는 것이었다.[35]

2007년 8월 이후 금융 위기가 심화하면서 이 모든 것은 산산조각 났다. 불황을 막으려는 노력의 일환으로 각국 중앙은행이 금리를 거의 제로 수준으로 낮추자 통화정책은 제대로 작동하지 않게 됐다. 이제 재정정책이 결정적으로 중요해졌는데, 재정정책은 국가의 징세·지출 능력에 달려 있었다. 신자유주의의 주요 목표 하나가 바로 국가의 징세·지출 능력을 제한하고 억제하는 것이었는데 말이다. 심지어 중앙은행의 '양적 완화' 정책(국공채와 회사채를 매입해서 금융권에 돈을 쏟아붓고 금리를 낮게 유지하는 것)조차 국가가 이런 채권 매입에 사용할 법정화폐를 발행하는 것에 달려 있었다. 이것은 단순한 기술적 정책 수단의 문제가 아니었다. 재정정책은 국가가 다양한 결과를 낳을 수 있음을 보여 줬고, 이 점은 일부 국가들이 다른 국가들보다 더 기꺼이 차입하고 지출하려 했다는 사실을 보면 알 수 있다. 그 과정에서 경제 관계는 다시 탈脫자연화했다. 자동조종장치는 꺼졌고, 정치가 세계경제를 조종했다.

그러자 경제 위기가 끝나면 무슨 일이 벌어질 것인가 하는 문제가 제기됐다. 자동조종장치가 다시 되살아날 것인가? 아니면 발터 벤야

민이 "역사철학 테제" 1번에서 자동인형이 체스 게임을 하는 것처럼 보이지만 실제로는 "체스 선수인 작은 꼽추"가 조종한다고 말했듯이,[36] 그 자동조종장치가 따지고 보면 물리적 메커니즘이 아니라 저마다 이해관계가 있는 인간 주체들이 움직이는 장치였음이 드러날 것인가? 확실히, 신자유주의를 옹호하는 많은 사람들은 과거의 '정상 영업'으로 돌아갈 수 없을까 봐 걱정했다. 예컨대, 〈이코노미스트〉는 반세계화 지식인이자 활동가인 월든 벨로가 옹호한 '탈세계화'가 현실이 될 수 있다고 경고했다. "[세계화 — 캘리니코스] 과정은 역전될 것이다. 세계화는 재화·자본·일자리의 이동이 세계적으로 통합되는 것을 뜻한다. 이제 이 각각의 과정이 난관에 봉착했다." 세계경제 위기의 여파로 국제무역과 외국인 직접투자가 위축됐기 때문이다.[37]

이 사실을 다른 각도에서 더 긍정적으로 보면, 경제 위기와 그 대책의 결과로 기존의 경제적·정치적 합의에서는 가능하지 않았던 많은 일이 이제 가능해졌다. 그래서 패스필드 경의 불만, 즉 "우리에게 금본위제에서 탈퇴해도 된다고 말해 준 사람은 아무도 없었다"는 말이 오늘날 특별한 의미가 있는 것이다. 따라서 국가가 은행을 구제하는 것을 보면서 미국의 우파 공화당 의원들이 격분한 것(예컨대, 켄터키 주 출신 상원의원인 짐 버닝은 리먼브러더스 파산 이후 부시 정부가 부실자산구제프로그램TARP으로 7000억 달러를 쓴 것을 두고 "전혀 미국적이지 않은 금융 사회주의"라고 비난했다)도 놀라운 일이 아니다.[38] 그들이 오랫동안 파묻어 버렸다고 생각한 방안들이 갑자기 되살아나서 빛을 보게 됐으니 말이다.

슬라보예 지젝은 오바마가 미국 대선에서 승리한 것을 보고 쓴 홀

룽한 글에서, 오바마가 실제로 추진할 정책들을 어떻게 비판하든지 간에 오바마의 승리로 "우리의 자유가 확대되고 그래서 우리의 의사 결정 범위도 확대됐다"는 것은 사실이라고 말하면서도 어떤 대안이 결국 정치적으로 득세할 것인지는 경제·금융 위기를 해석하는 서로 다른 견해들의 영향력에 달려 있을 것이라고 말했다.

2008년의 금융 폭락이 전화위복의 계기, 즉 우리를 꿈에서 깨어나게 하고 우리가 세계 자본주의라는 현실 속에서 살아가고 있다는 사실을 냉정하게 일깨워 주는 계기가 될 가능성은 별로 없다. 그것은 모두 금융 폭락이 어떻게 상징화되는지, 어떤 이데올로기로 금융 폭락을 해석·설명하고 경제 위기를 이해하는지에 달려 있다. 사태의 정상적 흐름이 충격적으로 끊겼을 때는 '난삽한' 이데올로기적 경쟁이 벌어질 수 있다. 1920년대 말 독일에서는 어떻게 바이마르공화국의 위기를 설명하고 어떤 위기 타개책을 내놓을 것인가 하는 경쟁에서 히틀러가 승리했다. 1940년 프랑스에서는 프랑스의 패배를 설명하는 경쟁에서 페탱 원수가 승리했다. 따라서 오래된 마르크스주의 용어를 빌리면, 오늘날의 경제 위기에서 지배 이데올로기의 주된 과제는 금융 폭락의 책임을 세계 자본주의 체제 자체가 아니라 그것의 일탈, 즉 느슨한 규제와 거대 금융기관들의 부패 탓으로 돌리는 것이다. …… 따라서 정말 위험한 때는 금융 폭락을 해석하는 가장 중요한 견해가 우리를 꿈에서 깨어나게 하는 것이 아니라 우리로 하여금 계속 꿈을 꾸게 만드는 경우다.[39]

그러나 그렇다면 최상의 "설명"은 무엇인가? 약간 다르게 말하면, 현재 진행 중인 경제적·정치적 격변을 이해하는 최상의 이론적 틀은 무엇인가? 마틴 울프는 자신이 1960년대에 옥스퍼드 대학교 다닐 때 "이미 모든 마르크스주의는 사악할 뿐 아니라 어리석기도 하다는 사실을 깨달았다"고 썼다.[40] 그러나 예단하기를 좋아하지 않는 사람이라면 지금이야말로 현대 세계에 대한 마르크스주의의 관점을 살펴볼 만한 아주 좋은 기회라고 생각할 것이다. 따지고 보면, 마르크스주의 정치경제학은 자본주의 경제체제의 구조적 불안정성을 규명하는 분석을 상당히 발전시켰다. 또, 20세기 초 이래로 줄곧 자본주의의 경제적 경쟁과 지정학적 경쟁 사이의 깊은 관계를 파악하는 제국주의 이론을 발전시키려고 노력해 왔다.[41] 이 때문에 마르크스주의는 경제적·지정학적으로 매우 유동적인 세계의 복잡한 문제들을 규명하는 데 특히 유용한 듯하다.

어쨌든, 이 책은 마르크스주의 정치경제학을 바탕으로 하고 있다. 이 말은 무슨 뜻인가? 많은 점에서, 마르크스의 가장 중요한 통찰은 그 자신이 말했듯이 자본을 사회적 관계로 파악했다는 것이다. 더 정식화해서 말하면, 자본주의 생산양식은 적대적 사회관계(또는 구조적 모순) 두 가지, 즉 자본과 임금노동의 관계와 자본들 간의 관계로 이루어져 있다. 전자는 착취 관계다. 노동은 새로운 상품을 생산하는 과정에서 가치를 새로 창출하고, 따라서 이윤(자본의 동력원일 뿐 아니라 성공의 수단이기도 한)의 원천이다. 자본은 생산과정을 통제하는 덕분에 이 잉여가치를 전유專有할 수 있다. 이 모순은 자본으로 하여금 잉여노동 전유에 의존할 수밖에 없게 만든다는 점에서 두 가지 모순

중에 더 근본적이지만, 두 번째 모순이 없다면 이 모순은 불완전하다. 두 번째 모순이 없는 자본은 추상일 뿐이다. 즉, 실제로 존재하는 자본은 서로 경쟁하는 개별 자본들이다. 그래서 각각의 자본은 그들이 함께 노동자들에게서 뽑아낸 잉여가치 중에서 더 많은 몫을 차지하려고 서로 경쟁한다. 이런 경쟁 압력 때문에 자본들은 일정한 수준의 착취를 할 수밖에 없고, 또 잉여가치를 축적하고 생산 설비를 확상·개선하는 데 재투자할 수밖에 없는 것이다. 그러나 이런 경쟁적 축적 과정으로 말미암아 심각한 경제 위기가 빈번하게 나타난다. 마르크스는 이것이 자본주의 생산양식의 고유한 경향이고 자본주의가 역사적으로 제한적·일시적 체제일 뿐임을 보여 주는 가장 명백한 증거라고 생각했다.[42]

위의 문단은 복잡하고 추상적인 이론을 아주 짧게 요약한 것이다. 이하 본론에서는 마르크스주의 정치경제학이 오늘날의 세계를 조명하는 귀중한 수단이라는 것을 입증하려 한다. 이 책의 구조는 매우 간단하다. 1부에서는 세계 경제·금융 위기의 동역학을 살펴본다. 특히 금융 붕괴가 현대 자본주의의 구조나 경향과 얼마나 깊은 연관이 있는지를 살펴볼 것이다. 이를 위해 금융 위기를 분석하는 심층 이론 몇 가지를 검토할 것이다. 이와 달리 2부에서는 지정학적 영역을 주로 살펴볼 텐데, 특히 경제·금융 위기와 현재 진행 중인 세계경제 권력의 장기적 재편 사이의 복잡한 상호작용이 주요 국가들의 상대적 능력에 어떤 영향을 미치는지를 살펴볼 것이다. 마지막으로 결론에서는 가능한 정치적 대응 방안들을 논의할 것이다. 신자유주의의 정상 상태로 복귀해야 하는가? 아니면 세계를 규제 강화된 자본주의 형태

로 되돌릴 정책 레짐을 구축해야 하는가? 그도 아니면 자본주의 자체
를 넘어서야 하는가?

1부

무너진 금융

Finance Humbled

금융화란 무엇인가?

금융 위기를 보는 세 가지 관점

단지 금융 위기만은 아니다

경기회복의 딜레마

"금융계는 더 겸손해지고 산업계는 더 만족하기를 바란다."[1]

　1925년 2월 당시 영국 재무장관 윈스턴 처칠은 치열한 정책 논쟁 와중에 그렇게 썼다. 그 논쟁 끝에 경제적·정치적으로 재앙적인 결정이 내려졌는데, 그것은 제1차세계대전 발발 전의 금본위제로 돌아가 파운드화를 미국 달러화*와 일정한 비율로 고정시키겠다는 것이었다. 금본위제 복귀가 런던 시티**와 월스트리트의 기고만장한 '금융계' 입김이 반영된 것이라면, 1930년대에 금융계는 확실히 기가 꺾였다. 대공황에 대한 국민국가들의 대응책은 자국 통화를 관리하고, 금융시장을 엄격하게 통제하고, 더 광범하게는 흔히 전략적 이유로 경제를 잘 규제해서 특히 산업 발전을 촉진하는 것이었다. 프랭클린 루스벨트의 뉴딜 정부는 월스트리트 은행가들을 정치적으로 비난하는 데 열을 올렸다. 1933년 5월 월스트리트를 조사한 의회 청문회의 주요 표적은, 영국이 금본위제로 복귀하도록 획책하는 데서 결정적

----

* 당시 미국은 유일하게 금본위제를 고수하고 있었다.

** 영국의 금융 중심지.

구실을 한 거대 금융 가문인 모건 가家였다. 이 청문회에 이어서 통과된 '1933년 글래스-스티걸 법'은 특히 상업은행과 투자은행을 분리해서 금융시장의 투기적 일탈 행위를 억제하려 했다.[2]

오늘날 금융계는 다시 심판대에 올랐다. 은행이 세계경제 위기를 촉진했기 때문에 대중의 엄청난 분노에 직면했다. 2009년 3월, 월스트리트의 은행들이 그 전 해에 연방정부 구제금융 2430억 달러를 받아서 180억 달러를 임직원 연말 보너스로 지급했다는 사실이 폭로되자 특히 격렬한 분노가 일었다. 다시 한 번 의회 청문회가 열려서 범인들의 책임을 추궁했다. 2008년 10월 하원 정부감시개혁위원회에서 리먼브러더스 회장 리처드 풀드가 신랄하게 비판받은 것은 특히 기억할 만하다(몇 주 뒤 이 위원회에서 앨런 그린스펀이 자기비판을 하게 된다). 그러나 대중의 정의감을 가장 만족시켜 준 사건은 아마 2009년 3월 〈데일리 쇼The Daily Show〉*에서 코미디언 존 스튜어트가 헤지펀드 사장 출신으로 CNBC의 〈매드 머니Mad Money〉 프로그램 진행자인 짐 크레이머에게 굴욕을 안겨 준 사건일 것이다. 크레이머는 진행자와 방청객들의 질문에 쩔쩔매고 곤혹스러워하면서 청중의 비위를 맞추려고 애썼다. 영국에서는 스코틀랜드왕립은행의 파산과 국유화로 크게 망신당한 전임 총재 프레드 굿윈 경이 엄청난 연금을 받은 것이 마찬가지로 의회와 언론의 비난의 초점이 됐다.

그러나 월스트리트와 런던 시티를 겨냥한 신랄한 비판을 상징적 정의의 통속극쯤으로 치부하는 것은 심각한 실수일 것이다. 훨씬 더

---

* 미국의 정치 풍자 TV 프로그램.

광범한 사람들, 흔히 뜻밖의 사람들도 금융계를 비판했다. 예컨대, IMF 수석 이코노미스트 출신인 사이먼 존슨의 다음과 같은 분석을 보라.

심각하고 갑작스럽다는 점에서 미국의 경제·금융 위기는 최근 신흥 시장에서(그리고 오직 신흥 시장에서만) 일어난 경제·금융 위기, 즉 한국(1997년), 말레이시아(1998년), 러시아와 아르헨티나(여러 차례)의 위기와 놀라우리만큼 닮았다. 각각의 경우에 세계의 투자자들은 각 나라 정부나 금융 부문이 막대한 부채를 상환할 수 없을까 봐 두려워서 갑자기 대출을 중단했다. 그리고 각각의 경우에 그런 두려움 자체가 결국은 사태를 급격하게 악화시켰다. 왜냐하면 부채를 만기 연장할 수 없었던 은행들이 실제로 부채를 상환할 수 없게 됐기 때문이다. [2008년 — 캘리니코스] 9월 15일 리먼브러더스가 파산으로 몰리면서 미국 금융 부문의 자금원이 하룻밤 새 고갈된 것도 이 때문이다. 신흥 시장 위기 때와 꼭 마찬가지로 금융 시스템의 약점은 재빨리 경제 전체에 파장을 일으키면서 심각한 경제 수축을 부르고 수많은 사람들을 곤경에 빠뜨렸다.

그러나 더 심각하고 불길한 유사성이 있다. 재계의 소수 특권층 인사들(미국의 경우에는 금융업자들)이 경제 위기를 불러일으키는 데서 결정적 구실을 했다는 점이다. 그들은 항상 정부의 은밀한 지원을 받아 더 큰 도박을 벌이다가 필연적으로 붕괴할 수밖에 없었다. 더 걱정스러운 점은 그들이 지금 자신들의 영향력을 이용해서, 경제의 급락을 막는 데 꼭 필요한 개혁 조처들을 방해하고 있다는 것이다. 정

부는 그들의 행동을 저지할 능력도 의지도 없는 듯하다.[3]

존슨은 IMF 내부에서 겪은 경험을 바탕으로 자신이 "세계 최고 수준의 올리가키"*라고 부른 것의 작동 방식을 다음과 같이 설명했다.

미국의 금융업계는 일종의 문화적 자본을 축적해서 정치권력을 획득했다. …… 월스트리트는 권력의 향기가 아주 강한 매우 매력적인 곳이다. 월스트리트의 고위 임원들은 정말로 자신들이 세계를 움직이는 지렛대를 통제한다고 생각한다. 워싱턴에서 일하는 공무원이 그들의 회의실에 초대됐을 때(단지 짧은 만남을 위해서만 초청됐을지라도) 그들의 말에 휘둘리는 것도 무리는 아니다. IMF에 근무하는 기간 내내 나는 주요 금융업자들이 미국 정부의 최고위 관리들을 손쉽게 만나고 두 집단의 경력이 서로 얽히고설킨 것에 놀랐다. 2008년 초의 어느 회의가 생생하게 기억난다. 몇몇 부유한 나라의 고위 정책 입안자들도 참석한 그 회의에서 사회자가 무심코 한 말에 참석자들이 대체로 동의했는데, 그 말인즉슨 중앙은행 총재가 되려면 먼저 투자은행에서 근무 경력을 쌓는 편이 가장 좋다는 것이었다.[4]

흥미로운 점은 존슨의 분석이 급진적 비판가들, 예컨대 고故 피터 고완 같은 사람들의 분석과 매우 비슷하다는 것이다. 고완은 경제 위기의 책임을 그가 '새로운 월스트리트 체제'라고 부른 것, 즉 지난 25

---

* 소수 지배 체제.

년 동안 성장했고 투자은행들과 헤지펀드나 사모펀드 같은 '그림자 금융shadow banks'•이 지배하는 체제 탓으로 돌렸다.[5] 그러나 그런 주장들을 제대로 평가하려면 현대 자본주의에서 금융이 하는 구실과 금융 위기의 동역학을 이해해야 한다. 1부에서는 주로 이것을 설명하는 데 집중할 것이다.

금융화란 무엇인가?

세계 경제·금융 위기가 미국의 서브프라임 모기지 시장에서 시작됐다는 것은 유명하다. 서브프라임 모기지 시장에서는 저소득층 가계에 주택을 담보로 돈을 빌려 줄 때 흔히 차입자의 상환 능력을 조사하지 않는 사기성 영업이 만연했다. 특히, 상환 조건이 '재조정'됐을 때, 즉 처음에 차입자들을 끌어모으느라 낮게 매겼던 금리를 올릴 때가 그랬다. 미국에서는 이런 서브프라임 모기지의 기원 자체가 뜨거운 정치 쟁점이 됐다. 공화당이 민주당과 준準공영 모기지 회사들인 패니메이·프레디맥이 빈민, 특히 흑인들에게 저렴한 주택담보대출을 부추겨서 미국의 금융을 방탕하게 만들었다고 비난했기 때문이다. 실상은 게리 딤스키가 보여 줬듯이, 1990년대와 2000년대에 금융회사들이 "지나치게 높은 수수료·위약금·금리로 모기지 상품"을 흑인 빈민 가계에 판매하는 "약탈적 대출"이 급증했다는 것이다.[6] 그린스펀은

• 정부 규제를 받지 않는 비非은행 금융기관들.

회고록에서 빈민을 위한 위험한 모기지를 자유 시장 우파의 정치적 프로젝트의 일환으로서 찬양했다.

나는 서브프라임 차입자들을 위해 모기지 신용 조건을 완화하면 금융 위험도가 증대한다는 것과 주택 소유에 보조금을 지급하는 조처가 시장을 왜곡하는 결과를 낳는다는 것을 알고 있었다. 그러나 지금과 마찬가지로 그때도 주택 소유 확대는 그 정도 위험을 무릅쓸 만한 가치가 있다고 생각했다. 시장경제에 결정적으로 중요한 소유권 보장을 정치적으로 지지하는 소유자들이 최소한은 있어야 하기 때문이다.[7]

서브프라임 모기지 시장의 성장은 선진 자본주의 사회에서 금융화라는 훨씬 더 광범한 과정을 상징적으로 보여 준다. 심지어 흔히 극빈층에게도 돈을 대출해 줄 만하다고, 즉 수익성이 있다고 생각했다. 현대 자본주의의 특징이 금융화라는 생각은 지난 몇십 년 동안 급진 좌파에게 널리 받아들여졌고, 지금은 존슨의 사례가 보여 주듯이 주류[경제학계]로 번지고 있다. 그러나 금융화란 무엇인가? 금융화라는 용어에 숨어 있는 몇 가지 서로 다른 의미를 구분하는 것이 중요한데, 특히 세 가지가 두드러진다.[8]

첫째는 금융, 특히 은행이 경제를 지배한다는 견해다. 그래서 마르크스주의 경제학자 두 사람, 즉 제라르 뒤메닐과 도미니크 레비는 신자유주의를 "금융 헤게모니의 복원"으로 해석한다.[9] 때로는 이런 견해를 분명히 표현하기 위해 루돌프 힐퍼딩이 제1차세계대전 전에 처음으로 정식화한 금융자본론의 권위에 기댄다(뒤메닐과 레비는 그러지 않지만 말이다). 힐퍼딩은 마르크스가 자본주의 발전의 주요 경향 가운데 하나로 파악한 자본의 점진적 집적과 집중 때문에 은행자본과 산업자본이 융합하게 되고 은행자본이 산업자본을 지배하게 된다고 주장했다.[10] 이 이론은 시사하는 바가 많지만 역사적으로 한계가 있는 이론이다. 왜냐하면 19세기 말과 20세기 초 독일과 미국의 자본주의 발전이라는 특수한 패턴에서 일반화한 것이기 때문이다. 당시 독일과 미국에서는 소수의 투자은행이 경제에서 지배적 구실을 하게 됐다. 산업 기업들이 영국 기업과 경쟁해서 승리하는 데 필요한 자본을 조달하려고 투자은행에 의존해야 했기 때문이다. 이렇게 투자은행과 산업 기업을 결합시키는 긴밀한 네트워크를 바탕으로 한 "조정된 자본주의" 방식은 독일과 일본에서는 계속 유력했지만 영국에서는 한번도 확립되지 않았고 미국에서는 1945년 이후 쇠퇴했다.

론 처노는 J P 모건 가문의 역사를 다룬 매우 흥미진진한 책을 썼는데, 모건 가문은 19세기 말 그들의 권력이 절정에 달했을 때 자본(흔히 영국 자본) 조달 능력을 이용해서 US스틸 같은 거대한 산업 독점체를 구축했다. 처노는 다음과 같이 썼다.

은행가는 자본시장의 규모가 작고 자본시장을 이용하는 금융 중개업자들이 소수였을 때 강력하게 성장했다. 그러나 제2차세계대전 후에는 자본시장이 급성장하고 세계적으로 통합됐다. 그와 동시에 상업 은행, 투자은행, 보험회사, 증권회사, 외국계 은행, 정부 출자 금융기관, 다국적 기구, 그 밖의 수많은 대출 기관들이 금융 분야에서 북적

대며 서로 경쟁했다. 이제 월스트리트 은행가들은 점차 금융 분야에
서 자신들의 고유한 지위를 잃게 된다. J P 모건 같은 민간은행이 지
구상에서 가장 강력한 기관이 되는 일은 결코 없을 터였다. 은행가들
은 희소한 금융 자원을 지키는 경비이기는커녕 호들갑 떨면서 반가
운 척하는 세일즈맨이 되어 고객에게 갖가지 상품을 거의 강매하다
시피 하게 된다.[11]

은행과 산업 기업의 관계 변화를 보여 준 징후 하나는 산업 기업
들이 사내 유보 이익으로 투자 자금을 조달하는 경향이다.[12] 그림 1-1
은 각국의 차이를 분명히 보여 준다. 기업의 은행 대출 의존도가 높은
독일과 일본에서는 투자은행과 산업 기업을 결속하는 긴밀한 네트워

그림 1-1. 기업 부채에서 은행 대출이 차지하는 비중(1973~2007년)

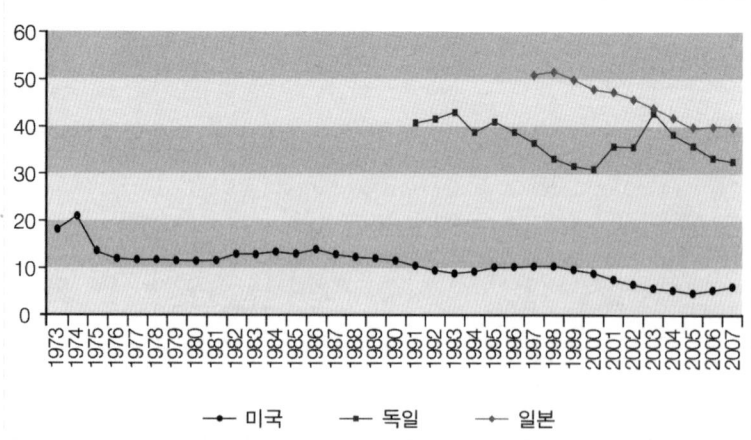

출처 : C. Lapavitsas, 'Financialized Capitalism: Crisis and Expropriation', *Historical Materialism*, 17.2 (2009), Figure 1, p. 115

크가 여전하다. 그러나 신자유주의의 중심지인 미국에서는 기업 금융에서 은행 대출이 차지하는 비중이 보잘것없다는 점이 뚜렷하다. 프랑수아 셰네는 이른바 "금융이 지배하는 세계적 축적 체제"의 발전을 상세히 설명하면서, 산업 기업들이 자율적 금융 주체로 등장했다고 주장했다.

대출을 묶어서 증권으로 만들어 판매('증권화')하는 시장이 형성되자 대기업들은 적어도 부분적으로는 은행 신용에 의존하지 않을 수 있게 됐다. 1980년대 중반 이후 대기업들은 빈번하게 양도성예금증서^{CD}뿐 아니라 자신의 회사채도 발행했다. 그것은 자금 조달 비용의 문제였을 뿐 아니라 재무관리의 자율과 자유의 문제이기도 했다.[13]

산업자본의 자율성의 다른 측면은 금융 자체의 자율성이다. 이것이 금융화의 두 번째 의미다. 이 점은 코스타스 라파비차스가 잘 설명했다.

요컨대, 금융화는 은행이 산업·상업 자본을 지배하는 것이 아니다. 오히려 금융 부문의 자율성이 증대되는 것이다. 산업자본과 상업자본은 공개 금융시장에서 차입할 수 있게 되고 그 과정에서 금융 거래에 더 깊숙이 관여하게 된다. 한편, 금융기관들은 수익성의 새로운 원천을 개인 소득과 금융시장 중개에서 찾았다.[14]

산업 기업과 상업 기업이 은행에 의존하지 않고도 투자 자금을 조

달할 수 있게 되자 금융기관들은 영업 활동을 전환해서 미국의 빈민들에게도 주택 대출을 강요하다시피 했다. 산업 부문의 대출 수수료와 이자가 더는 믿을 만한 수익원이 아니었으므로 다른 데로 눈을 돌린 것이다. 그러나 중요한 점은 여기서도 금융시장 행위자들의 증가를 감안해야 한다는 것이다. 무엇보다도, 오늘날 위기의 배경이 된 2000년대 중반의 신용 호황기에는 처노가 열거한 금융기관 목록에 헤지펀드, 사모펀드, 구조화투자회사^{SIV} 같은 '그림자 금융' 부문을 추가해야 한다. 이런 금융기관들과 더 전통적인 투자은행들의 공통점은 금리가 매우 낮은 상황에서 거액의 단기 차익을 노리고 차입 투자를 했다는 것이다. 예컨대, 사모펀드는 상장회사를 공개 매수해서 주식시장에서 매각하는 일이 전문이다. 즉, 상장회사를 사들여 수익성을 높이려고 구조조정(그 과정에서 수익이 너무 낮은 부문은 폐쇄한다)을 한 다음 매각해서 상당한 이익을 남기는 식이다. (신용 경색 기간에 영국 금융감독청장이 된) 어데어 터너가 지적하듯이, 미국의 뮤추얼펀드들도 "투자자들의 즉시 상환 요구에 응해야 하는 부채에 대비해서 장기 신용 자산"을 보유하는 등 더 은행을 닮아가기 시작했다. "그 결과, 유동성 위기 때 그들이 한 행동, 즉 부채를 상환하려고 신속하게 자산을 매각한 일은 본질적으로 은행과 비슷했고, 체계적 유동성 긴장에 일조했다."[15]

그림자 금융의 경제적 기능은 진짜 투자은행의 기능과 거의 다르지 않았는데, 신자유주의 시대에 점차 '자기자본 거래'에서 이익을 얻는 비중이 높아졌기 때문이다. 즉, 고객들을 대리해서 거래하기보다는 자신들의 자산이나 차입금으로 금융 투기를 해서 이익을 얻은 것이다. 그러나 상업은행과 투자은행은 국가의 규제를 받아야 하는 반면, 헤지펀드 등은 대체로 규제를 받지 않았다. 이 차이는 공식 은행과 그림자 금융을 결속하는 데서 결정적으로 중요했는데, 이 결합은 나중에 재앙적 관계였음이 드러났기 때문이다. 국제결제은행[BIS]을 통해 확립된 바젤 협약에 따르면, 은행은 대출받은 사람들이 상환하지 못할 경우를 대비한 안전장치로 일정 비율의 자본을 유지해야 한다. 신자유주의 시대의 규제 완화로 은행이 지켜야 할 자기자본비율이 낮아졌다. 피터 고완은 다음과 같이 주장했다. 이윤을 극대화하려고 하다 보니 "투자은행들은 자기자본비율을 지켜야 할 최소한의 요건으로 여기지 않고, 즉 가능하다면 자기자본비율 이상으로 잉여 자본을 보유해서 위험도를 낮추려 하지 않고 오히려 항상 지향해야 할 목표로 여겼다."[16]

이런 전략에 따라 은행들은 최대한 많은 대출을 다른 금융기관, 특히 구조화투자회사에 떠넘겨서 대출을 대차대조표에서 제외하고 채무자들의 상환 불능 위험을 다른 데로 이전시켰다. 영국은행의 폴 터커가 "전달 금융[vehicular finance]"이라고 부른 이 시스템은 신용 호황기에 엄청나게 확장됐다. SIV에 필요한 자금을 대부분 제공한 자산담보부기업어음[ABCP] 시장은 2000년대 초반에 약 6000억~7000억 달러 수준을 맴돌다가 2004년에 본격적으로 활성화돼서 2007년 여름 1조 2000억 달러에 육박하며 절정에 달했다.[17] 주택담보대출을 제공한 은행들은 다양한 모기지를 묶어서 부채담보부증권[CDO]으로 만든 다음 이 CDO를 최대한 빨리 팔아 치웠다. 세계 최대의 뮤추얼펀드를 운용하는 자산 관리 회사인 핌코[Pimco]의 빌 그로스는 그림자 금융 시스템이 "오랫동안 숨어서 전혀 규제받지 않은 채 마술처럼 신비하게 서브프라임 대출을 해 준 다음 그 대출들을 묶어서 월스트리트의 마법사들만이 설명할 수 있는 세 글자짜리 온갖 전달 상품으로 만들어서 판매했다"고 말했다.[18]

이 새로운 신용 파생상품들은 위험을 분산시키는 방법 덕분에 각광받았다. 2002년 9월 그린스펀은 다음과 같이 말했다. "위험이 적절하게 분산되면, 경제체제 전체에 미칠 충격도 완화될 것이고 금융 안정을 해칠 수 있는 파산 사태가 한꺼번에 닥칠 가능성도 낮아질 것입니다."[19] 2006년 4월 IMF는 그린스펀의 말을 되풀이했다.

은행들이 신용 위험도를 대차대조표에 적립하지 않고 더 광범하고 다양한 투자자 집단으로 분산시키는 것이 은행 시스템과 금융 시스템 전반을 더 탄력적으로 만드는 데 도움이 된다는 인식이 확산되고 있다. …… 따라서 금융 시스템의 핵심 부문인 상업은행들은 오늘날 신용 충격이나 경제적 충격에 덜 취약해질 것이다.[20]

그러나 이 특별히 탁월한 시스템 — 위험의 광범한 분산 — 이 이번 금융 파국을 일으키는 데서 결정적 구실을 했다. 즉, 2006~2007년 미국의 서브프라임 모기지 시장이 붕괴했을 때, 특히 유럽 은행들 — 예컨대, 도이체방크, UBS, 스코틀랜드왕립은행 — 은 이 시장에 직접 관여하지 않았는데도 CDO와의 연관 때문에 사태에 말려들 수밖에 없었다. 문제를 더 악화시킨 것은 그림자 금융기관들이 주류 은행과의 신용 거래로 자신들의 대규모 차입을 떠받치고 있었다는 사실이다. 그 때문에 주류 은행들 자신이 SIV가 무너지지 않도록 구제에 나서야 했고, 이미 팔아 치웠다고 생각했던 대출들을 다시 대차대조표에 반영해야 했던 것이다. 가장 큰 은행 축에 드는 시티그룹은 훨씬 더 멀리 나아가서, 최상급 CDO가 (당시 보기에는) 위험도가 낮고 따라서 수익성도 낮기 때문에 매입하기를 꺼리는 SIV들에게 이 상품을 되사주겠다고 약속하기까지 했는데, 이 방침 때문에 2007년 여름과 가을에 CDO 시장이 붕괴하자 엄청난 손실을 입게 됐다.[21]

위의 이야기는 자체 동력으로 움직이다가 고장난 금융 부문이 어떻게 자폭하면서 세계경제도 폭파시켰는지 말해 준다. 그러나 이런 일이 일어날 수 있었던 경제적·정치적 맥락을 이해하는 것이 매우 중요하다. 그 전에 먼저 금융화의 세 번째 의미, 즉 더 다양한 주체들이 금융시장에 통합되는 과정을 살펴보자. 진짜 은행뿐 아니라 그림자 금융이라는 '지하 세계'의 주민들, 산업·상업 자본가들, 그리고 노동계급 가정들도 통합되는 과정 말이다. 다시 말해, 금융시장이라는 경제구조와 금융기관이라는 특수한 경제주체를 구분하는 것이 중요하다. 앞서 말했듯이, 현대 자본주의의 중요한 특징 하나는 산업 기업과 상업 기업이 금융시장에서 예컨대, 채권과 CD를 발행해서 직접 자금을 조달한다는 것이다. 또 다른 특징은 모기지, 신용카드 등을 통해 개별 소비자들에게 신용을 제공한다는 것이다. 이 점에서 금융은 모든 경제주체를 금융의 그물망 속으로 엮어 넣는다.[22]

마르크스주의 정치경제학은 이런 현상을 이해하는 이론적 틀을 제공할 수 있다. ≪자본론≫ 3권에서 마르크스는 세 가지 자본, 즉 생산자본·상업자본·화폐자본을 구분한다. 생산자본은 노동력을 고용해서 상품(물질적 재화뿐 아니라 서비스의 형태도 취할 수 있다)을 생산하는 데 투자된 자본이다. 이 생산과정에 고용된 노동자들만이 새로운 가치를 창출할 수 있다. 이 가치의 일부(잉여가치)는 자본이 전유專有하는데, 이 잉여가치야말로 다양한 자본가들이 얻는 이윤의 원천이다.(엄밀히 말하면, 생산자본은 산업자본보다 더 포괄적인 범주다. 흔히 둘을 같은 것으로 여기지만, 생산자본에는 예컨대, 농업자본뿐 아니라 판매 지점까지 상품을 운송하는 자본도 포함된다. 그러나 여기서는 설명의 편의를 위해 둘을 같은 것으로 다루겠다.) 상업자본가와 화폐자본가가 생산과정에서 만들어진 잉여가치의 일부를 얻을 수 있는 것은 그들이 하는 경제적 기능 덕분이다. 상업자본가는 (대부분의 소매와 광고 등) 상품유통을 책임진다.

반면에 화폐자본가는 마르크스가 신용 제도라고 부른 것(오늘날 말로 금융시장) 속에서 활동하면서 산업·상업 자본가에게 돈을 빌려 주고 그 대가로 이자를 받는다. '이자 낳는 자본'의 원천은 주로 유휴자본, 즉 생산자본이 잉여가치를 뽑아내고 실현하면서 자기 증식하는 순환 과정에서 생겨난 자본이다. 예컨대, 소비되지도 재투자되지도 않은 이윤과 아직 교체할 때가 되지 않은 고정자본의 감가상각액을 충당하려고 쌓아 둔 이익이 대표적이다.[23] 이토 마코토와 코스타스 라파비차스는 다음과 같이 썼다.

신용 제도는 자본주의 재생산 과정에서 생겨난 유휴화폐를 끌어내서 그것을 이자 낳는(대출 가능한) 자본으로 변모시키고 다시 축적 과정에 투입되게 한다. 먼저, 신용 제도는 여유 자금을 산업자본가와 상업자본가에게 내부적으로 재분배하는 메커니즘이다. 따라서 이자 상환은 전에 창출한 유휴화폐를 근거로 자본들끼리 잉여가치를 재분배하는 과정이다.[24]

이토와 라파비차스는 이런 분석을 바탕으로 중요한 결론을 내린다.

마르크스에게 상업자본과 화폐자본(또는 가장 발전한 자본주의의 화폐자본 형태인 은행자본)은 모두 사회 전체 자본의 순환 영역에 꼭 필요한 일부다. 그들은 교환 비용을 최소화하고, 자신들의 본질적 운동의 일환인 순환에서 떠나지 않는다. 순환에 필수적인 자본으로서 상업자본과 화폐자본은 산업자본과 똑같이 전체 잉여가치의 재분배에 참여한다. 요컨대, 상업자본과 화폐자본은 평균이윤율 형성에 참여한다. 반면에 이자 낳는 자본은 순환 영역 밖에서 끊임없이 형성되고, 순환 영역을 넘나든다. 그렇게 해서 이자 낳는 자본은 축적 과정에 존재하는 여유 자금을 동원하고, 그 자금을 순환에 필수적인 자본들 사이에 재분배한다. …… 따라서, 이자 낳는 자본도 전체 잉여가치의 일부를 얻지만, 산업자본·상업자본·화폐(또는 은행)자본과 똑같은 근거로 얻는 것은 아니다. 이자 낳는 자본은 평균이윤율 형성에 참여하지는 않지만 그 대신 이자를 얻는다.[25]

다시 말해, 은행은 대출 가능한 자본이 모이는 금융시장 영업을 전문으로 해서 다른 자본만큼(또는 그보다 더 많이) 이윤을 얻으려 하는 자본주의 기업이다. 이런 영업의 대가, 즉 이자율[금리]을 좌우하는 요인은 다양한데, 특히 대출 가능한 자본의 수요와 공급이 중요하다. 총이윤율(총 잉여가치와 총 자본의 비율)을 결정하는 요인들도 중요하다. 금리가 똑같다면, 정보 기술의 향상이나 금융 기법의 혁신(CDO 같은 상품 개발 등)으로 은행의 비용이 절감되고 그래서 수익성이 높아질 수 있다. 이런 차이, 즉 은행자본의 성격(이윤을 추구하는 여느 자본주의 기업과 다르지 않은)과 영업 분야(금융시장) 사이의 차이 때문에 다른 주체들도 이 분야에 관여할 수 있는 가능성이 생겨난다. 이 가능성은 오늘날 금융화 과정에서 현실이 됐다. 산업 기업과 상업 기업은 이윤을 대부분 다른 곳(각각 생산과 유통)에서 얻는데, 이들이 금융시장에서 직접 자금을 조달하는 주된 이유는 그것이 은행의 중개를 거치는 것보다 더 저렴하기 때문이다. 그들이 독자적 이윤의 원천으로 은행 사업에 뛰어드는 경향도 있다. 예컨대, 영국의 주요 슈퍼마켓 체인들이 그렇고, 미국의 제너럴일렉트릭^{GE}과 제너럴모터스^{GM}는 오래전부터 그랬다. 그러나 앞으로 보게 되겠지만, 은행들도 점차 노동계급 가정에 대출하는 사업에 적극 진출했다. 노동계급 가정은 주로 가계 소비를 부양하려고 은행에서 돈을 빌렸고, 임금 소득으로 대출 원금과 이자를 갚아야 했다.[26]

이 세 번째 의미의 금융화를 논하는 맥락에서, 현대 금융시장에서 대량으로 거래되는 신용 파생상품을 살펴보는 것도 적절할 듯하다. 파생상품은 그 화폐가치가 적어도 명목상으로는 다른 자산에서 파생한 금융상품이다. 즉, 원래는 가격 변동에 따른 잠재적 손실 위험을 회피하기 위한 수단이었다. 예컨대, 경제주체들이 미래의 어느 날짜에 특정 가격으로 상품을 구매하는 옵션을 사고팔 수 있게 하는 것이 그렇다. 신용 파생상품은 크게 확장됐다. CDO가 한 사례다. 또 다른 사례인 CDS는 채무자가 부채를 상환하지 못할 때를 대비해 일종의 보험을 드는 것인데, 이 CDS도 금융 위기 심화 과정에서 매우 중요한 구실을 했다. 조지 소로스는 2008년 9월 부시 정부가 리먼브러더스 파산을 방치하기로 결정한 것이 "기존 시장 질서를 뒤흔드는 재앙적 결과를 낳은 사건"이 되고 만 이유 하나는 그 때문에 CDS 가격이 급등했고 그 과정에서 정부가 거대 보험회사인 AIG를 인수할 수밖에 없었기 때문이라고 말했다(AIG는 CDS를 막을 돈이 부족했고 그래서 이미 CDS 시장에서 한 구실 때문에 입은 손실에 더해 막대한 추가 손실에 직면했고 결국 파산 위기로 몰렸다).[27] 보험회사가 난해한 금융상품과 얽힌 것 때문에 자멸해야 했다는 사실 자체가 금융화의 징후다.

딕 브라이언과 마이클 래퍼티는 마르크스주의 시각에서 파생상품을 연구한 선구적 저작에서 다음과 같이 썼다. "파생상품의 핵심적·보편적 특징은 모든 자산을 '해체'하고 '분해'해서 그 구성 요소들로 쪼개고, 자산 자체를 거래하지 않으면서도 그 구성 요소를 거래할 수 있다는 것이다." 이것은 신자유주의 시대에 점차 규제되지 않는 자본주의가 모든 것, 심지어 추상적 소유권조차 상품으로 만드는 경향의 징후로 치부할 수도 있다. 그러나 브라이언과 래퍼티는 파생상품을 단지 상품화의 상징이나 투기 수단으로만 이해해서는 안 된다고 주장한다.

각각의 파생상품은 자본의 한 형태를 다른 형태로 전환시켜서 만든 패키지 상품이다(그것은 단순한 상품 선물先物 계약일 수도 있고 특정 환율지수를 특정 주가지수로 전환시킨 복잡한 상품일 수도 있다). 이 모든 상품을 다 합치면, 전환 상품들의 복합체가 형성된다. 그러면 어느 곳에 있는 어느 시간대의 어떤 자본 '조각'도 다른 자본 조각과 비교·평가할 수 있게 된다.[28]

브라이언과 래퍼티가 볼 때 파생상품의 이런 성격, 즉 "다양한 종류의 '특수한' 자본을 결합하고 혼합하는 독특한 구실을 하는 메타 자본meta-capital"의 성격 때문에 파생상품은 1971년 미국이 금환본위제를 포기한 이후 국제통화제도에 존재하지 않았던 고정 장치 구실을 할 수 있었다. "파생상품은 모든 형태의 자본('화폐'와 '상품')을 시간과 장소의 제약 없이 서로 비교할 수 있게 해 주고, 그래서 서로 다른 화폐 형태(서로 다른 통화, 서로 다른 금리)의 차이나 상품과 화폐의 차이를 사실상 없애 버린다." 금융시장 자체의 작동으로 생겨난 파생상품은 "고정 장치의 네트워크"를 제공해서, "개별 자본들이 금융 불안정에 노출되는 위험을 관리하고, '마치' 안정돼 있는 것처럼 '보이는' 세계 금융 시스템 속에서 활동할 수 있게 해 준다."[29] 따라서 파생상품을 사소한 현상으로 치부해서는 안 된다. 이 점은 파생상품의 규모를 보면 분명히 알 수 있다. 국제결제은행에 따르면, (공식 거래소에서 거래되지 않는) 장외 거래 파생상품 미결제 계약의 개념적 가치* 총액은 2008년 중반 683조 7000억 달러로 최고치를 기록했는데, 이것은 세계 총생산보다 11배 많은 액수다.[30] 그러나 또 다른 사실은 파생상품에 의존하는 경향이 갈수록 커졌다는 것이다. 그래서 이제 많은 상품의

---

* 파생상품의 기초가 되는 자산의 명목 가치.

현물가격이 파생상품 가격을 바탕으로 정해진다. 한편, 브라이언과 래퍼티는 "금융 파생상품은 대기업과 심지어 소기업에게도 위험을 관리하는 표준 방식이 되고 있다"고 썼다.[31] 그러나 파생상품의 이런 장점에도 불구하고 "세계 금융 시스템"은 "안정적이지" 않았다. 오히려 파생상품은 세계 금융 시스템을 불안정하게 만드는 데 일조했다. 이 점을 더 잘 이해하려면 금융 위기의 성격, 그리고 금융 위기와 자본주의 체제 자체의 관계를 더 자세히 살펴봐야 한다.

금융 위기를 보는 세 가지 관점

따라서 금융화는 금융 부문의 자율성 확대, 금융기관과 금융상품의 증대, 다양한 경제주체의 금융시장 진입을 뜻한다. 금융시장 자체가 불안정하면 이런 변화는 훨씬 더 중요해진다. 금융의 비중이 커질수록 경제 전체가 더 불안정해질 것이기 때문이다. 그렇다면 금융 불안정성의 본질을 어떻게 봐야 하는가? 여기서 주류 신고전학파 정설은 별로 쓸모가 없는데, 이 점은 1889년 조지 깁슨이 다음과 같이 정식화한 '효율적 시장 가설'이 잘 보여 준다. "공개시장에서 정해지는 주식의 가치는 그 주식에 관한 가장 지적인 판단으로 볼 수 있다."[32] 이 주장의 함의는 제대로 작동하는 금융시장에서는 자산 가격이 항상 적정하게 매겨진다는 것이다. 따라서 이런 상황에서는 금융공황의 특징인 자산 가격 급등락이 일어날 수 없다. 이런 주장은, 부드럽게 말해서, 경험적으로 정당화되기 힘들다. 마틴 울프도 인정하듯이 "금융

자유화의 시대는 …… 위기가 잇따른 시대였다." 울프가 인용한 연구 결과를 보면, 1973~1977년에 금융 위기가 139번 있었다. 이는 1914년 이전 시대, 즉 흔히 '제1차 세계화' 시대로 묘사되고 영국 헤게모니 아래에서 화폐가 자유롭게 국경을 넘나들던 자유주의 세계경제 시대의 갑절이다. 더욱이, 국민국가가 자본주의를 더 강하게 규제하는 시기였던 1945~1971년에는 금융 위기가 겨우 38차례 일어났다.[33] 물론 이런 수치는 2000년의 닷컴 폭락과 2007~2008년의 금융 위기를 포함하지 않은 것이다. 이 두 차례 금융 위기는 모두 신자유주의적 자본주의의 본산인 미국 자체에서 기원한 것들이다. 30년 동안 규제가 완화된 미국에서도 금융시장이 제대로 작동하지 않았다면 금융시장은 앞으로도 결코 제대로 작동하지 않을 것이다.[34]

이제 금융 위기를 보는 대안적 관점 세 가지를 살펴보자. 그것은 케인스주의, 고전적 자유주의, 마르크스주의다. 케인스주의와 마르크스주의의 공통점은 화폐가 중요하다는 인식이다. 이것은 데이비드 리카도의 고전 정치경제학이나 신고전학파 정설의 화폐론과 근본적으로 다른 견해다. 후자의 화폐론은 조지프 슘페터가 다음과 같은 말로 잘 설명했다.

화폐를 일컬어 '의복'이나 '베일'이라고들 한다. 즉, 화폐는 가계와 기업, 그리고 가계·기업을 관찰하는 분석가들에게 실제로 중요한 것을 가리고 덮는다는 것이다. 베일 속의 얼굴을 보려면 베일을 걷어내야 하듯이, 경제 과정의 근본적 특징을 분석할 때마다 우리는 화폐를 버릴 수 있고 버려야 한다.[35]

밀턴 프리드먼은 신고전학파의 견해를 다음과 같이 훨씬 더 분명하게 설명했다. "우리의 실제 경제에서는 기업과 화폐가 중요하고 그들이 수많은 복잡한 문제를 일으키는 것도 사실이지만, 그럼에도 시장의 핵심 특징인 조정 기능은 기업도 없고 화폐도 없는 단순 교환 경제에서도 온전히 드러난다."[36] 프리드먼이 근래 가장 강력하게 주창한 화폐수량설에 따르면 통화량은 가격의 절대 수준을 좌우할 뿐이다. 역설이게도, 이 통화주의 창시자의 주요 정책 처방은 국가가 나서서 통화량이 그런 소극적 구실만 하도록 확실히 제어해야 한다는 것이었다. 즉, 통화량은 너무 적어도 안 되고(프리드먼은 1930년대 대공황 때 이런 일이 일어났다고 생각했다) 그렇다고 너무 많아져서 물가 인상을 초래해서도 안 된다는 것이다. 따라서 하이먼 민스키가 썼듯이, 신고전학파 정설의 토대는 "기업 이사회 회의실과 월스트리트에서 추출한 모델"이다. "그 모델은 시간, 화폐, 불확실성, 자본자산* 매입을 위한 자금 조달, 투자를 다루지 않는다." 따라서 "그 모델은 제대로 잘 돌아가는 경제에서 어떻게 금융 위기가 나타날 수 있는지, 그리고 왜 경제가 어떤 때는 위기에 취약하고 다른 때는 그렇지 않은지를 설명하지 못한다."[37]

민스키

민스키의 저작은 케인스주의 관점에서 금융 위기를 이해하는 가장 영

---

* 개인 소비가 아니라 수익 창출에 쓰이는 자산.

향력 있는 저작이다. 민스키가 쓴 가장 중요한 책 ≪불안정한 경제를 안정시키기$^{Stabilizing\ an\ Unstable\ Economy}$≫는 서브프라임 모기지 사태 발발 직후 대량으로 재판 인쇄에 들어갔다. 민스키는 불확실성을 자본주의 경제의 만성적 특징으로 보는 이론을 발전시켰는데, 이 점은 케인스도 말년에 다음과 같은 편지 등에서 강조한 바 있다. "불확실성이 지배하는 세계, 불확실한 미래가 현재와 연결된 세계에서는 정태 경제학에서와 달리 최종 균형 상태가 존재할 것 같지 않습니다."[38] 따라서 "화폐의 중요성은 화폐가 현재와 미래를 연결해 준다는 데서 비롯한다."[39] 마르크스와 마찬가지로 케인스와 민스키도 자본축적이 현대 자본주의 경제의 핵심 특징이라고 봤다. 축적이라는 것은 상당한 생산적 자원을 수익성 있는 듯한 사업에 비교적 오랫동안 묻어 둔다는 뜻이다. 이것은 미래를 놓고 내기를 하는 것과 마찬가지인데, 그 내기의 성공 가능성은 투자은행과 헤지펀드가 의존하는 수량 모델에 따라 계산할 수 없다. 어떤 사건이 미래에 일어날 위험을 계산하는 것은 그런 사건이 일어날 가능성을 수학적으로 정확히 측정할 수 있다고 생각하기 때문이다. 불확실한 사건이란 그런 가능성을 수량화할 수 없는 사건이다. 투자은행과 헤지펀드가 의존하는 모델들은 위험과 불확실성의 결정적 차이(이 차이는 프랭크 나이트가 처음으로 규명했다)를 충분히 고려하지 않았기 때문에 금융 위기가 심화하자 여지없이 붕괴하고 말았다는 것이다.[40] 골드만삭스의 최고재무책임자인 데이비드 비니어는 2007년 8월 "우리는 지금 25-표준편차 사건들(즉, 10만 년 만에 한 번 일어날 만한 사건들 — 캘리니코스)이 며칠 사이에 잇따라 일어나는 것을 보고 있다"고 불평했다.[41]

민스키는 다음과 같이 주장했다.

불확실성은 대체로 미래(그 본질상 확정되지 않은)를 오늘 다룰 때 나타나는 문제다. 불확실한 세계에서 [경제]단위들은 과거에 내린 결정의 흔히 뜻밖의 결과에 그럭저럭 대처하고 대응한다. 불확실성의 구체적 표현 하나는 물려받은 자본자산, 금융자산, 새로 형성된 자본자산에 대한 차입 투자 의향, 즉 빚을 내서라도 투자하겠다는 태도다.[42]

사실, 민스키가 보기에 불확실성으로 말미암은 "불안정성은 자본주의의 고유하고 불가피한 결함"이고, 자본주의의 불확실성은 핵심적으로 기업이 투자 자금을 조달하는 과정에서 취약해지는 데서 비롯한다. 민스키는 이런 자금 조달 형태를 셋으로 구분했다. 헤지(위험 회피) 금융은 실제 소득이나 기대 소득으로 차입금을 갚을 수 있는 것이고, 투기적 금융은 부채를 상환하지는 못하지만 만기를 계속 연장할 수 있는 것이고, 폰지* 금융은 기존 부채를 갚기 위해 추가 차입이 필요한 것이다. 헤지 금융이 가장 안정적이고 폰지 금융이 가장 취약하다. 헤지 금융은 기대 수익이 실현되지 않으면 부실해지는데, 제품 수요가 예상보다 적어서 그럴 수도 있고 생산비가 올라서 그럴 수도 있다. 투기적 금융도 금융시장의 구체적 상황 변화, 예컨대 금리 인상이나 신용 등급 하락에 취약하다.

---

* 후주 43번 참조.

[훨씬 더 나쁜 — 캘리니코스] 폰지 금융은 투기적 금융에 영향을 미치는 상황 변화에도 취약할 뿐 아니라 이자를 갚거나 심지어 배당금을 지급하려고 부채를 늘리기 때문에 대차대조표 상황도 나빠진다. 따라서 재정 상황을 유지하려면 점점 더 많은 현금이 유입돼야 하고, 그래서 대차대조표의 자기자본비율도 나빠진다. 부채 확인[*] 조건은 더 엄격해지고, 소득 부족이나 이자 비용 상승 때문에 상환 약속이 이행되지 않을 가능성은 더 커진다. 비록 폰지 금융의 시기가 기업의 정상적 순환의 일부일 수 있지만, 소득 감소나 이자 비용 상승 때문에 폰지 금융의 처지로 전락하는 것은 파산이 확산되는 과정의 체계적 일부다.[43]

따라서, "투기적 금융과 폰지 금융의 비중이 클수록 경제는 대체로 더 불안정하고 금융 구조는 더 취약하다." 민스키는 다음과 같이 주장했다.

불확실성의 세계에서, 자본자산의 회임 기간[**]이 길고 월스트리트의 금융 관행이 복잡한 것을 고려할 때, 처음에는 건강한 금융 구조 안에서 원활하게 돌아가던 경제가 시간이 흐를수록 점점 더 취약해진다. 헤지 금융이 득세하던 상황은 내생적 요인들 때문에 불안정해지고, 투기적 금융과 폰지 금융의 비중이 증대함에 따라 내생적 교란

---

[*] 채무자가 채권(추심업)자에게 정확한 부채액과 상환 조건 등을 따지거나 문서로 확인받는 절차.

[**] 생산 설비를 건설하거나 매입하기까지 걸리는 시간.

요인들이 점점 더 강력해질 것이다.[44]

이 "내생적 교란 요인들" 중에서 가장 중요한 것은 은행이다. 통화는 은행이 대출할 때 창출되고 대출금이 상환될 때 소멸한다. 은행은 자기자본보다 훨씬 더 많은 돈을 대출해 준다. 따라서 은행의 레버리지 비율, 즉 자기자본 대비 자산(대출) 비율이 중요하다. "은행이 레버리지를 늘리면서도 자산 1달러당 이윤이 줄어들지 않으면 수익성이 높아진다." 따라서 은행은 금융 혁신을 추구할 동기가 생긴다. 금융 혁신 덕분에 은행은 차입을 늘리면서도 수익성을 유지할 수 있지만 은행에서 돈을 빌린 사람들은 투기적 금융과 폰지 금융으로 더 깊숙이 빠져들 수 있다. 그 결과, 경기순환 과정에서 다양한 금융자산의 가격이 계속 오를 것이라는 예상을 바탕으로 투자가 계속 늘어나면서 경기가 통제 불능의 호황까지 팽창하다가 보통은 투기적 금융과 폰지 금융에 의존하는 기업들을 곤경에 빠뜨리는 수준까지 금리가 상승하면 갑자기 거품이 꺼지면서 불황이 찾아온다. 따라서 앨런 그린스펀에게는 미안한 말이지만, "자본주의 금융이 있는 세계에서는 각각의 단위가 저마다 이기심을 추구하면 경제가 균형을 이룰 것이라는 말은 사실이 아니다. 은행가들, 차입해서 투자한 사람들, 투자업체들의 이기심은 경제를 물가 인상을 동반한 팽창과 실업을 양산하는 수축으로 이끌 수 있다."[45]

민스키는 이런 순환이 자신의 유명한 글에서 '그 사건'으로 표현한 것, 즉 1930년대의 대공황 같은 경제 위기로 이어질 가능성은 별로 없다고 생각했다. '큰 정부'가 하는 구실 때문이다. 첫째, 현대 자본주의 경제에서는 국가지출의 비중이 비교적 크기 때문에, 불황으로 조세수입이 감소하고 복지 지출이 늘어나서 재정 적자가 발생하거나 커지는 경향이 유효수요 감소를 막고 그래서 기업과 가계의 재정을 부양하는 데 이바지한다. 둘째, 미국의 연준 같은 중앙은행들이 최종 대부자 구실을 하고 그래서 금융시장과 자산 가치를 안정시킨다. 그러나 이런 활동에는 대가가 따르기 마련이다. 중앙은행이 경제에 개입해서 돈을 쏟아부은 것이 제2차세계대전 이후 물가의 지속적 상승과 일시적 급등에 일조했다. 더욱이,

> 연준의 최종 대부자 구실은 직간접으로 자산 가격을 떠받치거나 금리 상한을 설정해서 투기적 금융에 포함된 위험의 일부를 사회화한다. 그러나 금융시장에서 그런 위험의 사회화는 빚을 내서라도 자본자산에 투자하는 모험 행위를 부추기고, 그런 관행이 오랫동안 지속되면 불안정성도 커진다.[46]

또, 민스키는 금융 규제가 순환한다고 생각한 듯하다. 1929년처럼 심각하고 재앙적인 폭락 후에는 금융시장이 엄격하게 규제된다. 그러나 시간이 흐르면서 규제는 약해진다. 특히 은행이 새로운 금융 기법들을 개발해서, 경제성장 상황에서 자금 수요 증대에 대응하려 할 때 그렇게 된다. 따라서 국가는 자본주의의 폐해를 완화할 수 있고 억제할 수도 있지만, "불안정성은 일련의 개혁 조처들로 사라졌다가 시간이 흐르면 새로운 모습으로 다시 나타날 것"이라고 민스키는 자신의 책 결론에서 썼다. 그는 국가가 관리하는 자본주의가 끊임없이 번영

할 수 있는 가능성에 대해 케인스보다 덜 낙관적이었던 듯하다. 이점은 그의 '금융 불안정성 가설'에 반영돼 있다.

1. 자본주의 시장 메커니즘은 물가와 금리 안정과 완전고용의 균형를 지속할 수 없다.
2. 심각한 경기순환은 자본주의의 본질적 금융 속성들 때문이다.[47]

민스키는 아주 중요한 분석을 제공했다. 특히 자본주의 금융의 특별한 속성과 메커니즘에 주의를 기울였다. 민스키의 분석이 오늘날의 위기에 타당성이 있다는 것은 명백하다. 그러나 민스키는 자본주의의 불안정성이라는 문제의 뿌리가 얼마나 깊은지에 대해서는 근본적으로 모호하다. 이 점이 민스키와 케인스의 공통점이다. 케인스는 "투자를 어느 정도 포괄적으로 사회화해야만 완전고용 비슷한 것을 달성할 수 있을 것"이라는 유명한 말을 했다. 또, 이런 조처는 점진적으로 도입될 수 있고, "공동체의 경제생활을 대부분 흡수하게 될 국가사회주의 체제"까지 나아가서는 안 된다고도 주장했다.[48] 그러나 케인스가 특히 자본축적을 강조했음을 감안하면, 어떻게 더 일반적인 자본주의 경제 관계를 전복하지 않고도 투자가 사회화될 수 있는지는 매우 불분명하다. 마찬가지로 민스키도 금융시장 규제가 자본주의 자체의 생존 가능성에 미치는 효과를 우려했다.

따라서 연준의 정책은 투기적 금융과 폰지 금융을 끊임없이 '억눌러야' 한다. 그러나 폰지 금융은 자본주의 사회에서 흔히 이뤄지는 차입 투자 방법이다. 따라서 불안정성으로 이어지는 금융 관행이 없는 자본주의는 별로 혁신적이지도 않고 성장하지 않을 수도 있다. 재앙의 가능성을 낮추려다가 자칫 자본주의 체제의 창의성의 불꽃을 꺼뜨릴 수 있는 것이다.[49]

여기서 알 수 있는 것은 자본주의 경제 관계 전체와 금융시장의 관계를 민스키보다 더 깊이 파고들어서 살펴봐야 한다는 점이다.

하이에크

아주 기묘하게도, 더 깊이 파고든 한 가지 분석은 전혀 뜻밖의 곳에서 찾아볼 수 있다. 그것은 바로 F A 폰 하이에크가 투자와 신용의 관계를 고전적 자유주의 관점에서 분석한 것인데, 금융 위기에 대한 이 두 번째 견해를 이제부터 살펴보겠다. 하이에크 자신의 처지에서 보면 그는 매우 운이 좋았다. 케인스주의 시대에 쇠퇴한 고전적 자유주의가 1970년대와 1980년대에 되살아나고 신자유주의가 승리하는 것을 볼 만큼 충분히 오래 살았으니 말이다. 그러나 내가 지금 흥미를 느끼는 것은 대공황이 본격적으로 시작되고 있던 1931년에 처음 출간된 그의 초기 저작 ≪가격과 생산Prices and Production≫이다. 이 책의 뚜렷한 특징 하나는 화폐가 중요하지 않다는 신고전학파의 정설을 하이에크가 부정한다는 점이다. 그래서 하이에크는 ≪가격과 생산≫의 말미에 다음과 같이 썼다. "기존 조건에서 화폐는 항상 경제적 사건들의 전개 과정에 결정적 영향을 미친다는 것과 따라서 화폐의 구실을 무시한 채 실제 경제 현상을 분석하는 것은 불완전하다는 점을 내가 보여 줬기를 바란다."[50]

그러나 하이에크는 자본주의 생산, 더 구체적으로는 생산구조의 우회화 경향을 분석(오이겐 폰 뵘바베르크가 이끄는 오스트리아 신고전학파 경제학자들에게서 유래한)하는 맥락에서 화폐와 신용을 다룬다. 즉, 자본주의 생산은 시간이 흐를수록 마르크스가 생산수단이라고 불렀고 하이에크가 '중간생산물'이라고 부른 것을 생산하는 방향으로 나아간다. "현대 '자본주의' 생산 체제의 근본적 특징은 언제나 훨씬 더 많은 가용 생산수단이 직접적 필요를 충족시키는 데 쓰이기보다는 약간 먼 미래의 소비재를 공급하는 데 쓰인다는 것이다." 하이에크에게 중요한 문제는 우회생산으로 전환할 때 어떻게 자금을 조달하느냐 하는 것이었다.

(화폐로 표현된) 생산재 수요가 소비재 수요보다 더 많아지면 더 자본주의적인 생산방식으로 전환될 것이다. 이런 일이 일어날 수 있는 경우는 두 가지다. 자발적 저축의 양이 늘어나는 경우 아니면 통화량의 변동으로 기업인들이 생산재를 구매하는 데 쓸 수 있는 자금이 증가하는 경우.[51]

첫째 경우, 즉 저축하겠다는 "개인들의 자발적 결정"으로 수요 분포가 바뀌는 경우에는 생산구조의 변화가 지속적일 수 있다. 둘째 경우, 즉 "생산자들에게 추가 신용을 제공한 덕분에" 변화가 일어난 경우에는 그렇지 않다. 여기서도 중간생산물을 만드는 데 더 많은 생산수단이 사용되면 소비가 감소할 수 있다. 그러나 이제 이런 희생은 자발적인 것이 아니다. 또 새로운 투자에서 이득을 얻게 될 사람들이 희생을 치르는 것도 아니다. 추가 자금을 얻은 기업인들의 경쟁 격화 때문에 기존 소비의 일부를 포기할 수밖에 없는 소비자들이 주로 희생된다. 이런 일이 일어나는 이유는 그들이 소비를 줄이기를 원했기 때문이 아니라 그들의 화폐소득으로 살 수 있는 재화가 줄어들었기 때문이다. 분명한 것은 그들의 화폐 수령액이 다시 늘어나면 곧장 전처럼 소비를 늘리려 할 것이고 …… 그러면 화폐의 흐름은 즉시 개인들이 원하는 바에 따라 소비자들과 생산자들 사이에 재분배될 것이고 새로운 화폐의 투입에 따른 인위적 분배는 다시 역전될 것이라는 점이다. …… 정확히 말하면, 덜 자본주의적인 생산구조가 될 것이고, 더 자본주의적인 생산과정에나 적합한 생산 설비에 잠긴 신규 자본의 일부는 소실될 것이다.[52]

당연히, 투자한 돈이 날아가 버릴 수 있는 상황에 직면해 자본가들은 저항할 것이다. 그 결과, 자본가들과 소비자들 사이에 밀고 당기기가 일어날 것이고, 이는 생산재와 소비재의 상대가격 변화에 반영될 것이다. 은행들이 자본가들에게 더 많은 신용을 제공하(고 소비재의 상대가격 상승에 따른 추가 이윤을 노리고 자본가들은 계속 차입하고 은행들은 계속 대출하)는 한, "장기적 생산방법을 지속하거나 어쩌면 길게 연장하는 것도 가능할 것이다." 그러나 이렇게 신용을 동력 삼아 성장하는 과정이 언제까지나 유지될 수는 없다. 왜냐하면 "급격하고 지속적인 가격 상승"이 일어나기 때문이다. 더 많은 신용을 투입해서 불황을 피하려는 것은 진정한 해결책을 지연시킬 뿐이다. 진정한 해결책은 "자발적 저축과 지출에 따라 결정되는 소비재 수요와 생산재 수요의 비율에 맞게 생산구조를 최대한 신속하고 완전하게 변경"하는 것이다. 하이에크의 결론은 "우리가 때맞춰 경제성장을 억제해서 위기를 막을 수는 있겠지만, 일단 위기가 시작되면 자연스럽게 끝나기 전까지는 위기 타개책으로 추진할 수 있는 것이 없다는 오래된 진리"를 다시 확인했다는 것이다.[53]

따라서 케인스나 민스키와 마찬가지로 하이에크도 신용 제도가 불안정한 호황을 낳는다고 생각했다. 그러나 그들과 달리 하이에크는 국가가 신용 팽창을 완화하는 일 말고는 불황을 막기 위해 할 수 있는 일이 아무것도 없다고 생각했다. 나중에 프리드먼이 발전시킨 것과 똑같은 종류의 자유 시장 체제를 하이에크가 줄곧 옹호했다는 점은 그가 자발적 저축 결정에 따른 수요 분포의 '자연적' 변화와 신용 팽창에 따른 '인위적' 변화를 일관되게 구분했다는 데서 드러난다. 그럼에도 하이에크의 분석에서 특이한 점은 [체제를] 불안정하게 만드는 금융의 구실과 생산의 '자본주의화' 경향을 연결하려 했다는 것이다. 당시 설득력 있게 하이에크를 비판한 마르크스주의자 존 스트레이치는 이 점에서 하이에크는 마르크스의 자본주의 위기론의 주요 전제와 우연히 마주치게 된다고 지적했다.[54]

하비

앞서 봤듯이, 마르크스는 자본주의를 움직이는 원동력이 경쟁적 축적

과정이라고 생각했다. 개별 자본들은 기술 혁신에 투자해서 생산비를 평균 아래로 낮추고 그래서 경쟁자들보다 더 싸게 팔아 초과이윤을 실현하려 한다. 다른 조건이 동일하다면, 그 결과로 자본의 유기적 구성, 즉 가변자본(생산수단을 가동해서 상품을 생산하는 임금노동자를 고용하는 데 투자된 자본)에 대한 불변자본(생산수단에 투자된 자본)의 비율이 상승할 것이다. 하이에크의 말을 빌리면, 생산이 더 우회화하는 것이다. 그러나 이렇게 자본의 유기적 구성이 상승하는 경향은 생산과정 자체에 문제를 일으킨다. 노동가치론에 따르면, 가변자본이 '가변'자본인 이유는 오직 노동만이 생산과정에서 새로운 가치를 창출할 수 있기 때문이다. 더 구체적으로 말하면, 이윤은 자본이 생산수단과 생산과정을 통제하는 덕분에 전유할 수 있는 잉여가치에서 나온다. 자본의 유기적 구성이 상승한다는 것은 임금노동자를 고용하는 데 투자된 가변자본보다 총투자가 더 급속하게 증가한다는 뜻이다. 따라서 이윤율 — 총자본(가변자본과 불변자본의 합)에 대한 잉여가치의 비율 — 이 하락한다. 마르크스는 이윤율 저하가 경향일 뿐이라고 강조했는데, 강력한 상쇄 요인들이 있기 때문이다. 예컨대, 착취율이 높아져서 잉여가치의 총량이 높거나 자본의 가치나 가격이 떨어지거나 자본의 일부가 물리적으로 파괴되면, 자본의 유기적 구성 상승의 효과가 부분적으로 또는 완전히 상쇄되고 이윤율은 하락하지 않거나 오히려 상승할 수도 있을 것이다. 이런 주장이 강조하는 바는 마르크스가 보기에 경제 위기는 자본주의의 최종 붕괴를 뜻하는 것이 아니라 어느 정도는 체제에 유용한 에피소드라는 것이다. 실업이 늘면 착취율을 높이기가 쉬워지고, 파산으로 자본이 파괴되면 살아남은 기업들은 수익성 있는 사업 기회를 얻을 수 있다. 따라서 경제 위기는 이윤율이 다시 높아지고 경제성장이 재개될 수 있게 해 준다.[55]

　마르크스주의 정치경제학은 자본주의 생산과정의 고유한 모순에 대한 이론을 바탕으로 한 이런 분석과, 금융시장이 심화시킨 불안정성에 대한 분석을 결합할 수 있다. 마르크스 자신은 화폐와 신용을 상당히 주목했다. 마르크스는 가치를 근본적으로 화폐 관계로 보았다. 화폐는 보편적 등가물, 즉 모든 상품의 가치를 표시하는 기능을 하고 그래서 서로 비교할 수 있게 해 주는 상품이다. 이 덕분에 화폐는 다른 기능들, 예컨대 가치척도, 교환수단, 지급수단의 기능도 할 수 있는 것이다(신용 제도에서는 이 마지막 기능이 가장 중요하다). 자본은 화폐 형태, 즉 이자 낳는 자본에서 가장 순수한 형태에 이른다. 생산이라는 매개가 없는 자본 증식 드라이브 자체로 보이기 때문이다. 사실, 금융시장에서 거래되는 다양한 자산, 즉 주식, 채권, 오늘날의 갖가지 파생상품 등을 마르크스는 '허구적 자본'*이라고 불렀는데, 상품을 생산하고 잉여가치를 뽑아내는 데 실제로 투자된 것이 아니라 그런 잉여가치에 대한 청구권을 나타내기 때문이다.

　철도회사, 광산회사, 해운회사 등의 주식은 현실 자본을 나타낸다. 즉, 이 기업들에 투자돼 기능하는 자본, 또는 이 기업들에서 자본으로 지출하려고 주주들이 선대先貸한 화폐액을 나타낸다. …… 그러나 이 자본은 이중으로 존재하는 것이 아니다. 즉, 한편으로 소유권 중

---

* 　가공자본 또는 의제자본이라고도 한다.

서, 즉 주식의 자본 가치로서 존재하고 다른 한편으로 그 기업들에 실제로 투자됐거나 투자될 수 있는 자본으로 존재하는 것은 아니다. 오로지 후자의 형태로만 존재하고, 주식이란 단지 이 후자에 의해 실현되는 잉여가치에 대한 소유권 증서일 뿐이다.[56]

마르크스는 빅토리아 시대 영국의 금융 사기와 공황을 매우 주의 깊게 살펴봤다. 금융시장에 대한 마르크스의 일반적 견해는, 금융시장 덕분에 자본축적 과정이 그 한계를 뛰어넘을 수도 있지만 결국은 훨씬 더 강력하게 이 한계에 부딪히게 된다는 것이었다.

신용 제도가 과잉 생산과 상업 부문의 지나친 투기의 주된 수단으로 보이는 이유는 단지 원래 탄력적인 재생산 과정이 여기서는 그 극한까지 강행되기 때문이며, 그렇게 강행되는 이유는 사회적 자본을 대부분 그 자본 소유자가 아닌 사람들이 사용하기 때문이다. 그래서 이들의 사업 방식은 자본 소유자가 자신의 사적 자본을 스스로 사용할 때 그 자본의 한계를 조심스럽게 가늠하면서 사업하는 방식과는 완전히 다르다. 이것은 다음과 같은 사실을 분명히 보여 줄 뿐이다. 즉, 자본주의적 생산의 대립적 성격에 바탕을 둔 자본의 가치 증식은 [생산력의] 현실적인 자유로운 발전을 오직 일정한 지점까지만 허용하고 그래서 사실상 생산의 내재적 속박과 한계로 작용하는데, 이 속박과 한계는 끊임없이 신용 제도에 의해 파괴된다. 따라서 신용 제도는 생산력의 물질적 발전과 …… 세계시장의 창출을 …… 촉진한다. 그와 동시에 신용은 이 모순의 격렬한 폭발, 즉 공황을 촉진하는데, 그럼

으로써 낡은 생산양식을 해체하는 요소들을 촉진한다.[57]

이것은 지난 10년의 신용 호황과 불황에 대한 일반적 평가와 관련해서 시사하는 바가 많다.

마르크스 이론의 다양한 측면을 가장 잘 설명한 오늘날의 마르크스주의 저작은 데이비드 하비의 ≪자본의 한계≫•다. 이 책은 이제 고전의 반열에 올랐다고 할 만하다. 하비는 "마르크스가 이윤율 저하 법칙을 설명하면서 자신의 자본주의 위기론 '버전 1$^{\text{first-cut}}$'을 서술하려 했다"고 주장한다. 하비는 그 법칙을 더 느슨하게 해석해서, 과잉 축적을 향해 나아가는 자본주의의 일반적 경향쯤으로 다룬다. 그는 ≪자본론≫을 비판적으로 독해해서 "생산의 동역학과 금융 현상의 관계를 더 통합적으로 파악하는 위기론 '버전 2$^{\text{second-cut}}$'"를 발전시키려 한다. 금융을 보는 하비의 전반적 견해는 마르크스와 비슷하다.

> 언뜻 보면, 신용 제도는 적어도 생산과 소비, [잉여가치의] 생산과 실현, 현재의 사용과 미래의 노동, 생산과 분배 사이의 적대 관계를 연결해 주는 잠재력이 있다. 또, 자본가의 개인적 이해관계와 계급적 이해관계를 조정하고 그래서 위기의 요인들을 억제하는 수단을 제공하기도 한다.[58]

그러나

• 국역 : ≪자본의 한계≫, 한울, 2007.

신용의 사용은 흔히 장기적으로는 사태를 더 악화시키는데, 교환에서 일어나는 문제들만 대처할 수 있을 뿐 생산에서 일어나는 문제들은 결코 해결할 수 없기 때문이다. 게다가, 신용이 생산자들에게 잘못된 가격 신호를 보내서 불균형과 과잉 축적 경향을 악화시킬 수 있는 온갖 상황이 존재한다.[59]

하비가 제시한 화폐론과 신용론의 가장 흥미로운 측면 하나는 그가 스스로 "화폐의 가치척도 기능과 교환수단 기능의 핵심적 모순"이라고 부른 것을 강조한다는 점이다. 이것은 축적 과정이 끊임없이 만들어 내는 수요, 즉 수익성 있는 거래의 급속한 팽창을 촉진할 화폐에 대한 수요는 흔히 보편적 등가물이라는 화폐의 본질에서 비롯한 기능, 즉 가치를 서로 비교할 수 있게 해 주는 화폐의 기능을 약화시킨다는 주장이다. 이런 기능은 화폐의 안정성과 신뢰성에 달려 있기 때문이다.

화폐의 다양한 형태 — 상품화폐, 주화, 태환지폐와 불환지폐, 다양한 신용화폐 등 — 는 완벽한 화폐, 즉 가치척도라는 화폐의 '특성'을 보존하면서도 교환을 매끄럽게 하고 비용도 들지 않고 즉시 조정할 수 있는 화폐를 만들려는 노력의 결과로 봐야 가장 잘 이해할 수 있다. 상품 생산·교환의 불확실성과 '무법칙'성 때문에 특정 국면에서 서로 다른 경제주체들은 특정 용도의 서로 다른 화폐를 요구한다. 예컨대, 경제 위기 때 경제주체들은 보통 안전한 형태의 화폐(예컨대, 금)를 찾지만, 상품 생산이 호황이고 교환 관계가 빠르게 확산될 때는 신용화폐에 대한 수요가 증가할 것이다.[60]

하비는 똑같은 모순을 간단명료하게 설명하기도 한다.

그렇다면, 신용창조를 통해 축적을 지속할 필요와 화폐의 특성을 보존할 필요 사이에는 긴장이 존재한다. 전자가 방해받으면 결국 상품의 과잉 축적과 가치 저하(즉, 불황 — 캘리니코스)가 일어날 것이다. 화폐의 특성이 훼손되도록 방치하면 전반적 가치 저하(인플레이션 — 캘리니코스)가 일어날 것이다. 여기서 현대 사회의 딜레마가 여실히 드러난다.[61]

1980년대 초에 ≪자본의 한계≫를 쓸 때 하비는 분명히 1960년대 말에 발생한 경제 위기 형태를 떠올렸을 것이다. 당시 경제 위기의 특징은 스태그플레이션, 즉 물가 급등과 대량 실업의 결합이었다. 그러나 하비가 ≪자본의 한계≫에서 주장한 내용은 오늘날의 세계 경제·금융 위기 분석에도 시사하는 바가 많다. 앞서 봤듯이, 브라이언과 래퍼티는 지난 몇십 년 동안 금융 파생상품의 폭발적 증가는 부분적으로는 자본의 필요 때문이었다고 주장했다. 즉, 1971년 미국이 금본위제를 포기한 이래로 더는 상품화폐 형태에 고정되지 않은 국제 통화제도에서 다양한 가치를 서로 비교할 수 있는 메커니즘이 필요했던 것이다. 이 점에서, 그리고 더 특수하게는 위험과 투기, (은행과 그림자 금융의 경우에는) 엄청난 차입 증대에 대비한 보험을 촉진하는 데서 파생상품이 한 기능 덕분에, 파생상품은 확실히, 하비의 적절한 표현을 빌리면, "교환을 매끄럽게 하고 비용도 들지 않고 즉시 조정할 수 있는 화폐" 구실을 했다. 그러나 파생상품은 또한, 매우 강력한 교란 요인으로서 "불균형과 과잉 축적 경향을 더 악화"시키고 많은 파생상품을 쓸모없게 만든 "안전 자산 선호 현상"을 낳았다는 것도 입증됐다. 그러나 무슨 일이 일어났는지를 제대로 이해하려면 신용 호황과 불황에서 작동하는 생산의 모순과 금융의 모순을 결합해서 봐야 한다.

단지 금융 위기만은 아니다

서브프라임 위기로 시작해서 신용 경색으로 발전한 것이 금융시장 밖으로 확산되면서 세계경제를 불황에 빠뜨렸다. 2009년 4월 IMF는 그해 세계 GDP가 1.3퍼센트 감소할 것이라고 예상했다. "어떻게 측정하든 이 경기하강은 1930년대 대공황 이후 단연 가장 심각한 세계적 불황이다." 더욱이, "위기가 일단 끝나더라도, 생산 증가율이 최근 수준보다 훨씬 낮은 힘든 시기가 이어질 것이다."[62] 그러나 위기의 결과가 '실물' 경제로 깊숙이 확산된 것은 분명하다 치더라도, 위기의 원인은 어땠는가? 위기가 금융권에서 시작됐다고 해서 원인이 꼭 그곳에 있는 것은 아니다. 나는 마르크스와 하비의 관점을 바탕으로, 우리가 직면한 경제 위기가 케인스나 민스키의 주장과 달리 단지 금융시장의 고장이 아니라 자본축적 과정 전체에서 작동하는 심각한 모순을 밝히 보여 준다고 주장할 것이다. 이렇게 주장하려면, 하비가 말했듯이, "생산의 동역학과 금융 현상의 관계를 더 통합적으로 파악하는 관점"이 필요하다.[63] 현재의 위기를 종합적으로 분석하려면 다음과 같은 차원들을 구분해야 한다. (1) 장기적인 과잉 축적과 수익성의 위기 (2) 만성적으로 불안정하고 구조적으로 불균형한 세계 금융 시스템 (3) 경제성장을 지속하기 위한 신용 거품 의존 증대. 이 차원들을 차례로 살펴보자.

장기적인 과잉 축적과 수익성 위기

로버트 브레너의 연구는 1960년대 말 이후 선진 자본주의 경제들의 이윤율이 상대적으로 낮았음을 입증했다. 표 1-1은 미국의 수치를 보여주지만, 일본과 독일도 대체로 비슷한 양상이었다.[64] 그래서 1950년대와 1960년대의 장기 호황과 비교하면 선진 자본주의 중심지 세 곳(북미·서유럽·일본)의 경제성장률이 모두 크게 하락했다. 이런 경기 둔화

표 1-1. 경기순환에 따른 미국 비금융 기업의 순이윤율 변화(1948~2007년)

1948~1959	0.1327
1959~1969	0.1459
1969~1973	0.1137
1969~1979	0.1048
1979~1990	0.0979
1990~2000	0.1081
2000~2007	0.0951

출처 : R. Brenner, Paper for *Historical Materialism* Conference, 11 November 2007을 수정·보완한 것.

표 1-2. 1820~2003년 세계 GDP 성장률(연평균 복합성장률[*])

	1820~1870	1870~1913	1913~1950	1950~1973	1973~2003
서유럽	1.68	2.11	1.19	4.79	2.19
미국	4.20	3.94	2.84	3.93	2.94
일본	0.41	2.44	2.21	9.29	2.62
아시아(일본 제외)	0.04	0.98	0.82	5.13	5.71
세계 전체	0.94	2.12	1.82	4.90	3.17

출처 : A. Maddison, *Contours of the World Economy, 1-2030 AD* (Oxford, 2007), Table A5, p. 380

는 표 1-2에서 분명히 드러나는데, 이 표는 또한 일본을 제외한 아시아가 제2차세계대전 종전 이후 내내 고속 성장했지만 이것이 중심지들의 성장 둔화 효과를 상쇄하기에는 불충분했다는 것도 보여 준다.

데이비드 맥널리는 1973년 이후의 시기 전체를 이런 식으로 해석하는 것은 틀렸다고 주장하는데, 장기 호황을 기준으로 1973년 이후를 위기로 규정하기 때문이라는 것이다.

전후 사반세기(1949~1973년)에 걸친 유일무이한 장기 호황은 정상이고 다른 모든 시대는 '위기'라고 여겨서는 안 된다. 당시의 장기 호황은 전례 없는 경제성장 물결을 불러일으킨 예외적인 사회적 · 역사적 상황의 결과였다. 그러나 주요 경제에서 생산 · 임금 · 고용 수준이

---

[*] 일정 기간의 성장률을 기하평균으로 환산한 것.

상승하는 장기 성장 국면은 자본주의의 정상이 아니고, 이런 수준 상승이 없다고 해서 반드시 '위기'인 것도 아니다.[65]

표 1-2가 보여 주듯이, 1949~1973년의 시기가 자본주의 역사에서 예외적 시기라는 맥널리의 말은 옳다. 이것은 단지 세계적으로 그리고 주요 지역 모두에서(미국은 약간 중대한 예외지만) 성장률이 사상 유례 없이 높았기 때문만은 아니다. 심각한 불황이 이 성장 국면을 중단시킨 적도 없었기 때문이다. 이 점이 제1차세계대전 전의 시기와 다른 점이다. 당시에도 미국의 평균 성장률은 견실했지만, 심각한 경제 불황, 특히 1870년대 중반과 1890년대 중반과 1907년 이후의 불황으로 성장이 중단되곤 했다. 모름지기 진지한 정치경제학이라면 왜 세계 자본주의가 전후에 그렇게 안정적인 고속 성장을 지속할 수 있었는지를 설명해야 한다. 내가 보기에 결정적 요인은 마이크 키드런이 상시군비경제라고 부른 것이었다. 즉, 1950년대와 1960년대 냉전의 절정기에 미국과 소련이 모두 매우 높은 수준의 군비 지출을 유지한 것 때문에 자본의 유기적 구성 상승 경향이 상쇄됐고 그래서 1960년대 말 닉슨 정부가 군비 지출을 삭감할 때까지 이윤율이 높게 유지됐다는 것이다.[66]

모름지기 진지한 정치경제학이라면 왜 자본주의가 1950년대와 1960년대의 안정적 고속 성장을 지속할 수 없었는지도 설명할 수 있어야 한다. 이 점에서 전후 장기 호황은 '기준'이 될 수밖에 없고, 그 후의 시기는 분명히 장기 호황 때와 다르다. 단지 성장률의 둔화 때문만이 아니라 2008년 위기 전에도 세 차례의 심각한 세계적 불황, 즉 1970년대 중반과 1980년대 초와 1990년대 초의 불황으로 성장이 거듭거듭 중단됐기 때문이다(사실, 2000년의 닷컴 호황 붕괴를 무산된 네 번째 불황이라고 할 수도 있을 것이다. 무산된 이유는 뒤에서 자세히 다루겠다). 이 심각한 불황들은 마르크스주의 경제파국론자들이 지어낸 얘기가 아니다. 유명한 케인스주의 석학 크리스토퍼 다우는 1920~1995년에 영국과 세계에서 일어난 주요 불황을 연구한 저작에서 다음과 같이 지적했다. "이 세 국면[양차 대전 사이, 제2차세계대전~1973년, 1973년 이후]에서 [성장률·실업률이 — 캘리니코스] 뚜렷이 다른 것은 주로 첫째와 셋째 국면에서는 심각한 불황들이 있었지만 둘째 국면에서는 그런 불황이 없었기 때문이다." 다우는 실업률을 일정하게 유지하는 데 필요한 자연성장률*보다 생산 증가율이 더 많이 하락하고 따라서 생산량이 절대적으로 감소하는 경우를 심각한 불황으로 규정하면서, 영국의 심각한 불황이 다섯 차례(1920~1921년, 1929~1932년, 1973~1975년, 1979~1982년, 1989~1993년) 있었다고 지적한다.[67]

1973년 이후를 위기의 시기로 설명한다고 해서 상시적 정체의 시기로 본다는 말은 아니다. 당시의 상황은 자본주의적 '정상 상태'로의 부분적 복귀, 즉 나폴레옹 전쟁이 끝난 후부터 1940년대 말까지 산업자본주의에 전형적으로 나타났던 호황과 불황의 뚜렷한 부침이 다시 나타난 것이었다(비록 높은 수준의 국가지출 덕분에 2008~2009년까지는 제2차세계대전 전의 불황에서 전형적으로 나타났던 생산량 급감이 어느 정도 억제됐지만 말이다). 지난 40년 동안 불황은 상당한 경제성장 국면과 함께 나타났다. 예컨대, 영국에서는 1980년대 중반에 그랬고, 1990년대 중

---

* 노동인구 증가율과 기술진보율(노동생산성 상승률)을 합한 것으로, 최대 한도로 가능한 성장률을 말한다.

반부터 2007~2008년 대불황 전까지가 그랬다. 이윤율의 위기를 연구한 브레너의 주요 저작 제목은 《혼돈에 빠진 세계경제The Economics of Global Turbulence》이다. 이것은 여러모로 적절한 제목이지만, 앨런 그린스펀의 자서전 제목이 《혼돈의 시대The Age of Turbulence》•라는 것도 떠올려 볼 만하다. 그린스펀은 "자본주의의 특징인 역동성, 가차없는 시장경제의 역동성은 안정성과 확실성을 바라는 인간의 본성과 충돌한다"는 약간 진부한 논의를 하고 있다.[68] 중요한 것은 1973년 이후 세계경제의 혼돈은 이런 식의 인류학적 충돌이나 심지어 단순한 경기 순환의 부침이 아니라는 점이다. 오히려 우리가 목격한 것은 자본이 과잉 축적과 수익성의 근본적 위기를 극복하지 못했음을 반영하는 경제적·금융적 불안정성의 고질적 패턴이다.

그런 위기를 해결하려면 착취율도 높여야 하고(노동자들이 임금 삭감, 노동시간 연장, 노동조건 악화를 받아들이게 만들어서), 굳이 자본을 물리적으로 파괴하지 않더라도 그 화폐가치를 저하시켜서 수익성이 낮은 자본을 제거하기도 해야 할 것이다. 이런 과정의 결과로 이윤의 양은 늘어나고 자본의 양은 감소해서 결국 이윤율이 높아질 것이다. 이것은 자본의 상당한 구조조정과 재편을 함의한다.[69] 대체로, 신자유주의가 그런 구조조정이 일어난 정치적·이데올로기적 틀이라고 할 수 있다. 신자유주의로의 진정한 전환점은 (이미 그 전부터 예고되기는 했지만) 1979년 영국에서 마거릿 대처가 이끄는 보수당이 집권하고, 특히 그해 10월 미국 연준 의장인 폴 볼커가 단행한 금융 긴축 ─ 뒤

• 국역 : 《격동의 시대》, 북앳북스, 2007.

메닐과 레비는 이를 약간 과장해서 '쿠데타'라고 불렀다 — 으로 실질 금리가 급등한 것이었다.[70]

정책 전환의 직접적 초점은 물가 상승률을 낮추는 것이었지만, 그런 정책 전환은 미국과 영국의 정책 엘리트들이 케인스주의 수요관리에 대해 실망했다는 것과 그들이 1960년대 말과 1970년대 초의 사회적 폭발과 현장 노동자들의 반란을 보면서 조직 노동자들을 통제할 수 없다고 느꼈다는 것을 보여 준다. 이에 따른 우경화를 강화한 것은 1980년 미국 대선에서 로널드 레이건이 승리한 것이었다. 금리 급등과 달러·파운드화 환율 상승은 세계경제에 심대한 영향을 미쳤다. 미국 국외에서는, 1970년대에 미국 은행들의 권유를 받고 돈을 빌린 제3세계 국가들이 급증한 외채와 이자 상환 압력에 직면했다. 결국 외채를 상환하지 못하는 디폴트[채무 불이행] 상태가 잇따르자, IMF가 처방한 '구제금융' 프로그램 조건에 따라 신자유주의 정책들이 확산되기에 유리한 환경이 조성됐다. 워싱턴 컨센서스가 구체적 모습을 드러내기 시작한 것이다. 미국 국내에서는, 1979~1982년의 세계 불황 와중에 신자유주의로 전환한 덕분에 특히 제조업의 급격한 수축과 재편이 강요됐고, 그 결과 강력한 조직 노동자 집단들과 대대적 충돌이 일어나 이들이 잇따라 엄청난 패배를 겪게 된다. 영국에서는 이런 과정이 1984~1985년의 광원 대파업에서 절정에 이르렀다. 미국에서는 브레너가 '임금 억제'라고 부른 것이 널리 유행했다.

1979~1990년에 민간 기업의 시간당 실질 보수 증가율은 연평균 0.1 퍼센트였다. 당시 생산직과 비非관리직 노동자의 시간당 실질 임금·

봉급(수당은 제외) 증가율은 더 나빠서, 연평균 마이너스 1퍼센트였다. 그 전에는 20세기에 실질임금이 그토록 오랫동안 그토록 느리게 증가한 적이 한 번도 없었다.[71]

이렇게 가혹한 쥐어짜기와 더 광범한 구조조정의 결과로 1980년대 초부터 수익성이 상당히 회복됐고, 이와 함께 미국계 자본들(1960년대 이래로 일본과 서독 자본들의 강력한 경쟁 압력에 시달려 온)의 경쟁력도 회복됐다. 이것은 착취율의 지속적 증가와 관련 있었다. 사이먼 모훈은 "노동력의 가치는 (1990년대 전반기와 2000~2001년에 약간씩 오른 것을 제외하면) …… [1979년 이후 — 캘리니코스] 해마다 계속 떨어졌다"고 지적했다. 이것은 브레너가 강조한 임금 억제 이상의 것을 보여 주는데, 왜냐하면 모훈은 노동력의 가치를 노동생산성 대 실질임금의 비율로 정의하기 때문이다. 노동력의 가치가 떨어진 이유는 "1980년 이후 노동생산성이 다시 증가했지만, 시간당 실질임금은 20년 동안 결코 증가하지 않았기 때문이다."[72] 다시 말해, 생산성 증가의 성과가 자본에게 간 것이다. 모훈은 또, 자본의 유기적 구성의 물리적 비율인 자본의 기술적 구성이 1960년대와 1970년대에 꾸준히 상승했지만, 그 뒤 20년 동안 정체하거나 심지어 하락했음도 보여 준다. 이 주장이 옳다면, 하이에크의 주장과 달리, 지난 몇십 년 동안 신용이 엄청나게 팽창했음에도 우회생산이 더 늘어나지는 않았다. 모훈은 1980년대와 1990년대에 자본 심화*가 없는 상태에서 일어난 노동생산성 증

* 노동자 1인당 자본 장비율의 증가.

가는, 자본에 훨씬 더 유리한 계급 세력 관계를 반영하는 노동과정 재편의 결과일 수 있다고 시사한다.[73]

그러나 생산성과 실질임금을 쥐어짰는데도 이윤율은 1950년대와 1960년대 수준으로 회복되지 않았다. 뒤메닐과 레비는 미국의 이윤율을 심층 분석한 실증적 연구(그 결과는 세계 자본주의가 1970년대의 구조적 위기를 극복했다는 그들 자신의 주장과 모순되는 듯하다)에서 다음과 같이 썼다. "전체적으로, 2000년에 이윤율은 여전히 1948년의 절반, 1956~1965년 평균치의 60~75퍼센트에 불과하다."[74] 그림 1-2가 보여 주듯이, 1997년이 전환점이었다. 그때 미국의 수익성 회복은 절정에

그림 1-2. 미국의 세전稅前 평균이윤율(1964~2001년)

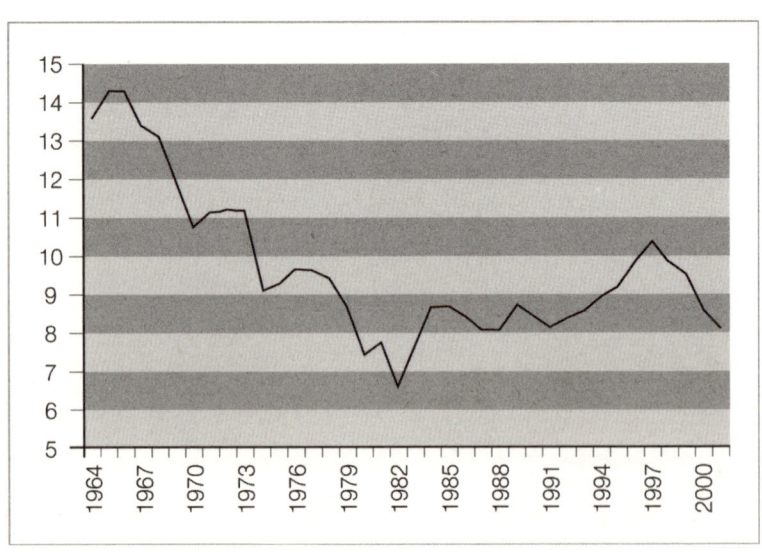

출처 : S. Mohun, 'Distributive Shares in the US Economy, 1964-2001', *Cambridge Journal of Economics*, 30 (2006), Fig. 1, p. 348l

달했고, 그 후 부분적으로 역전됐다. 모훈은 다음과 같이 주장했다. "미국 경제의 이윤율은 1965년과 1982년 사이에 반토막 났고, 1997년에 1973년 수준으로 회복됐다가 그 후 급락해서 2001년에는 1979~1983년 수준과 비슷해졌다."[75]

앞서 봤듯이, 이윤율을 높이는 방법은 두 가지다. 노동자들을 더 많이 착취하는 것과 자본의 가치를 떨어뜨리는 것이다. 착취율이 높아졌는데도 이윤율이 1950년대와 1960년대 수준을 회복하지 못했다는 사실은 자본이 너무 많아서 수익을 제대로 내지 못했다는 것을 뜻한다. 하비는 "가치 저하는 과잉 축적의 이면"이라고 썼다.[76] 달리 말하면 파산, 감가상각 등을 통해 자본의 가치가 충분히 떨어지지 않으면 과잉 축적이 지속된다는 것이다. 마르크스주의 경제학자 예브게니 프레오브라젠스키는 1930년대 대공황 초기에 쓴 글에서 자본이 축적되면 그가 '독점체monopolism'라고 부른 것이 형성돼서 고정자본이 엄청나게 비축되고 그러면 경제가 불황에서 회복되기 힘들어지는 경향이 있다고 썼다.[77] 하비는 이 문제를 "위기론 버전 3"에서 다루는데, 어떻게 자본이 새로운 투자처를 찾아서 "공간적 조정"으로 위기를 극복하려 하는지 살펴보면서 "지리적 불균등 발전을 위기론과 통합"하려 한다.

세계가 지리적 구조조정에 더 개방적일수록 과잉 축적 문제의 일시적 해결책도 더 쉽게 찾을 수 있다. …… 자본과 노동의 흐름이 이 지역에서 저 지역으로 바뀌거나 심지어 아예 역전되고, 공간적 흐름을 촉진하려고 고안된 공간적 구조(운송 시스템 등)의 중대한 변화뿐 아니라 지역적 가치 저하(때로는 격렬해질 수 있는)도 일어날 수 있다.[78]

그러나 공간적 조정은 임시방편일 뿐이다. 새로운 지역에 투자된 자본 자체가 성장에 더욱 장애가 되기 때문이다.

자본의 순환은 점차 특정 종류의 생산, 특정 종류의 노동과정, 분배 구조, 소비 패턴 등을 지원하려고 만들어진 이동 불가능한 물리적 · 사회적 기반 시설 안에 갇힌다. 생산에 투입된 고정자본의 양이 늘어나고 회전 기간이 길어지면서 자유로운 이동이 억제된다. 요컨대, 생산력 증가가 과거 투자의 무거운 부담을 강요해서 미래 축적의 역동성을 방해하는 것과 꼭 마찬가지로 신속한 지리적 구조조정을 방해하는 장벽 구실을 하는 것이다.[79]

분명히 세계경제는 지난 세대에 매우 중대한 공간적 재편을 경험했다. 가장 중요한 것은 동아시아가 세계 자본주의에서 가장 역동적인 지역으로 등장했다는 것이다. 처음에는 일본이, 1970년대와 1980년대에는 '네 마리 용'(한국 · 대만 · 홍콩 · 싱가포르)이 자본축적의 새로운 중심지로 등장했고, 더 최근에는 중국이 공산품 생산과 수출의 주요 기지로 떠올랐다. 많은 사람들은 아시아, 특히 중국의 부상이 세계 자본주의를 구해 줄 것이라고 생각한다. 맥널리는 마르크스주의 관점에서 (단서를 달기는 했지만) 이와 비슷한 견해를 내놓았다. 그는 완전히 올바르게도 "세계경제를 단지 부분들의 총합이 아니라 하나의 전체로서 다뤄야 한다"고 주장하면서, 브레너가 이런 전체의 대용물로 선진 자본주의 국가들을 취급한다고 비판했다. 맥널리는 다음과 같이 주장했다. "신자유주의 시대 내내 진행된 격렬한 자본주의 구조조정으로 자본의 사회적 · 공간적 구성이 새롭게 재편됐고 불균등하고 불안정한 자본주의 성장 물결이 새롭게 일었다.” 특히 동아시아에서 그랬다. 동아시아는 특히 세계 공업 노동인구의 엄청난 증가(동아시아 자체가 그 증가에 크게 기여했다) 덕분에 “1990년대쯤에는 …… 세계적 축적의 새로운 중심지가 됐다.”[80]

이런 구조조정의 중요성과 그것이 상징하는 세계경제 권력의 재편은 부인할 수 없다. 이것의 지정학적 함의는 2부에서 다시 살펴볼 것이다. 그러나 동아시아의 성장이 1970년대 초에 시작된 위기의 시대를 종식시킬 만한 것인지는 전혀 다른 문제다. 동아시아의 성장은 단지 약간 “불균등하고 불안정한” 정도가 아니었다. 1980년대 중후반의 회복기에 일본과 호랑이 경제들은 엄청나게 성장했고, 일본 자본과 수출품의 미국 침투는 중대한 정치 쟁점이 돼서 일본과 미국 사이에 상당한 긴장을 자아냈다. 그러나 일본의 호황은 치솟는 부동산 가격을 중심으로 한 투기적 ‘거품 경제’의 발전을 촉진했고, 1990년대 초에 이 거품이 꺼지자 일본은 장기간의 디플레 불황에서 헤어나오지 못했다. 브레너가 ‘역逆플라자 합의’라고 부른 것, 즉 1995년에 클린턴 정부가 다른 주요 통화 대비 달러화 평가절상을 용인하기로 한 결정의 원래 의도는 엔화 환율 하락을 촉진해서 일본의 수출을 부양하고 그래서 일본 경제를 되살리려는 것이었다. 그러나 달러화 대비 엔화 환율 하락(1995년 4월부터 1997년 4월까지 60퍼센트 하락했다)으로 동아시아의 더 작은 나라 경제들이 희생됐는데, 이 나라들은 자국 통화를 달러화에 고정시키고 있었기 때문에 값싼 일본산 수출품과 가격경쟁에서 밀렸던 것이다. 이것이 1997~1998년 동아시아 경제 위기의 근저에 깔린 결정적 원인이었다. 이 나라들의 경제 상황 악화를 감지한 투자자들이 대거 자본을 철수한 것이 경제 위기를 재촉했던 것이다.[81]

일본과 그 밖의 동아시아 나라들의 경제 회복에 결정적으로 중요했던 것은 중국 경제의 호황이었다. 중국은 이웃 나라들의 복잡한 산업재를 수입하는 시장을 제공했(고 그들이 생산 설비의 일부를 저렴한 중국 공장으로 이전하도록 부추겼)다. 그러나 중국의 영향력을 수십 년 전으로까지 소급 적용해서 부풀려서는 안 된다. 표 1-3은 중국이 세계 GDP에서 차지하는 비중이 지난 30여 년 동안 점차 빠르게 증가했음을 보여 준다. 그러나 중국이 세계경제에 상당한 영향을 미칠 만한

표 1-3. 1980~2008년 세계 GDP에서 5대 경제 대국이 차지하는 비중
(단위: 퍼센트, 시장가격 기준)

연도	영국	독일	중국	일본	미국
1980	4.61	7.02	2.6	9.00	23.7
1990	4.46	6.78	1.7	13.28	25.4
1995	3.91	8.52	2.4	17.81	27.0
2000	4.63	5.96	3.8	14.72	30.73
2005	5.4	6.2	5.0	10.11	27.55
2007	5.11	6.05	6.2	7.99	25.17
2008	4.41	6.04	7.25	8.11	23.5

출처 : International Monetary Fund, *World Economic Outlook Database*, www.imf.org

경제 대국이 된 것은 2000년대 들어서였다. 그리고 지금도 중국의 경제 규모는 제대로 봐야 하는데, 미국의 4분의 1에서 3분의 1 사이 수준이다. 반면, 미국의 경제 규모는 지난 30여 년 동안 세계 GDP의 25퍼센트 안팎을 오르내렸다. 중국과 미국의 관계가 2000년 닷컴 호황 붕괴 이후 세계경제를 확실히 재편했다. 이 관계를 제대로 이해하려면 지난 수십 년 동안 금융의 구실이 어떻게 변했는지를 더 자세히 살펴봐야 한다.

불안정하고 불균형한 세계 금융 시스템

세계적으로 통합되고 자본의 국제 이동성이 매우 높은 금융시장이 재등장하기까지는 수십 년이 걸렸다. 제2차세계대전 종전 직후 확립된 관리 금융 제도 — 각국의 환율은 달러에 고정됐고, 달러 자체는 금에 고정됐으며, 각국은 1944년의 브레턴우즈 협정에 따라 국제 자본 이동을 규제했다 — 에 처음으로 균열이 일어난 것은 1960년대 초였다. 유러달러 시장의 출현으로 각국 통화를 국경 밖에서도 거래할 수 있게 됐다. 그러나 금융시장의 힘이 커졌음을 보여 준 것은 1950년대 말 이후 파운드화의 위기가 오랫동안 지속된 것과 달러를 중심으로 통화 불안정성이 증대하다가 결국 1971년 8월 닉슨 정부가 금태환을 중단한 사건이었다. 이런 변화의 주체 중에는 민간 행위자들, 예컨대 통화 불안정성에 맞서 이윤을 지키려 한 다국적기업들, 산업·상업 기업들이 점차 은행을 거치지 않고 자금을 조달하자 새로운 소득원을 찾아 나선 은행들도 있었다. 그러나 국가, 특히 미국과 영국 국가가 금융 자유화의 결정적 동력원이 됐다. 1970년대 중반에 신자유주의 경제정책 레짐이 처음으로 모습을 드러냈을 때 일련의 결정적 변화가 시작됐다. 즉, 1975년 5월 미국 주식거래에서 고정 수수료 제도가 폐지됐고, 1979년 9월 대처 정부가 외환 통제를 폐지했고, 10월 '볼커 쇼크'가 있었고, 1986년 런던 금융시장 빅뱅으로 경쟁 체제가 강화돼 1975년 이후의 미국 월스트리트와 비슷해졌고, 투자은행과 상업은행을 분리시킨 글래스-스티걸 법이 1999년 마침내 폐지됐고, 2000년 미국 상품선물현대화법이 제정돼 폭발적으로 성장하던 파생상품 시장이 엄격한 규제에서 벗어나게 됐다.[82]

이런 극적인 정책 전환을 촉진한 요인 중에는 이런 변화에 이해관계가 걸린 금융기관들의 효과적인 로비도 있었지만 더 중요한 요인은 신자유주의의 승리로 귀결된 이데올로기적·정치적 변화였다. 이런 변화의 주요 목표 중 하나 — 각국 국민경제를 세계 금융시장의 규율에 종속시키는 것 — 는 확실히 달성됐다. 그러나 금융 자유화의 지정학적 의미를 이해하는 것도 중요하다. 미국이 금본위제를 포기한 것은 세계적 금융 헤게모니를 포기하겠다는 뜻이 아니었다. 오히려 미국 제조업체들을 추격하는 일본과 서독 경쟁업체들의 강력한 도전에 직면한 닉슨 정부는 새로운 전략을 발전시켰는데, 변동환율체제에서 국제 준비통화 구실을 하는 달러의 지위를 이용해 미국 기업들의 경쟁력도 유지하고 미국의 금융 우위도 확고히 다지겠다는 것이 그 전략의 기초였다. 에릭 헬라이너는 다음과 같이 썼다.

정부 관리들은 재정·무역 적자가 증대하는 상황에서 더 개방적이고 자유로운 국제 금융 질서가 미국의 정책 자율성을 보존하는 데 도움이 된다는 것을 깨달았다. 단기적으로는, 미국의 대규모 경상수지 적자를 교정하는 데 필요한 조정 부담을 외국인들이 받아들이도록 촉구하려는 미국의 전략에서 핵심적 수단이 바로 투기 자본의 이동이라고 생각했다. …… [장기적으로는 — 캘리니코스] 비타협적 시장 체제가 국제 금융에서 미국의 우세한 지위를 유지시켜 줄 것이라는 점이 분명했다. 예컨대, 달러의 세계 통화 지위를 유지하고 강화하려면 개방적인 금융 시스템이 필요했다. 왜냐하면 미국 금융시장과 유러달러 시장이 여전히 민간 투자자와 공공 투자자에게 가장 매력적인 국제 시장이었기 때문이다. 일본 엔화나 독일 마르크화를 그렇게 매력적인 준비통화로 만들어 줄 만한 시장은 존재하지 않았다. 왜냐하면 일본과 독일의 금융시장은 제대로 발전하지도 않았고 규제도 너무 많았기 때문이다. 미국 금융시장의 규모와 유연성이야말로 세계 어디든 투자할 수 있는 민간 투자자들이 매력적인 미국 자산을 보유하게 만들어서 미국의 적자를 계속 메우게 할 수 있는 확실한 조건이었다.[83]

피터 고완이 '달러-월스트리트 체제'라고 부른 것 덕분에 미국은 불황과 국제수지 적자에 대처하려고 자국 기업들의 경쟁력을 복원하기 위한 단기적 달러화 평가절하 정책을 1970년대 초와 말, 1980년대 중반, 2000년대 초중반에 공격적으로 펼칠 수 있었다.[84] 헬라이너가 지적하듯이, 그 덕분에 미국은 2000년대 중반에 GDP의 약 6퍼센트에 이른 만성적 국제수지 적자의 비용을 충당할 수 있었다. 마틴 울프는 2008년 위기가 닥치기 직전까지 이런 메커니즘이 어떻게 작동했는지를 설득력 있게 분석했다. 그는 미국의 엄청난 국제수지 적자에도 불구하고 신용 호황의 절정기에 실질금리가 매우 낮았는데 정상적 상황이라면 미국의 해외 차입 필요성 때문에 국제 금리가 올랐어야 하지만 그렇지 않았다는 '수수께끼'를 지적했다. 이런 일이 가능했던 이유는 세계적 '저축 과잉' 때문이라고 울프는 주장했다. 더 정확히 말하면, 중국과 그 밖의 '아시아 개발도상국들', 일본, 산유국들, 유로존 같은 몇몇 핵심 지역에서 투자보다 저축이 많았다는 것이다. 미국의 상황은 반대여서, 정부 차입이 증가하고 가계 저축 수준이 매우 낮았다. 그 결과, "미국은 세계 잉여 저축의 약 70퍼센트를 흡수했다."[85]

이 과정의 핵심 요인은 동아시아 경제들, 즉 일본·한국·대만, 특히 중국이다. 이 나라들의 지배계급이 1990년대 말의 경제 위기에서 배운 교훈은 대규모 국제수지 적자를 방치했다가 외국자본의 급격한 유출입에 무너져서는 결코 안 된다는 것이었다(경제 위기 당시 외국자본의 급격한 유출입은 치명적이었음이 입증됐기 때문이다). 그래서 그들은 미국 달러화 대비 자국 환율이 급상승하지 않게 해서 자국 수출품의 가격을 낮게 유지하는 것을 목표로 하는 환율 관리 정책을 추진했다. 이 정책의 한 가지 결과는 동아시아 국가들이 자국 환율 인상을 막으려고 외환(특히 달러)을 사들여서, 새천년이 시작된 이후 막대한 외환 보유고를 쌓았다는 것이다. "2007년 3월 세계 총 외환 보유고는 5조 3000억 달러에 달했다. 중국 혼자서만 1조 2000억 달러를 보유했고, 일본이 8900억 달러를 보유했다. 대만과 한국도 유로존 전체보다 더 많은 외환을 보유했다. 아시아 전체의 외환 보유고는 3조 3000억 달러로, 세계 전체의 5분의 3에 달했다."[86]

이 돈은 대부분 다시 미국에 대출돼서 미국의 국제수지 적자를 메우는 데 쓰였다. 일부 경제학자들은 이런 구조를 두고 전후의 고정환율제도에 빗대 신新브레턴우즈 체제라고 불렀다. 그들은 이것이 그나마 더 낫고 안정적인 구조라고 생각한다. 개발도상국들은 세계 최대 경제 대국의 통화에 자국 환율을 고정시켜서 빠르게 성장할 수 있고, 그렇게 번 달러를 다시 미국에 빌려 줘서 미국이 개발도상국들의 수출품을 계속 구매할 수 있게 해 주기 때문이라는 것이다.[87] 그러나 미국이 얻는 이득은 훨씬 더 컸다. 울프는 다음과 같이 지적했다. 2006년 말에 "외국인이 소유한 미국 자산(금융 파생상품은 제외)의 거의 3분의 2가 채권 형태였다." 그러나 외국인이 보유한 미국의 민간-공공 부문 채권의 실질 수익률은 1973~2004년에 겨우 0.32퍼센트였다. "따라서 외국인 소유의 주목할 만한(그리고 미국에게는 매우 유리한) 특징은 수익률이 낮은 자산(평가절하된 달러로 가격이 매겨져 미국에는 훨씬 더 유리하다)에 투자된 비중이 높다는 것이다."[88]

이런 분석이 옳다면, "이런 외국 자본은 신중한 투자와 수익성 때문에 미국으로 들어왔다"는 리오 패니치와 마르테인 코닝스의 주장은 틀렸다.[89] 사실, 울프가 계산한 수치를 보면 미국의 순 금융 부채 — 미국의 해외 부채에서 해외 자산(미국 기업과 개인이 외국에 투자한 것)을 뺀 것 — 는 [국제수지] 적자를 메우는 데 필요한 자본 유입보다 훨씬 더 느리게 증가했다. 누적 경상수지 적자를 기준으로 보면, "미국의 순 부채는 2006년 말에 GDP의 44퍼센트쯤 돼야 했을 것이다. 그러나 실제로는 경제분석국의 자료를 보면 겨우 GDP의 16퍼센트였고, 이는 2002년 말의 23퍼센트보다 하락한 것이었다."[90] 이것은 다른 주요 통화 대비 달러화 가치가 하락했기(최근에는 2002~2008년에 그랬다) 때문이기도 하지만 주되게는 미국이 해외에 보유한 자산의 가격이 외국인이 미국에서 보유한 자산의 가격보다 더 올랐기 때문이다.

울프는 다음과 같이 결론지었다. "막대한 경상수지 적자가 무한정 지속될 수 있다는 주장의 가장 강력한 논거는 미국인들이 순진한 사람에게 바가지를 씌우는 '요령 있는 투자자들'이라는 것이다." 사실, "미국은 (영국도 마찬가지지만) 거대한 헤지펀드, 지금까지는 매우 수익성 높은 헤지펀드나 다름없었다." 사정이 이렇다 보니 미국은 계속 헤게모니를 행사할 수 있었다.

> 미국이 전 세계에서 제기된 도전을 모두 수용하고 상쇄할 수 있는 이유는 세계의 기축통화 발행국이라는 지위 덕분에 외부의 제약을 전혀 받지 않기 때문이다. 미국은 적어도 지금까지는 꽤 낮은 금리로 얼마든지 돈을 자국 통화로 빌릴 수 있었다. …… 그 결과는 연준이 세계 전역의 잉여 저축과 따라서 잉여 재화·서비스를 일정한 실질 환율로 흡수해서, 미국 경제의 균형을 유지하고 그러면서 세계경제의 균형도 유지하는 정책을 자유롭게 추진했다는 것이다.[91]

이런 상황, 즉 미국이 금 태환이 되지 않는 달러를 발행할 수 있는 권한을 이용해서 만성적 국제수지 적자를 메우는 상황은 루트비히 비트겐슈타인이 오리-토끼라고 부른 것(보는 각도에 따라서 오리 같기도 하고 토끼 같기도 한)과 약간 비슷하다.[92] 어찌 보면, 미국의 헤게모니가 지속되는 것을 보여 주는 지표 같고, 또 어찌 보면 이 헤게모니가 이제는 얼마나 위태로워졌는지를 보여 주는 것 같기도 하다. 영국이 19세기 말 자본 유출을 통해 경제성장의 재원을 조달하고 미국이 1945년 이후 자본 유출을 통해 유럽과 일본 자본주의를 재건할 재원을 마련한 것과 달리 오늘날 미국은 세계 최빈국 축에 드는 나라에서 유입되는 자금에 의존해야 하니 말이다. 그럼에도 한 세대 동안 달러-월스트리트 체제는 잘 돌아갔다. 적어도 그 체제를 구축해서 자신들의 이익을 도모하고자 했던 사람들에게는 그랬다. 그 체제는 세계화한 금융시장이 폭발적으로 성장할 수 있는 틀을 제공했다. 미국 자체의 새로운 경제성장 패턴은 1980년대 초 불황에서 회복되던 시기에 형성됐다. 이를 촉진한 것은 군비 지출의 대폭 증가(지미 카터 집권기에 시작되고 로널드 레이건이 가속시킨), 산업·상업 자본의 광범한 구조조정, 주가 폭등, 인수·합병 열풍이었다. 당시 개발된 많은 기법은 2000년대 신용 호황기에 훨씬 더 대규모로 사용됐다. 예컨대, 인수·합병 대상 기업의 자산을 담보로 거액을 빌려서 그 기업 사냥에 나서는 차입 매수leveraged buyout는 근본적으로 도박이나 다름없는데, 인수한 기업을 분해해서 일부 자산을 매각하고 나머지 자산(과 노동자들)을 가차없이 쥐어짜서 뽑아낸 많은 이윤으로 처음에 빌린 돈을 갚고 투자자들에게 수익도 돌려주는 수법이다.[93]

이런 금융 기법이 발전한 결과 하나는 금융 불안정성이 훨씬 더 심각해졌다는 것이다. 주식시장 호황은 1987년 10월 주가가 폭락하면서 갑자기 끝나 버렸다. 또 다른 전환점은 1998년 9월에 찾아온 듯했다. 당시 러시아의 디폴트 선언에 뒤이은 금융시장 교란으로 미국의 주요 헤지펀드인 롱텀캐피털매니지먼트LTCM가 파산했다. 그러나 새로운 패턴에서 또 다른 핵심 요소는 그린스펀이 이끄는 연준이 두 번 다 구제하러 나섰다는 것이다. 1987년에는 시장을 부양하는 데 필요한 유동성을 무한정 공급하겠다고 약속했고, 1998년에는 월스트리트의 주요 은행들을 불러 모아 LTCM을 구제하게 하고 그래서 시장의 신뢰를 회복하는 데 일조하게 했다.[94] 더 심각한 금융 위기가 중대한 불황을 초래한 경우도 있었지만, 일본을 제외하면 그런 금융 위기의 여파가 선진국 경제에 영향을 미치지는 못했다. 피해자들은 다른 곳, 즉 동아시아와 동남아시아, 라틴아메리카, 터키, 러시아에서 나왔다. 일부 급진적 학자들, 예컨대 패니치와 코닝스는 "금융 자유화가 세계의 축적과 미국 제국 모두에 '쓸모가 있었음'이 입증"됐을 뿐 아니라 금융 위기도 특히 미국 자본주의에 이로운 결과를 가져왔다고 주장했다. "자본주의의 이해관계를 가로막는 장벽을 '일상적인' 시장 압력이나 외교적 압력으로는 제거하거나 낮출 수 없지만 금융 위기를 이용하면 그럴 수 있을 것"이기 때문이다.[95] 경제 위기의 피해를 입은 동아시아 나라들뿐 아니라 대체로 다른 나라들도 미국이 IMF와 함께 동아시아 위기를 빌미 삼아, 그동안 미국 자본이 침투하기 힘들었던 나라들(국가, 은행, 산업 기업들 사이의 긴밀한 상호 연관을 바탕으로 하는 자본주의 모델을 가진)에 경제 개방 압력을 넣었다고들 생각한다.[96]

확실히 금융화 과정은 노동에서 자본으로 소득이 이전하는 데 크게 기여했다. 그래서 브라이언과 래퍼티는 금융 파생상품이 모든 형태의 자본을 서로 비교할 수 있게 만들어서 신자유주의 시대에 노동

강도 강화를 촉진했다고 주장한다. "세계 수준에서 자본을 서로 비교할 수 있으려면 각국의 노동이 '경쟁력 있는' 임금률과 생산성으로 자본에게 국제경쟁력 있는 수익률을 보장해 줘야 한다."[97] 노동을 가차없이 압박하는 다양한 방식이 조세·복지 제도 변화와 맞물려서, 특히 미국과 영국에서 부와 소득이 가난한 사람들한테서 부자에게로 크게 이전되는 재분배 효과가 나타났다. 이런 재분배의 두드러진 특징 하나는 계급 구조의 상층에 있는 자들이 가져가는 소득의 일부가 자산 수익 형태가 아니라 고위 임원직 봉급(이나 관련 급여) 형태였다는 것이다. 모훈은 다음과 같이 주장했다. "생산적 노동에서 뽑아내는 잉여가치가 늘어난 것은 1979년 이후 미국 경제의 뚜렷한 특징이었는데, 그 잉여가치는 기업 이윤으로 전유되지 않고 주로 관리직 노동자들의 노동 소득으로서 전유됐다."[98]

이런 재분배는 2000년대 초의 경제적 위협과 테러 위협이 지나간 뒤인 2000년대 중반에 100년 전에 견줄 만한 벨 에포크*가 다시 찾아왔다는 정서의 확산에 일조했다.[99] 기업주들과 상층 중간계급은 소득 증대의 혜택을 누렸을 뿐 아니라 실물·금융 자산의 화폐가치가 해마다 치솟고 값싼 중국산 공산품이 유입되면서 소비자 물가 상승률을 끌어내린 덕분에, 연준 의장인 벤 버냉키의 말을 빌리면, 인플레이션과 경제적 불안정성의 "대완화Great Moderation"의 혜택도 누렸다.[100] 금융 위기는 일어날 수 있겠지만, 경제를 관장하는 신적 존재인 그린스

---

* 좋은 시절이라는 뜻으로, 19세기 말부터 20세기 초까지 서유럽, 특히 프랑스의 문화·예술 번영기.

편이 버티고 있는 한(심지어 버냉키가 연준 의장직을 승계한 뒤에도) 금융 위기 같은 혼돈은 번영을 확산시키는 자본주의 역동성의 불가피한 부속물일 뿐이라는 확신이 있었다. 최악의 동아시아 경제 위기가 끝난 뒤에 그린스펀은 당시 미국 재무장관 로버트 루빈, 재무차관 로런스 서머스와 함께 잡지 〈타임〉의 표지 인물로 등장해 의기양양하게 웃으면서 "세계를 구하는 위원회"라는 칭송을 들었다. 심지어 신자유주의를 비판하는 급진 좌파들도 미국 국가의 위기 관리 능력을 크게 신뢰하는 듯했다. 패니치와 코닝스는 다음과 같이 말했다. "이제 금융 위기가 아주 흔한 사건이라는 말은 반만 맞는 이야기다. …… 나머지 절반은 …… 이 똑같은 시기[1980년대와 1990년대 ─ 캘리니코스]에 금융 위기에 대처하는 능력도 함께 성장했다는 사실이다."[101] 동아시아 위기 10년 뒤에 그린스펀과 루빈은 망신을 당하고 말았다. 그린스펀은 주택 거품을 키운 책임 때문에, 루빈은 금융 위기 동안 거의 파산할 뻔했던 시티그룹에서 그가 한 구실 때문이었다. 그리고 서머스는 버락 오바마의 수석 경제보좌관이 돼 신임 대통령이 1930년대 이후 최악의 경제 불황을 극복하려고 고생하는 것을 도와주고 있었다. 도대체 뭐가 잘못됐을까?

경제성장의 동력이 된 금융 거품

돌이켜 보면, 1997년은 세계경제의 전환점이었다. 당시 이미 세계 자본주의의 동력으로 여겨지던 동아시아를 강타한 심각한 경제·금융 위기 때문이기도 하지만, 그해가 역사적 순간이기도 했기 때문이다.

앞서 봤듯이, 1997년에 미국의 수익성 회복은 절정에 달했다가 그 후 내리막길을 걷게 된다. 미국의 산업·상업 기업들이 느낀 압력을 더 세게 만든 것은 1995년 이후 다른 통화 대비 달러화 가치 상승이었다. 이 때문에 외국 경쟁업체들보다 미국 기업들의 경쟁력이 약해졌기 때문이다. 미국이 세계경제에서 차지하는 비중을 감안하면(표 1-3을 보라), 이런 하향 압력은 미래의 성장을 제약하는 중요한 요인이었다. 특히 미국 자본주의를 관리하는 자들은 이윤율이 오르고 있던 1980년대 초부터 1990년대 말까지의 시기보다 더 취약한 토대 위에서 경제가 계속 성장하도록 애를 써야 했다.

이런 맥락에서, 신자유주의 경제정책 레짐의 실행은 국가가 거시경제 관리를 포기한다는 뜻이 아니었음을 이해하는 것이 중요하다. 따라서 신자유주의 경제정책 레짐은 단지 고전적 자유주의로 복귀하는 것이 아니었다. 그러나 거시 경제 관리의 목표, 수단, 주요 집행기관은 모두 바뀌었다. 이제 목표는 완전고용 달성이 아니라 물가 상승률을 최소화하는 것이었다. 수단은 금리 규제와 신용창조에 의존하는 통화정책이었다. 토니 블레어와 고든 브라운이 이끄는 신노동당은 적극적 재정정책을 거부하는 정책 전환의 상징이었다(그들은 적극적 재정정책을 "세금 거둬서 돈 쓰기"라고 비아냥거렸다). 마지막으로, 신자유주의 정책을 집행하는 핵심 기관은 중앙은행이었다. 그래서 중앙은행의 금리 결정권은 신자유주의 시대에 들어와 공고해졌다. 이런 제도적 변화, 그리고 중앙은행이 관리해야 할 물가 상승률 목표치를 정부가 정해 주는 경향은 어느 정도는 통화주의의 '영웅적' 시기였던 1980년대에 제도적으로 통화 공급을 조절하는 데 실패한 결과였다. 그러나 다른 측면에서 보면 에드워드 러트워크가 '중앙은행주의'라고 부른 것이 신자유주의 이데올로기와 딱 맞아 떨어졌고, 특히 유권자 대중에게 책임지는 정치인들한테 경제 관리를 맡겨 두면 인플레이션과 지속 불가능한 정책은 필연적이라는 생각과 딱 맞아 떨어졌다. 이 문제의 해결책은 중앙은행의 재량에 의존하는 것이었다. 제도적으로 자본주의적 민주주의의 정상적 압력을 받지 않는 중앙은행이 재량껏 정책 기술들을 동원해서 물가 상승률을 낮게 유지하고 경제가 올바른 길로 가게 해야 한다는 것이었다.[102]

이런 이유로 볼커와 그린스펀 같은 인물들이 신자유주의 시대에 유명해진 것이다. 그러나 20세기 말이 가까워질수록 이들의 과제는 달성하기가 점차 힘들어졌다(다른 나라 중앙은행들과 달리 연준은 낮은 물가 상승률뿐 아니라 장기적 성장률도 유지해야 하는 의무가 법률에 명시돼 있었기 때문이다). 그린스펀은 LTCM 위기에 대처하면서 구제금융만 실시한 것이 아니라 일련의 금리 인하 조처도 취해서, 주식시장에서 특히 정보통신기술[IT] 관련 주식을 중심으로 이미 커지고 있던 투기 거품을 키우는 데 한몫했다. 이것은 재화·서비스 수요를 자극하는 '자산 효과'를 가져왔다. 즉, 상층 중간계급 가정들은 자신들이 소유한 증권의 금전적 가치 상승에 힘입어 차입과 지출을 늘렸다. 브레너는 다음과 같이 썼다.

미국 경제와 세계경제를 심각한 불황의 늪에서 건져 내기 위해 연준은 지속적 주가 상승을 통해 미국 국내 소비와 투자의 증가를 가속시킬 수밖에 없었다. 사실, 연준은 공공 부문의 재정 적자를 바탕으로 한 구舊케인스주의 정책에 의존하기보다는 주가 상승과 그에 따른 자산 효과 덕분에 가능해진 민간 부문의 부채 증가, 즉 기업과 소비자의 부채 증가를 통해 새로운 형태의 인위적 수요 진작 정책을 유지하고 있었다.[103]

이런 '주식시장 케인스주의' 시도는 정말로 생산적 투자로 이어졌다. 아니, 더 정확히 말하면, 과잉 투자로 이어졌다. 1990년대 말 호황을 구가하던 통신 산업은 미국에 3900만 마일의 광섬유를 깔았다. 이는 지구를 1566번이나 감쌀 만한 규모였다.[104] 그러나 생산적 자본을 움직인 동력은 주식시장 거품이었고, 가장 두드러진 것은 대부분 이윤을 내지 못하던 인터넷 기업들의 주식 광풍(대서양 양안에서 모두 불어 닥친)이었다. 2000년 봄에 닷컴 거품이 꺼지자, 엄청난 산업 과잉 설비와 기업 부채의 암운이 드리운 잠재적으로 심각한 불황이 닥쳤다. 그린스펀은 경기하강과 9·11 공격이라는 이중의 충격에 대처하면서, 금리를 계속 인하해서 2003년 6월 1퍼센트까지 끌어내렸다. 그는 다음과 같이 설명했다. "우리는 부식성腐蝕性 디플레이션*의 가능성을 차단하고 싶었다. 그래서 금리 인하로 거품, 즉 모종의 인플레이션 호황이 발생해서 나중에 뒤치다꺼리를 해야 할 수도 있었지만 기꺼이 위험을 무릅썼다."[105] 이런 전략은 단기적으로 효과가 있었다. 실제로, 거품이 주식시장에서 주택시장으로 이전된 것이다. 브레너는 2004년에 선견지명을 보여 준 글에서 다음과 같이 지적했다.

----

* corrosive deflation : 자산 가격을 포함한 가격 하락의 악순환.

그래서 그린스펀은 차입 능력과 따라서 소비 여력을 키우려고 다시 한 번 자산 가격 상승을 추진했다. 그러나 기업들이 차입을 줄여서 부채를 감축하는 데 여념이 없었을 뿐 아니라 1997년부터 이윤율이 크게 하락하고 2000년 중반부터는 주가도 급락한 뒤였기 때문에 그린스펀은 강조점을 바꿔야 했다. 연준은 여전히 주식시장을 부양해서 기업의 재무구조와 더 일반적으로는 사업 전망을 개선하려고 노력하고 있었다. 그러나 주로 모기지 금리를 낮추고 주택 가격을 올려서 경제를 부양하는 데 기대를 걸어야 했다. 그러면서 가계의 차입과 소비 지출(주택에 대한 투자도 포함해서)을 늘리는 길로 나아가고 있었다. 그들 자신이 보기에 이런 기대는 놀라울 만큼 잘 실현됐다.[106]

미국의 주택 가격은 2005년 3분기에 절정에 달할 때까지 5년 동안 56퍼센트 상승했다.[107] 주택 거품은 특히, 영국·스페인·남아일랜드·싱가포르 등 다른 많은 나라에도 영향을 미친 국제적 현상이었다. 다시 한 번 자산 효과가 나타나기 시작했다. 재산 가치 상승과 대출 금리 인하에 고무된 가계들이 차입과 지출을 늘린 것이다. 2005년에 미국의 가계들은 자기 집의 금전적 가치를 이용해서 7500억 달러를 빌려 그중 3분의 2를 개인 소비, 주택 개량, 신용카드 부채 상환에 썼다.[108] 그에 따른 개인 소비 증가(와 테러와의 전쟁으로 촉진된 공공지출 급증과 부시 정부가 추진한 달러화 하락으로 말미암은 미국의 경쟁력 강화) 덕분에 미국은 불황에서 빠져나올 수 있었고 세계경제 전체도 어느 정도 호황을 누릴 수 있었다. 이것이 신브레턴우즈 체제의 역사적 순간이었다. 중국에서 태평양을 건너 미국으로 가는 자본과 상품의 흐름은 두 나라 경제성장의 원동력이 됐고 다른 나라들도 이 메커니즘에 끌어들였다. 그래서 독일·일본·한국은 복잡한 산업재와 부품을 중국의 조립라인에 공급했고, 아프리카와 라틴아메리카의 1차 생산자들은 한없이 원료를 빨아들이는 듯한 중국의 수요를 충족시키느라 바빴다.

이 선순환처럼 보인 구조 때문에 IMF는 주택 거품이 꺼지고 신용 경색이 시작된 2007년 가을까지도 세계 자본주의가 새로운 황금기에 들어섰다고 축하할 수 있었다.

2004년부터 지금까지 세계경제는 1960년대 말과 1970년대 초 이래로 가장 강력한 성장을 지속한 반면, 물가 상승률은 여전히 낮은 수준에 머물러 있다. 최근 세계의 경제성장은 속도도 빠를 뿐 아니라 많은 나라에서 공통으로 나타나는 현상이기도 하다. 성장의 불안정성은 낮아졌는데, 이것이 특히 놀라운 일처럼 보이는 이유는 더 불안정한 신흥 시장과 개발도상국들도 세계경제 성장에 한몫하고 있기 때문이다.[109]

이 대단히 오만한 문서는 위험할 정도로 멀리 나아가 거의 경기순환의 소멸을 예측하다시피 한다. "지난 세기의 경기순환들을 비교해 보면 성장기는 꾸준히 길어지고 불황기는 짧아졌음을 알 수 있다. 선진 경제들에서는 제2차세계대전 후 심각한 불황이 사실상 사라졌다." 1970년대 중반과 말의 경제 위기들은 "적절하게 성장하는 선진 경제들의 지속적 성장 추세에서 일시적으로 이탈한 것일 뿐"이었다.[110] 대

완화 시기에 대한 그런 자기만족과 함께 나타난 것이 브릭스[BRICs] — 브라질·러시아·인도·중국의 주요 신흥 시장 경제들 — 에 대한 열광이었다. 다들 브릭스의 부상이 세계 자본주의의 안전한 미래를 보장한다고 생각했다. 브릭스라는 말을 처음 지어낸 것은 골드만삭스였다. 이 발상은 거대한 금융 투기 거품이 계속 커지도록 하는 데 일조했다. 실제로, 그레이엄 터너가 입증했듯이, 2000년대 중반의 호황에는 세계적 신용 거품이 끼어 있었다. 투기 자본이 선호한 중동부 유럽과 남반구 경제들로 엄청난 투기 자본이 유입됐던 것이다.[111]

이 최근의 거품을 특히 위험하게 만든 세 가지 특징이 있다. 첫째는 그것이 미국과 중국의 순환 구조에 의존하고 있었다는 것이다. 앞서 봤듯이, 미국에서 금리가 낮게 유지되고 그래서 개인 소비 붐이 가능했던 것은 동아시아에서 흘러나온 자본이었다. 그러나 두 나라 경제의 이 공생 관계 — 실제까지는 아니더라도 잠재적으로는 지정학적 경쟁자인 두 나라(남들뿐 아니라 그들 자신도 그렇게 생각한다) 중에서 하나는 소비 수준이 높고 다른 하나는 투자 수준이 높다 — 는 지속적인 세계적 자본축적 경로치고는 토대가 취약한 듯했다. 호황의 절정기에 미국에서는 가계 소비가 GDP의 67퍼센트를 차지했지만 중국에서는 겨우 33퍼센트였다.[112] 소수 특권층 사이에서 벌어진 정책 논쟁은 점차 "세계적 불균형"과 이 불균형 문제를 다룰 필요성에 집중됐다. 버냉키는 2005년 3월 미국의 적자가 아시아에 집중된 '세계적 저축 과잉' 때문이라고 주장해서 큰 반향을 불러일으켰다.[113] 그러나 실천적으로 이렇다 할 조처가 취해진 것은 하나도 없었다. 기존 구조가 미국과 중국 모두에게 아주 유리했기 때문이다.

둘째, 2000년대 중반의 신용 거품은 새로운 영미 투기 금융 체제의 절정이었다. 1부 서두에서 살펴본 그림자 금융 시스템은 민스키가 금융시장의 불안정화 과정에서 핵심 구실을 한다고 주장한 것과 비슷한 혁신 광풍에 뛰어들었다. 그런 노력은 값싼 신용 조건을 이용해서 레버리지를 최대한 높게 구축하고 그래서 이윤을 극대화하려는 것이었다. 신용 파생상품, 특히 CDO와 이런 파생상품의 판매 통로 구실을 한 SIV가 은행의 대출을 최대한 많이 매각해서 대차대조표상의 대출을 덜어 내는 데서 핵심 구실을 했다. 1997~2000년에 세계 파생상품 시장은 41조 달러에서 677조 달러로 성장했다.[114] 별로 안전하지 않은 채무자들에게 내준 대출, 예컨대 서브프라임 모기지가 특히 매력적이었던 이유는 위험도가 높을수록 이자와 수수료도 높았기 때문이다. 그리고 신용평가기관들은 자신들에게 수수료를 지급하는 은행들과 사이좋게 지내고 싶었으므로 많은 CDO를 트리플A, 즉 디폴트 위험이 거의 없는 안전한 투자 등급으로 분류하고 보증해 줬다.

값싼 신용을 쉽게 이용할 수 있다는 데 고무된 금융기관들은 단기 자금을 빌려서 장기로 대출하는, 예전에도 거품이 일어날 때마다 나타났던 패턴을 되풀이했다. 이런 관행 때문에 그들은 신용이 고갈될 경우 매우 취약해질 수밖에 없었다. 어데어 터너는 다음과 같이 지적했다.

다양한 금융기관들 — 은행과 은행 비슷한 기관들 모두 — 은 점차 "시장에서 사고팔 수 있는 유동성"에 의존하게 됐다. 단기 부채로 조달한 자금으로 매입한 자산을 만기까지 오래 보유하는 것이 안전하다고 믿으면서 말이다. 유사시에는 그런 자산을 유동성이 높은 자산 시장에서 신속하게 매각할 수 있다고 굳게 믿었다. 이런 생각은 경제 위기가 아닌 상황에서 개별 기업 수준에서는 그럴듯했지만, 2007년 중반에 많은 기업이 동시에 자산을 현금화하려고 들자 근거 없음이 드러났다.[115]

이렇게 확산된 투기 네트워크는 금융 기업과 행정 당국의 긴밀한 관계에 의존했다. 금융 폭락 후에 미국의 공공청렴센터Center for Public Integrity가 조사한 결과를 보면, 미국의 상위 25개 서브프라임 모기지 발행 기관(2005~2007년에 그들이 제공한 서브프라임 모기지 금액이 1조 달러였는데 이는 같은 기간 서브프라임 모기지 총액의 거의 4분의 3에 달했다)은 1990년대 말 이후 자신들에 대한 규제가 강화되는 것을 막으려고 워싱턴에서 로비 자금과 선거 자금으로 거의 3700만 달러를 썼음이 드러났다. 2005~2007년에 800억 달러어치의 서브프라임 모기지를 제공한 아메리퀘스트 모기지 회사의 창립자이자 최고 경영자인 롤런드 아널을 부시 정부는 네덜란드 주재 미국 대사로 임명했다. 이 기업들은 대부분 서브프라임 위기로 파산했는데 그중 21개가 시티그룹, 골드만삭스, 웰스파고, JP모건, 뱅크오브아메리카 같은 대형 은행 소유였거나 그런 은행이 거액을 투자한 경우였다. 이 대형 은행들은 모두 나중에 정부 구제금융에서 엄청난 혜택을 얻었다.[116]

따라서 이 과정에서 가장 중요한 행위자(이자 수혜자)는 미국의 주요 은행들이었다. 그들은 마침내 글래스-스티걸 법의 제약에서 벗어날 수 있게 됐다. 어떤 연구 결과를 보면, 이번 위기 전 10년 동안 미국 은행들의 전례 없는 수익성은 금융 부문의 높은 집중도 덕분에 나머지 경제 부문에서 독점지대를 뽑아낼 수 있었다는 사실을 반영한다.[117] 그러나 런던이야말로 — 역사적인 런던시티뿐 아니라 런던 동부와 서부에 있는 커네리 워프Canary Warf와 메이페어Mayfair도 — 여러모로 가장 중요한 신용 거품의 현장이었다. 런던은 1998년 세계 신용 파생상품 매출액의 거의 절반을 차지했고, 2006년에는 훨씬 더 커진 시장의 3분의 1 이상을 차지했다. 런던이 세계 최대 금융 중심지인 뉴욕에 도전하고 어떤 측면에서는 추월할 만큼 성장한 것은 어느 정도 세계 금융에서 유럽의 중요성이 커진 것을 반영한다. 2007년에 유럽은 세계 투자은행 수입의 3분의 1 이상을 차지했고, 그중 절반 이상이 런던을 거쳐 갔다.[118] 질리언 테트는 런던이 그림자 금융 시스템에서 결정적 구실을 한 것도 유럽 기업들이 1999년 유로화 출범에 대응한 결과였다고 시사한다. 즉, 유럽 기업들은 은행 대출에 의존하던 전통적 방식에서 벗어나 "채권 같은 현금 기반 상품이 아니라 곧장 파생상품을 이용했다. 그런 패턴은 말하자면 개발도상국들이 전화를 발명한 후 유선전화 단계를 건너뛰어 곧장 무선전화로 나아간 것에 비길 만한 '도약'이었다."[119]

헤지펀드와 사모펀드는 또, 1997년 5월 총선으로 집권한 신노동당 정부가 추진한 극진한 우대 정책에 이끌려 런던에 사무소를 설립했다. 고든 브라운은 재무장관 취임 후 두 번째로 제출한 예산안에서 자본이득세를 10퍼센트로 낮췄는데, 이는 특히 헤지펀드와 사모펀드에 유리한 조처였다. 미국 의회가 닷컴 호황 때 일어난 엔론, 월드컴 등의 떠들썩한 사기 사건과 회계 부정 대책으로 금융 규제를 강화하는 사베인스-옥슬리법을 제정했을 때 영국은 '가벼운 규제' 체제를 자랑했다. 필립 오거는 2001년 제정된 금융서비스 · 시장법률을 다음과 같이 묘사했다. "영국의 금융 서비스 산업을 규제하기보다는 보호하는 법률이다. 규제 당국은 '신종 금융상품 판매를 방해해서는 안 되고, 규제 장벽을 세우는 일'을 하지 말아야 …… [하고 — 캘리니코스] '금융업의 국제 이동성을 고려해야 한다'[는 조항을 보면 알 수 있다.]" 브라운은 2007년 6월 런던 시티의 연례 맨션하우스• 만찬에서 재무장관으로서 마지막 연설을 할 때 "국제 금융의 중심지일 뿐 아니라 …… 세계적으로도 우월한 …… 런던의 지위"를 기념하면서, 2000년대 초의 금융 위기 이후 자신이 "규제 위주의 단속"을 하지 않은 것을 자화자찬했다.[120]

그런 말이 아주 강력한 자충수가 된 이유가 세 번째 특징인데, 신용 경제의 토대인 생산적 경제가 특히 취약했다는 사실이다. 케인스주의 경제학자 윈 고들리는 1990년대 말 이후 마치 고독한 카산드라••처럼 미국 경제의 지속적인 성장은 민간 부문 부채의 끊임없는 증가에 의존하게 됐으며 이는 가계와 기업의 저축이 결국은 지속 불가능할 만큼 감소했음을 반영한 것이라고 자세히 설명하는 글을 발표해 왔다.[121] 크리스 하먼이 '상시 부채 경제'라고 말한 이 패턴이 신용 호황의 뚜렷한 특징이었다. 2007년 미국에서는 개인 부채가 가처분소득의 139퍼센트에 이르렀고 영국에서는 173.1퍼센트나 됐는데, 이는 선진 경제들 중

• 런던시장 관저.

•• 그리스 신화에서 트로이 함락을 예언한 트로이 공주.

에서 최고 수준이었다.[122] 이런 패턴(과 그 짝인 중국 등 동아시아 나라들의 높은 저축 수준)은 더 자세히 살펴봐야 한다. 세계적 불균형을 분석할 때 사용되는 저축과 투자 같은 개념들은 케인스가 개척한 거시경제학의 개념들이다. 이런 개념들이 유용하다는 것은 분명하지만, 자본주의 경제의 작동 방식을 상대적으로 피상적인 수준에서 파악하는 데 그친다. 더 깊이 파고들려면 자본주의 생산관계라는 마르크스주의 개념이 필요하고 이를 바탕으로 적대적 계급 관계를 이해할 필요가 있다. 소비 패턴은 깊게 뿌리박힌 계급 관계를 반영한다. 이런 현실은 때때로 마틴 울프의 세계경제 불균형 분석에서도 드러난다.

중국의 가계 저축은 엄청나다. 그러나 지난 5~6년 동안 중국 저축 이야기의 핵심은 기업 저축의 증가였다. …… 중국 정부는 국유 기업들에게 수익을 내라고 지시했고, 기업들은 지시에 따랐다. 기업들은 잉여 노동자를 정리해서 수익을 내게 됐지만, 정부는 이윤 증가분의 일부를 정부 지분에 대한 배당금으로 가져가지도 않았고 해고된 노동자들을 위한 사회안전망 재원으로 사용하지도 않았다. 놀랍게도 (그리고 충격적이게도) 정부는 그 돈을 기업 내부에 남겨 뒀다. 그러나 정부 자체의 저축도 엄청나다. 중국에는 빈민이 약 8억 명 있지만, 지금 중국의 국내 소비는 GDP의 절반이 채 안 되는데도 중국은 전 세계에 자본을 수출한다. 이 점은 매우 기묘하다. 중국의 경상수지 흑자가 그렇게 엄청난 것도 그 때문이다.[123]

그렇다면 흔히 '중국'의 국내 소비가 '충분'하지 않다는 말은 실제로는 마르크스주의 가치론의 관점에서 보면, 상대적 잉여가치 추출(더 적은 노동자들이 더 많이 생산하는 것)을 통한 착취 강화다. 중국 노동자들의 낮은 소비는 중국 자본의 높은 이윤과 맞물려 있다. 그러나 똑같은 현실이 세계경제를 떠받치는 순환의 반대편 끝, 즉 미국에서도 지배적이다. 울프는 미국의 국제수지 적자를 분석하면서 "기업 부문과 가계 부문의 놀라운 차이"를 지적했다.

기업 부문은 1990년대 말과 2000년의 거품 경제가 촉발한 투자 호황기에 대규모 적자를 기록했다. 그 후 투자를 대폭 삭감하고, 짧은 긴축 시기를 거친 다음, 다시 이윤을 축적했다. 더 중요한 점은, 1990년대와 달리 투자를 급격하게 늘리지 않았다는 것이다. 그 결과 기업 부문은 2001년 4분기부터 2007년 1분기까지 금융 흑자를 기록했다.[124]

따라서 저축과 투자의 간극은 미국 기업 부문에서도 나타난다. 이 문제는 잠시 뒤에 다시 살펴보겠다. 먼저, 울프의 다음과 같은 말부터 짚고 넘어가자. "가계 부문의 사정은 사뭇 다르다. 가계 부문은 시종일관 소득보다 더 많은 돈을 소비와 주거 환경 개선 투자로 지출하면서 사상 유례 없는 금융 적자를 기록했다."[125] 이 말에 대한 한 가지 뻔한 해석은 미국인들이 엄청난 과소비를 했다는 것이다. 이런 견해는 귀가 따갑게 듣는 말, 즉 우리가 무턱대고 돈을 빌려다가 흥청망청 썼으니 경제 위기는 '우리' 탓이라는 주장 바로 그것이다. 문제는 이런 주장이 경제적 퍼즐의 또 다른 중요한 조각과는 맞지 않는다는 것이다. 에드워드 루스는 다음과 같이 썼다.

2000~2006년에 미국 경제는 18퍼센트 성장한 반면, 중위 노동자 가구의 실질소득은 실질 기준으로 1.1퍼센트, 약 2000달러 감소했다. …… 한편, 상위 10퍼센트 가구의 소득은 32퍼센트 올랐고, 상위 1퍼센트는 203퍼센트, 상위 0.1퍼센트는 425퍼센트나 상승했다.

그 이유 하나는 최근의 경제 성장기에는 과거의 경기순환 때와 비슷하거나 같은 비율로 일자리가 창출되지 않았다는 것, 심지어 대다수 피고용인의 노동시간이 감소했다는 사실 때문이다. 경제 성장기 치고는 이례적으로 경제활동 참가자 수도 감소했다. 그러나 주된 이유는 경제성장과 생산성 향상의 성과가 최고 소득층에게 돌아갔기 때문이다.[126]

이런 수치들을 더 많이 살펴보지 않더라도 월스트리트의 은행가들을 겨냥한 미국 사회의 깊은 분노는 얼마든지 이해할 수 있을 것이다. 그러나 이런 수치들을 보면서 다시 한 번 확인할 수 있는 것은 상대적 잉여가치 증가 덕분에 착취율이 증가했다는 것이다. 세계경제 순환의 양쪽 끝에 있는 노동자들은 모두 쥐어짜였다. 차이가 있다면, 미국 노동자들보다 생활수준이 훨씬 낮은 중국 노동자들은 질병·실업·노령에 대비한 사회안전망을 국가가 더는 보장하지 않기 때문에 이를 스스로 해결하기 위해 저축하지 않으면 안 된다는 압력에 시달린다는 것이다. 반면에, 미국 노동자들은 실질소득이 사실상 감소했으니 기본 소비를 유지하려면 차입을 하라는 권유를 받았다는 것이다. 이것은 유효수요를 유지하고 그래서 2000년 닷컴 호황 붕괴 후에도 미국 경제와 세계경제가 계속 성장하는 데도 도움이 됐고 노동자들에게 돈을 빌려 준 은행들에게 이윤을 제공하는 데도 도움이 됐다. 그 결과로 형성된 거품이 마침내 꺼지자 지금의 위기가 촉발된 것이다.[127]

그러나 퍼즐의 마지막 조각 하나가 남아 있다. 앞서 봤듯이, 울프는 미국 기업들이 이윤을 투자하기보다는 꼭 쥐고 놓지 않았다고 주장했다. 그러나 그는 또, 이것이 일반적 현상이라고 지적했다. 이것은

지금은 우리가 자신 있게 거품이라고 부를 수 있는 1999~2000년의 세계 주식시장 호황 때문이다. 주요 경제 대국 대부분에서 기업들은 수익성이 매우 높았지만 투자에는 신중하다. …… 노동에서 자본으로 소득이 이전되는 것은 고소득 경제들 전체에서 나타나는 중요한 현상이다. 흥미롭게도 그리고 의미심장하게도 노동에서 자본으로 소득이 가장 많이 이전된 나라는 미국을 비롯한 앵글로-색슨형 나라들이 아니고 일본과 유로존 나라들이다.[128]

따라서 '저축 과잉'의 핵심적 차원 하나는 선진 경제의 자본가들이 2000년대에 임금 억제로 이윤을 늘렸지만 이 이윤을 생산 확장에 투자하지는 않았다는 것이다. 따라서 버냉키와 울프가 강조한 저축과 투자의 간극은 주로 세계경제의 지역별 차이에서 비롯한 것으로 봐서는 안 되고, 지역과 국경을 뛰어넘는 적대적 계급 이익의 관점에서 봐야 한다. 자료들을 보면, 자본가들은 잉여가치율, 즉 임금 대비 이윤의 양을 늘리는 데는 성공했을지 모르지만, 대규모로 투자할 확신이 드는 수준까지 이윤율, 즉 총투자(노동력에 대한 투자와 생산수단에 대한 투자의 합) 대비 이윤의 양을 늘리는 데는 실패했다는 것을 분명히

알 수 있다. 이런 설명이 옳다면, 우리는 신용 거품을 미국 경제가(그리고 미국 경제가 세계 수요를 유지하는 데서 핵심 구실을 했으므로 세계경제도) 계속 성장하게 하려는 노력이었다고 이해할 수 있을 것이다. 비록 1960년대까지 거슬러 올라가는 수익성과 과잉 축적의 만성적 위기를 극복하지는 못했지만 말이다.

이런 근저의 약점에 비춰 보면, 세계 경제 · 금융 위기는 언젠가는 일어날 사고였던 셈이다.[129] 그 사고를 재촉한 것은 2004년 6월 연준이 경제를 약간 진정시키려는 의도에서 시작한 일련의 금리 인상 조처였다. 그 결과 서브프라임 차입자들이 압박을 받게 됐고, 2006년 봄부터 주택 가격이 폭락하기 시작했다. 그러나 처음에는 주택 경기 둔화와 CDO · CDS 시장의 과열이 동시에 일어났다. 왜냐하면 은행들이 감소하는 이윤을 벌충하는 데 혈안이 돼서 레버리지를 늘렸기 때문이다(비록 몇몇 은행, 특히 도이체방크와 골드만삭스는 주택 경기 폭락에 돈을 걸기 시작했지만 말이다). 이런 열풍의 와중에 2007년 1월 그때까지는 별로 알려지지 않은 잉글랜드 북동부의 은행이었으나 머지않아 위기의 첫 피해자가 되는 노던록이 680억 파운드나 되는 모기지 대출 재원의 절반을 전 세계에 판매한 모기지담보부채권으로 조달하는 데 성공한 것을 인정받아 '베스트 대출 기관' 상을 받은 것은 정말 상징적이다.[130] 값싼 부채에 대한 수요가 끊임없이 지속된 데는 거액의 차입 매수 열풍에 책임이 있는 사모펀드도 한몫했다. 심지어 가장 큰 은행들도 대출을 확대해서 거품을 계속 키우라는 경쟁적 압력에 시달렸는데, 이는 시티그룹의 최고경영자였던 척 프린스가 금융 위기 직전인 2007년 7월에 한 다음과 같은 말에서도 잘 드러난다. "음

악이 계속 흘러나오는 한 일어나서 춤을 춰야 합니다. 우리는 여전히 춤을 추고 있습니다"[131](그는 이 말을 하고 나서 몇 달이 채 안 돼 시티그룹 회장에서 물러나야 했다). 2007년에 월스트리트 은행들의 레버리지 비율(자기자본비율)은 기록적 수준까지 치솟아서, 골드만삭스는 25배, 리먼브러더스 29배, 메릴린치 32배, 베어스턴스와 모건스탠리는 33배나 됐다.[132]

2006~2007년에 모기지 디폴트가 급증하자 은행들과 그림자 금융권의 은행 파트너들이 세운 투기성 사상누각 전체가 무너지기 시작했다. 다른 비유를 들자면, 금융 시스템은 한쪽 끝만 잡아당기면 전체가 줄줄 풀리고 마는 뜨개질한 목도리 같은 것이었음이 드러났다. 서브프라임 부문의 위기는 모기지담보부증권 시장을 약화시켰고, 그래서 CDO의 가격을 바닥 수준까지 끌어내렸다. 그러나 미국뿐 아니라 유럽에서도 CDO는(디폴트 대비 보험 상품인 CDS도) 금융권 전체에 퍼져 있었기 때문에 충격이 금융권 전체로 확산됐다. 이 점은 진정한 신용 경색이 시작되면서 뚜렷해졌다. 2007년 8월 9일 BNP파리바가 머니마켓펀드 환매를 중단하면서 신용 경색이 시작되자 유럽중앙은행은 그 대책으로 940억 유로를 금융시장에 쏟아부었고 뒤이어 미국 연준도 비슷한 조처를 취했다. 그러나 은행들은 불똥이 자신에게도 튈까 봐 두려워서, 그리고 다른 은행들의 상태를 의심해서 상호 대출을 중단했다.

더 취약한 금융기관들, 특히 부채가 지나치게 많은 기관들이 무너지기 시작했다. 가장 유명한 초기 피해자들은 결국 국유화된 노던록, 신용이 완전히 파탄난 뒤에 JP모건체이스에 인수된 베어스턴스였다. 금융권에 유동성을 쏟아붓고 금리를 인하해서 신용 경색을 막아 보려는 연준과 각국 중앙은행의 공세적 대응은 도매금융 시장*이 얼어붙어서 은행에 돈이 부족한 것이 문제의 핵심이라는 전제를 깔고 있었다. 그러나 점차 분명해졌듯이, 특히 2008년 9월 부시 정부가 리먼브러더스 파산을 방치한 후에 분명해졌듯이 문제는 지급[상환] 능력이었다. 많은 주요 은행들이 손실 때문에 파산 위험으로 내몰렸고 그와 함께 금융권 전체도 무너져 내릴 듯했다. 결국 2008~2009년 가을과 겨울에 거대 금융기관들이 줄줄이 쓰러지는 충격적인 일이 일어났다. 메릴린치가 뱅크오브아메리카에 인수됐고, 패니메이와 프레디맥, AIG, 스코틀랜드왕립은행과 로이드뱅킹그룹(얼마 전에 핼리팩스뱅크오브스코틀랜드를 인수했던)이 모두 사실상 정부 통제 아래 들어갔고, 월스트리트의 5대 투자은행 가운데 마지막까지 남아 있던 골드만삭스와 모건스탠리는 금융지주회사로 전환해야 했다.

그사이에 금융 위기는 전반적 경제 불황으로 바뀌었다. 처음에 많은 사람들은 비록 직격타를 맞은 나라들, 특히 미국과 영국은 불황에 빠질 수 있겠지만 중국을 비롯한 아시아 나라들은 어쨌든 미국과 '탈脫동조화'됐으므로 금융 위기에도 불구하고 세계경제 성장의 견인차 구실을 계속 할 수 있으리라고 생각했다.[133] 신용 호황의 후유증이라 할 수 있는 이런 생각은 순전한 공상이었음이 드러났다. 2007년 말에 시작된 미국의 불황 앞에서 세계적 제조업·무역 대국들(독일·일본·중국)조차 속수무책이었다. 최대 수출 시장이 고갈됐기 때문이다. OECD는 2009년에 일본 경제가 6.6퍼센트 수축하고 독일은 5.3퍼센

---

* 주로 개인이나 가계가 아니라 기업이나 기관을 상대로 금융거래를 하는 시장.

트 수축하겠지만 미국은 '고작' 4퍼센트, 영국은 3.7퍼센트만 수축할 것이라고 예상했다. 2008년 말과 2009년 초에 세계경제가 급격하게 수축하는 과정에서 작동한 핵심 메커니즘은 OECD의 표현을 빌리면 국제무역의 '자유낙하'였다. 1996~2005년에 세계무역의 실질성장률은 연평균 7퍼센트였고 2006년에 9.5퍼센트로 최고점을 찍은 후 2008년에 2.5퍼센트까지 떨어졌고 2009년에는 마이너스 13.2퍼센트를 기록할 것으로 예상됐다.[134] 심지어 중국의 고속 성장률도 무너졌다. 골드만삭스와 JP모건은 중국의 경제성장률이 2008년 4분기에 2.2퍼센트를 기록하고 다음 분기에 5.8퍼센트까지 오를 것이라고 예상하지만, 중국 당국의 기준으로 보면 여전히 느리다.[135] '대완화'는 갑자기 끝나 버렸다. 그것도 조용히 흐느끼듯이 끝난 것이 아니라 엄청난 굉음을 내면서 끝나 버렸다.

경기회복의 딜레마

오늘날 세계 경제·금융 위기에 직면한 정책 입안자들이 1930년대의 선배들보다 더 유리한 점 하나는 국가의 경제적 비중이 훨씬 더 커졌다는 것이다. 민스키는 다음과 같이 계산한 적이 있다. "투자와 이윤이 재앙적으로 감소하는 경제 상황으로 빠지지 않으려면 정부 지출이 경기 호조기 GNP의 16퍼센트 이상, 어쩌면 20퍼센트 정도로 높아야 할 것이다."[136] 이런 기준으로 보면, 더 자유방임에 가까운 앵글로색슨 경제들조차 심각한 경제 위기에 충분히 잘 대처할 수 있다. 국가지

표 1-4. 2005년 각국 GDP 대비 정부 지출 비율

국가	GDP(%)	국가	GDP(%)
호주	32.9	이탈리아	46.4
오스트리아	45.0	일본	30.9
벨기에	47.3	네덜란드	45.7
캐나다	39.5	노르웨이	42.8
덴마크	51.2	뉴질랜드	34.7
핀란드	45.8	스웨덴	52.0
프랑스	49.8	스위스	36.4
독일	46.2	영국	44.7
아일랜드	37.5	미국	36.6

출처 : C. Hay, 'Globalization's Impact on States', in J. Ravenhill, ed., *Global Political Economy* (Oxford, 2007), Table 10.1, p. 327

출이 국민소득에서 차지하는 비율이 30퍼센트대 초반에서 40퍼센트 대 중반까지 분포하니 말이다. 그리고 유럽 대륙 국가들은 대략 45~50퍼센트를 지출한다(표 1-4를 보라). 더욱이, 국가는 유효수요 하락을 막기 위해 이른바 '자동안정장치'*에만 의존하지는 않았다(불황기에는 정부 차입이 증가해서 유효수요를 유지해 주는 경향이 있다. 파산과 실업 증가로 말미암아 조세수입이 줄고 공공 지출이 늘어나기 때문이다). 추가적

---

* 정부 정책을 끊임없이 바꾸지 않고도 소득이나 가격 변동의 폭을 줄이는 데 도움이 되는 각종 사회보장제도 같은 경제적 완충장치.

경기부양책이 도입돼 공공 지출이 더욱 늘어나고 세금이 감면됐다. 2008~2010년에 OECD 각국의 이런 경기부양책은 평균적으로 국민소득의 약 2.5퍼센트 수준이다. 비록 오바마 정부는 2008년 GDP의 5.6퍼센트를 경기부양책에 썼지만 말이다.[137]

국가가 경제에 엄청난 돈을 쏟아부었다는 것이야말로 오늘날의 '대불황Great Recession'(많은 사람들이 지금의 경제 위기를 이렇게 부른다)이 1930년대의 대공황Great Depression만큼 심각해질 가능성이 낮은 이유 가운데 하나다. 그러나 그렇다고 해서 세계경제가 다시 빠르게 성장하지는 않을 것이다. 2009년 4월 IMF는 겨우 18개월 전에 자본주의의 새로운 황금시대를 축하했던 잘못을 뉘우치고 호황과 불황의 패턴을 재검토한 보고서를 펴냈다. 그 보고서는 두 가지 우려를 피력했다. 첫째, "금융 위기와 연결된 불황이 다른 쇼크들과 연결된 불황보다 더 심각했고 더 오래갔다. 전자의 불황은 미약한 국내 수요, 경직된 신용 조건과 결합돼 흔히 회복 과정이 더뎠다." 둘째, "여러 나라에서 동시에 일어난 불황은 한 지역에 국한된 불황보다 더 길고 더 심각했다. 이런 불황에서 회복되기가 어려웠던" 이유는 세계경제 전체가 불황에 빠지면 수출 증대를 통한 경기회복이 훨씬 더 힘들어지기 때문이다. IMF는 다음과 같이 결론지었다. "이런 연구 결과가 현재 상황에 시사하는 함의는 심각하다. 현재의 경기하강은 동시다발적일 뿐 아니라 심각한 금융 위기와 연결돼 있다. 이 둘의 결합은 제2차세계대전 종전 후의 시기에는 드문 일이었다. 따라서, 현재의 경기하강은 전례 없이 심각할 수 있고 회복은 더딜 것으로 예상된다."[138]

무엇보다, IMF도 인정하듯이 바로 이런 패턴(심각한 금융 폭락과 맞물린 전반적 경제 위기) 때문에 사람들이 현재의 불황을 1930년대 대공황과 비교하게 되는 것이다. 당시에도 이윤율 하락을 반영하는 경제 불황이 금융 거품 붕괴(1929년 10월 월스트리트 주가 폭락)와 상호작용하면서 금융 시스템을 마비시키고 세계 불황을 초래했다.[139] 그러나 이런 결합은 왜 그렇게 경제적 파괴력이 엄청난가? 일본 노무라연구소의 수석 이코노미스트인 리처드 쿠는 1990년대와 2000년대 초 일본의 장기 불황과 1930년대 대공황을 비교하는 흥미로운 글을 썼다. 쿠는 두 불황의 공통점을 '대차대조표 불황'이라고 불렀다. 그런 불황의 특징은 자산 가격 폭락으로 많은 기업이 사실상 파산 상태에 빠진다는 것이다. 다시 말해, 그들의 부채(자산을 사려고 빌린 돈이나 그들이 소유한 자산을 담보로 빌린 돈)가 자산보다 더 커진다는 것이다. 이 기업들이 파산을 피할 수 있다면 그들은 투자를 최소한으로 줄이고 부채 상환에 집중한다. 이러한 경향을 상쇄하지 못하면 유효수요가 크게 감소하면서 경제가 불황에 빠진다. 쿠는 "대차대조표 불황 때는 통화정책이 힘을 못 쓴다"고 주장한다. 1990년대에 일본은행이 취한 조처들과 지금의 경제 위기 대책으로 미국 연준과 영국은행이 취한 조처들 ― 금리를 거의 제로 수준까지 내려서 수요를 진작하고, 국공채와 우량 회사채를 매입해서 금융권에 자금을 공급하는 것(이른바 양적 완화) ― 은 불충분한 통화 공급이 문제라고 전제한다. 그러나 대차대조표 불황 때는 통화 수요가 감소한다.

일본에서 거품이 꺼지자 차입하겠다는 사람들이 사라졌을 뿐 아니라 기존 차입자들도 부채를 상환했다. 그리고 그들이 그렇게 하고 있을 때는 금리가 제로 수준이었다. 사실상 파산 상태에 빠진 기업들은 부채를 상환하거나 자산 가격 급락으로 악화한 재정 상황을 개선하느라 정신이 없어서, 중앙은행이 아무리 금리를 낮춰도 자금 차입에 관심이 없었다.[140]

대차대조표 불황은 (쿠가 '구성[합성]의 오류'라고 부른) 집단행동의 문제다. 즉, 개별 기업으로서는 합리적인 행동(부채 상환)이 사회 전체적으로는 더 나쁜 결과, 즉 경제 수축을 부른다는 것이다. 기업들이 흑자 경영으로 돌아가 다시 순 투자자가 될 때까지는 유효수요 감소를 막을 수 있는 효과적인 대책은 오직 재정정책(정부 차입과 지출)뿐이다.

정부가 팔짱 끼고 지켜보기만 한다면 경제는 1929~1933년 미국에서 나타난 것과 같은 재앙적 악성 디플레이션에 빠질 것이다. 정부가 이런 악순환을 막는 방법은 한 가지뿐이다. 민간 부문의 행동과는 정반대로 행동하는 것이다. 다시 말해, 민간 부문이 더는 사용할 수 없는 저축을 정부가 빌리(고 그래서 지출을 늘리)는 것이다.[141]

이런 분석은 현재의 경제 위기에 상당한 함의가 있다. 디레버리징, 다시 말해 부채를 줄이려는 금융기관과 가계의 노력이 세계경제를 불황으로 몰고 간 한 가지 결정적 요인이었다. 엄청난 손실에 직면한 은행은 대출을 줄인다. 대출을 받을 수 없게 된 기업은 생산을 줄이고, 노동자를 해고하고, 임금을 삭감한다. 돈을 빌리기가 힘들어지고 해고 위기에 직면한 가계는 저축을 시작하거나 늘리는데, 그러면 유효수요가 감소한다. 연쇄반응(매출 감소, 해고, 파산)이 다시 금융권으로 피드백 돼서, 손실 증가를 우려한 은행이 대출을 더 줄이게 되면 이 결정이 다시 가계와 기업에 충격을 주고 이것이 다시 금융권으로 피드백 되는 악순환이 반복된다. 2008~2009년에는 국제적 은행 대출이 일반적 신용보다 더 빠르게 감소했다. 신용 호황기에 투기 자본 유입(순 민간 자본 유입 규모는 2007년에 신흥 시장 GDP의 5퍼센트를 기록하며 절정에 달했다)으로 득을 본 신흥 시장경제들이 특히 심하게 타격을 입었다. IMF가 계산한 결과를 보면, 중동부 유럽의 많은 나라에서 2004년 유럽연합 가입 이후 엄청난 투기 거품이 형성됐는데, 이제 이 나라들에서 GDP의 5퍼센트에 해당하는 자금이 빠져나갈 것이다. 이는 1980년대 초 라틴아메리카, 1990년대 말 동아시아와 동남아시아를 쑥대밭으로 만든 자본 유출과 비슷한 규모다.[142]

더 심각한 문제가 아직 남아 있는데, 은행과 그 밖의 금융기관들은 막대한 손실 처리 문제와 씨름해야 한다는 것이다. 2009년 4월 IMF는 2007~2010년에 금융기관들이 대손상각 처리해야 할 부실채권 규모 예상치를 4조 1000억 달러로 상향 조정했다. 그중에 2조 7000억 달러가 미국에서 발생한 것이고, 나머지는 유럽과 일본에서 발생한 것이다. IMF는 또, 은행들의 레버리지 비율을 금융 위기 이전 수준(25배)까지 낮추는 데 필요한 자본 확충 규모가 미국 2750억 달러, 유로존 약 3750억 달러, 영국 약 1250억 달러, 나머지 '원숙한 유럽'(스위스와 스칸디나비아 나라들) 약 1000억 달러라고 추산했다. 레버리지 비율을 1990년대 중반 수준(17배)까지 낮추는 데 필요한 자본 확충 규모는 미국 5000억 달러, 유로존 약 7250억 달러, 영국 약 2500억 달러, 나머지 '원숙한 유럽' 약 2250억 달러다. 그렇게 막대한 자금을 투입할 수 있는 것은 오직 국가뿐이고, 이를 위해서는 정부 차입이 늘어나야 할 것이다. 이것은 이미 2008~2009년에 투입된 은행 구제금융, 즉 IMF 추산에 따르면 미국이 GDP의 12.7퍼센트, 영국이 9.1퍼센트를 투입한 것 외에 추가되는 자금이다.[143]

또, 경제 위기와 마찬가지로 금융 시스템의 사실상 파산은 영국과 미국만의 문제가 아니다. 2009년 봄에 〈쥐트도이체 차이퉁〉이 보도한 독일 금융감독원 내부 메모를 보면, 독일 금융기관들의 자본금과 적립금이 겨우 4415억 유로에 불과한 반면, 독일 은행들의 대손상각 규모는 8000억 유로, 즉 연간 GDP의 약 3분의 1을 넘을 것이라고 한다.[144]

그렇게 상상을 초월하는 천문학적 액수가 걸려 있음을 감안하면, 이 책의 서론에서 살펴본 것처럼 주요 자본주의 국가들 내부에서 그리고 국가들 사이에서 심각한 이데올로기적·정치적 양극화가 진행된 것도 결코 놀라운 일은 아니다. 거칠게 말하면 이것은 재정 확대론자들과 재정 건전화론자들 사이의 대립이다. 전자는 예컨대, 2009년 4월 G20 정상회담에서 미국과 일본 정부가 지금의 경제 수축 추세를 차단하려면 정부 차입과 지출을 늘려야 한다고 주장한 것이 대표적이다. 이에 반대하는 세력, 특히 독일과 프랑스 정부는 공공 부문 부채 증대의 경제적 폐해를 경고하면서, 대규모 경기부양책의 국제 공조를 추진한 오바마 정부의 압력에 반발했다. 비슷한 양극화는 각 나라 안에도 존재한다. 예컨대, 영국에서는 처음에 보란 듯이 케인스주의 옷을 걸치고 금융 폭락에 대처하던 신노동당 정부가 국내의 약점 때문에, 즉 야당인 보수당과 영국은행 총재인 머빈 킹이 정부 부채 급증에 반발하자 오바마의 경기부양책 추진 호소를 지지하던 초기의 태도에서 후퇴했다.

똑같은 양극화는 1930년대 대공황 때도 존재했다. 프랭클린 루스벨트의 뉴딜 정책은 전통적으로 케인스주의 경제학과 동일시되지만, 사실 루스벨트 정부 자체는 경제정책을 둘러싼 격렬한 이데올로기 투쟁의 현장이었다. 취임 초기에는 루스벨트가 월스트리트와 가까운 일부 민주당원들의 압력에 저항하면서 갈등이 벌어졌다. 그들은 전임 공화당 정부들이 추구했고 루스벨트의 전임자인 허버트 후버로 상징되는 전략, 즉 국제적으로는 영국과 금융적·지정학적 공조를 긴밀하게 하고 국내에서는 경제적 자유주의 정설과 균형예산을 유지하는 전략이 지속되기를 원했다. 결정적으로, 루스벨트는 우드로 윌슨의 자유주의적 국제주의 이데올로기에 헌신하던 기존 태도를 버리고 1933년 6월 런던에서 열릴 예정이던 '세계 경제·통화 회의'를 방해했고 악성 디플레이션 대책의 일환으로 금을 매입해서 달러화 가치를 떨어뜨리는 정책을 수용했다. 이 결정적 전환 덕분에 미국 국가가 경제 회복 조처들을 강구할 수 있는 여지가 생겼다. 실제로, 적어도 부분적으로는 서로 모순되는 다양한 정책들이 논의됐고 어느 정도 추진됐다. 즉, 1933년의 전국산업부흥법(나중에 대법원에서 위헌 판결을 받아 소멸됐다)에 따라 산업의 카르텔화와 각종 공공사업이 시행되기도 했고, 성숙한 자본주의 경제는 유효수요 부족 때문이든 독점 구조 때문이든 완전고용에 못 미치는 상태에서 균형을 이루는 경향이 있다고 주장한 '정체론stagnationist'을 바탕으로 일부 대규모 계획들이 제안되기도 했다. 이 모든 국가 통제 정책은 의회에서 보수적 민주당 의원들과 공화당

의원들의 끊임없는 반발에 부딪혔다. 그들은 균형예산으로 돌아갈 것을 요구했다.[145]

이렇게 서로 다른 세력들 사이에서 줄타기를 하면서 루스벨트는 1936년 재선 뒤에는 재정 건전화를 향해 나아가 1936년에 46억 달러였던 재정 적자를 1938년에는 14억 달러로 줄였다. 1936년 하반기에 시작된 경기회복이 중단되고 이듬해 8월과 9월 불황이 시작됐다. 존 스트레이치는 이 불황이 "1929년의 불황만큼 갑자기 닥쳤으며 심지어 그보다 훨씬 더 갑작스러웠다"고 썼다. 그는 이를 두고 정부 내의 한 사상 학파가 감행한 "뉴딜 금융에 대한 전반적 반격"의 승리라고 지적했다. "금융자본의 이해와 요구를 대변하는" 그들이 유효수요 "증대를 위한 정부 예산을 대폭 삭감"하도록 강요한 결과였다는 것이다.[146] 1937~1938년의 불황을 촉진한 다른 요인들도 있었다. 예컨대, 그 전에 경제성장 동력 구실을 하던 섬유·철강 등의 산업에서 완제품 재고 증가 추세가 역전됐다. 그럼에도 이런 사건들은 1930년대에 일어난 심각한 불황뿐 아니라 오늘날 전개되고 있는 불황에서도 경제가 회복되는 것이 얼마나 힘든지를 잘 보여 준다. 쿠는 1937~1938년 불황이 "경제는 여전히 대차대조표 불황을 벗어나지 못하고 있었고 재정정책이 경제를 떠받치고 있었다"는 것을 보여 준다고 주장한다. 그는 1997~2001년에 역대 일본 정부가 추진한 "성급한 재정 건전화" 시도와 비슷한 조처들은 해로운 결과를 낳을 것이라고 지적한다.[147]

오늘날 재정 확대론자들과 재정 건전화론자들의 차이를 과장해서는 안 된다. 서류상으로는 독일 정부도 2008~2010년에 GDP의 3.0퍼센트를 경기부양에 투입할 계획인 반면 이른바 케인스주의 정부라는 영국은 그보다 훨씬 적은 1.4퍼센트만을 투입할 계획이다. 더욱이, 경기부양책은 단기적 조처로 의도된 것들이다. 예컨대, 훨씬 더 많이 차입할 수밖에 없었던 미국과 영국 정부는 금융시장을 안심시키기 위해, 일단 최악의 경제 위기가 끝나면 앞으로 예산을 대폭 삭감해서 재정 적자를 줄이도록 노력하겠다고 약속해야 했다. 그러나 늘 그렇듯이 국가가 사용할 수 있는 경제정책의 종류는 세계 자본주의 체제에서 그 국가가 얼마나 힘이 센가에 크게 좌우된다. 신용 호황기에 가장 극심한 거품을 경험한 유럽의 일부 약소국들은 EU 집행위원회와 IMF의 명령에 따라 심각한 긴축정책을 실시할 수밖에 없었다. 예컨대, 아이슬란드는 2008~2010년에 GDP의 9.4퍼센트에 달하는 정부 지출 삭감과 세금 인상을 단행할 것으로 전망됐고, 남아일랜드는 정부 지출을 GDP의 4.4퍼센트만큼 삭감할 것으로 전망됐다. 2009년 4월 G20 정상회담에서 IMF에 추가 할당된 기금은 중동부 유럽과 그 밖의 지역의 파산한 국가들에게 분명 당근으로 제공될 텐데, 이 국가들도 그 당근을 받는 대가로 위와 비슷한 긴축 조처들을 시행해야 할 것이다.[148] 2009년 6월 초에 라트비아 중앙은행은 그해 라트비아 국민소득이 18퍼센트 감소할 것이라고 예상했다. 발트 해 연안 나라들의 거품 경제에 750억 달러를 대출해 준 스웨덴 은행들은 지금 '부수적 피해'•를 입을 위험에 처해 있다. 그러나 훨씬 더 큰 피해를 입을 사람들은 자국 지배자들이 자유 자본주의를 열렬히 수용한 것 때문에 직격탄을 맞고 있는 발트 해 연안국의 평범한 사람들이다.[149]

• 군사 작전으로 민간인이 입는 인적·물적 피해.

그러나 재정정책을 둘러싼 논쟁은 더 심각한 딜레마의 징후일 뿐이다. 내가 보여 주려 했듯이, 현재의 경제·금융 위기는 훨씬 더 깊고 장기적인 과잉 축적과 수익성 위기의 결과다. 이 후자의 위기는 다양하게 나타난다. 버냉키와 울프가 말한 '저축 과잉'도 그중 하나지만, 은행들의 손실도 그렇다. 최근(2009년 10월)에 계산한 결과를 보면 은행 손실 총액이 3조 4000억 달러에 이른다. 이 장기적 위기를 극복하는 길은 노동자 착취율을 높이고 자본의 가치를 크게 떨어뜨리는 것이다. 첫째 방안을 실행해 봤지만 이윤율이 1950년대와 1960년대 수준으로 회복되지는 않았다. 그러나 은행 구제는 두 번째 방안의 실행을 가로막는 강력한 장애물이다. 은행들의 손실은 수익성 없는 자본이 엄청나게 많다는 것을 보여 준다. 구제금융에는 다양한 조처들이 포함된다. 자본을 투입해서 은행의 자기자본을 재건하고, '부실' 자산(주로 금융 폭락으로 쓸모없게 된 파생상품들)을 매입하고, '배드'뱅크와 '굿'뱅크를 설립해서 전자가 부실 자산을 인수해서 손실을 털어 낸 다음 매각하게 하는 조처 등이 있을 것이다. 오바마 정부도 모기지 금리를 내려서 집값 하락 흐름을 역전시키려는 단호한 노력의 일환으로 거의 1조 5000억 달러 상당의 모기지담보부증권을 사들였다. 많은 경제 평론가들은 오바마 정부가 결국은 훨씬 더 많은 은행을 국유화해서 조직과 재무구조를 적절하게 재편할 수밖에 없을 것이라고 생각한다.

　　이런 조처들이 어떤 형태를 취하든 간에 그 실제 효과는 주요 은행 대다수의 존속일 것이다(비록 구조조정과 인수·합병을 겪기는 하겠지만 말이다). 그러면, 수익성 없는 자본을 대거 정리할 수 있는 중요한 기회가 날아가 버릴 것이다. 이 점은 미국 정부가 유도한 자동차 산업

128 무너지는 환상

구조조정도 마찬가지다. 파산한 제너럴모터스와 크라이슬러는 비록 규모가 축소되고 다른 회사들과의 인수·합병 과정을 거치기는 하겠지만 대체로 미국과 캐나다 정부 그리고 노조 의료보험 기금이 소유하는 회사로 살아남을 것이다. 이런 구제 방안이 실행되면 세계 자동차 산업의 고질적 과잉 생산은 어느 정도 감소할 것이고, 규모를 줄이고 살아남은 공장들은 자동차노조의 양보 덕분에 경쟁력이 강화될 것이다. 노동조합이 결국 조합원들의 희생을 바탕으로 재편된 기업의 공동 소유자가 된다는 사실은 마르크스가 자본이 관계임을 강조한 것의 중요성을 여실히 보여 준다. 그러나 여기서도 수익성 없는 자본의 대대적 정리는 물 건너갈 것이다. 세계 최대 회계법인 중 하나인 PwC는 2009년에 세계 자동차 산업이 8600만 대를 생산하겠지만 그 중에서 팔리는 차량은 5500만 대뿐일 것이라고 예상했다.[150]

은행 구제금융을 비판하는 사람들은 흔히 문제의 징후를 지적한다. 예컨대, 나심 니콜라스 탈레브는 "손실의 사회화와 이득의 사유화"라고 불만을 토로했다. "자본주의와 사회주의에서 각각 최악의 측면들이 결합됐다. 1980년대에 프랑스에서는 사회주의자들이 은행을 인수했다. 2000년대에 미국에서는 은행들이 정부를 접수했다. 정말 비현실적인 일이 일어났다."[151] 사실, 2009년 중반쯤 미국과 영국의 많은 주요 은행들은 정부에게는 긴축을 요구하면서도 자사 임직원에게는 훨씬 더 많은 보너스를 약속할 정도로 다시 뻔뻔해졌다. 그러나 골드만삭스, JP모건, 바클레이스, HSBC 같은 더 크고 강력한 은행들의 이윤이 증가한 것은 한편으로는 경쟁업체들이 파산해서 사라지고 다른 한편으로는 대대적 국가 지원을 받은 덕분이었다(예컨대, 중앙은행의 돈을 거의 공짜로 얻어 쓸 수 있었다). 조지 소로스는 그 은행들의 이윤을 두고 "정부가 준 …… 선물"이라고 말했다.[152] IMF 수석 이코노미스트 출신인 케네스 로고프는 "은행들이 국민 혈세로 도박판을 벌이는 동안" 미국 정부 당국은 "애써 못 본 척했다"고 비난했다.[153] 이런 상황은 또 다른 IMF 수석 이코노미스트 출신인 사이먼 존슨이 강조했던 은행자본의 정치적 파워를 여실히 보여 준다. 그러나 국가가 나서서 금융 부문을 회복시켜 놓는다고 해서 반드시 더 광범한 경제성장이 뒤따르는 것은 아니다.

자유 시장 우파는 이런 상황을 보면서 많이 우려한다. 닐 퍼거슨은 심지어 이런 상황 때문에 힐퍼딩과 레닌이 "국가독점자본주의"를 예측했던 것이 "때늦게 정당화되고 있다"고까지 주장했다.[154] 윌렘 보이터는 은행 구제금융이 "도덕적 해이"를 낳고 있다고 비판했다. 다시 말해, 은행가들은 사업이 실패하더라도 국가가 나서서 구제해 줄 것이라고 믿고, 위험한 모험을 피할 생각을 안 하게 된다는 것이다. 보이터는 국가는 은행이 망하도록 내버려 둘 태세가 돼 있어야 한다고 주장했다.[155] 보이터의 논리인즉슨 자본을 대대적으로 정리하고 나면 효율적이고 수익성 있는 자본들만 남는다는 것이다. 여기서 우리는 현대 자본주의가 직면한 딜레마의 다른 쪽 끝을 보게 된다. 2008년 9월 미국 재무장관 행크* 폴슨은 리먼브러더스가 파산하도록 내버려 뒀다. 구제하러 나서기 힘든 법률적 문제들도 있었고 보이터가 말한 것과 같은 논리 때문이기도 했다고 〈파이낸셜 타임스〉는 지적했

---

* Hank는 헨리의 애칭이다.

다. "폴슨 장관은 이미 자동차 산업에서 수십 억 달러의 대출 보증 문제가 불거져 있는 상황에서, 구제금융 관행이 미국에서 대규모로 반복되는 것을 원하지 않았다."[156] 그 결과는 1929년 이후 가장 심각한 세계 금융 폭락이었고, 이 때문에 세계경제는 심각한 불황에 빠졌다. 그러자 조지 W 부시는 이제 무슨 말을 해야 하는지 감을 좀 잡았다. 리먼브러더스가 파산한 지 열흘 뒤에 부시는 7000억 달러의 구제 금융 방안을 통과시켜 달라고 의회 지도자들에게 간청하면서 폴슨과 정반대 태도를 취했다. "돈을 풀지 않으면 이 녀석[미국 경제]이 쓰러질 것입니다."[157] 수익성 없는 기업들이 파산하도록 내버려 두면 자본의 가치가 크게 떨어질 것이고 그러면 이윤율이 다시 충분히 상승해서 새로운 축적이 시작될 수 있겠지만, 그런 일이 일어나려면 1930년대 대공황만큼이나 장기적이고 심각한 불황이 필요할 것이다. 1937~1938년의 불황은 그런 불황이 얼마나 오래갈 수 있는지를 여실히 보여 준다. 각국이 재무장을 시작하면서 불황은 중단됐지만, 그 재무장은 전 세계를 불황이라는 프라이팬에서 꺼내 전쟁이라는 불길 속으로 집어 던졌다.

따라서 자본주의는 구조적 딜레마에서 헤어 나오지 못한다. 주요 국가들이 시장에서 비효율적인 자본들이 일소되도록 자유방임한다면 그 결과는 장기 불황일 것이다. 그러나 국가가 나서서 자본의 대대적 가치 저하를 막는다면 과잉 축적과 수익성의 장기적 위기가 지속될 것이다. 이런 딜레마가 존재한다고 해서 경기회복이 결코 없을 것이라는 말은 아니다. 경기부양책의 효과와 기업의 재고 비축 필요성 때문에 경제성장은 재개될 것이다. 그러나 그 회복의 배후에는 심각하고 해결되지 않은 구조적 문제들이 여전히 남아 있을 것이다. 이 문제들은 단지 수익성 없는 자본이 너무 많다는 것만은 아니다. 2부에서 다시 이야기하겠지만, 미국과 중국의 불안정하고 불균형한 상호의존 관계가 세계경제의 주요 동력인 상황이 바뀔 조짐은 거의 보이지 않는다. 2009년 가을 누리엘 루비니를 포함해 여러 경제 평론가들이 새로운 금융 거품이 커지고 있다고 지적했다. 루비니는 제로 금리와 달러 약세 덕분에 초저금리로 쓸 수 있는 자금을 연료 삼아 남반구의 '신흥 시장' 경제들을 중심으로 그런 거품이 커지고 있다고 주장했다.[158] 2000년대 말의 경제·금융 위기는 통제를 벗어난 금융 시스템의 돌발 사고도 아니고 우연한 결과도 아니었다. 그것은 세계 자본주의가 수십 년 동안 해결하지 못하고 낑낑댄 근본적 모순이 여지없이 드러난 순간이었다.

2부

포위된 제국

Empire Confined

국가의 역습

제국들의 충돌

불협화음을 지휘하기

국가의 역습

세계 경제·금융 위기는 다른 건 몰라도 지난 20년간의 논쟁들 가운데 가장 지루한 논쟁 하나만큼은 확실하게 종식시켰다. 저스틴 로젠버그가 잘 표현했듯이, 세계경제가 더 긴밀히 통합됨에 따라 국민국가가 치명적으로 약해졌다는 생각은 "세계화 이론의 망상들" 중에서도 대표적인 망상이었다. 학자들은 국민국가가 쇠퇴하고 그 자리에 (자유주의자들의 표현으로는) '글로벌 거버넌스' 또는, (토니 네그리와 마이클 하트 같은 급진 좌파들의 표현으로는) '제국'이라는 초국적 네트워크 권력이 들어섰음을 보여 주는 온갖 이론들을 개발했고 무수히 많은 언론인들과 학생들이 그러한 이론들을 충실히 떠받들었다. 국민국가를 쇠퇴시킨 주된 요인으로는 국경을 초월하는 금융시장, 국민경제의 흥망을 좌우할 수 있는 자본 유출입 등이 거론됐다.[1]

그러나 이번 금융 위기는 이 모든 이론적 구축물들을 산산조각 냈다. 물론 금융 위기는 국제적 자본 이동의 파괴력도 보여 줬다. 그러나 막상 은행 시스템이 붕괴하고 세계경제가 침체에 빠져들자 국유화, 구제금융, 경기부양책으로 경제 구출에 나선 것은 국가였다. 조지

프리드먼은 자신의 전략 정보 웹사이트인 '스트랫포'를 통해 현실주의 국제관계론의 관점에서 약간 괴짜 같지만 통찰력 있는 견해를 설파해 왔는데, 그는 2008년의 상황을 다음과 같이 잘 표현했다.

가장 중요한 점은 2008년 여름과 가을에 국가권력이 급부상했다는 사실이다. 국가와 기업 간의 세력 관계(언제나 역동적인)에 엄청난 변화가 나타났다. 국가의 권력이 급부상하고 기업 권력이 위축된 것이다. 이제 권력은 리먼브러더스나 바클레이스가 아니라 워싱턴과 런던에 있었던 것이다. 그와 동시에, 다자적 기구들과 지역 집단들의 힘이 약해지면서 국가의 힘이 급부상했다. 구시대의 유물로 전락하는 듯했던 국민국가가 포효하며 되살아났다.[2]

프리드먼의 지적처럼, 국민국가가 시퍼렇게 살아 있다는 점은 2008년 초가을의 위기뿐 아니라 늦여름의 위기, 즉 러시아와 그루지야 간의 전쟁에서도 드러났다. 사실상 이 전쟁은 미국이 주도하는 다자적 기구인 나토에 포위당하지 않으려고 러시아가 벌인 전쟁이었다. 러시아에 대한 나토의 대응이 무기력했던 것은 단지 미국이 서아시아에 발이 묶여 있었기 때문만은 아니었다. 사실상 드미트리 메드베데프와 블라디미르 푸틴(둘은 러시아 국가를 공동으로 운영하는 불편한 파트너 관계다)은 '럼즈펠드 카드'라고 부를 만한 전술을 구사해 나토를 분열시켰다. 2003년 3월 미국의 이라크 침략 직전에 당시 미 국방장관이었던 도널드 럼즈펠드는 전쟁에 반대하는 프랑스와 독일을 "낡은 유럽Old Europe"이라고 폄하하며 "오늘날 나토 전체를 보면 무게중심이

동쪽으로 이동하고 있음을 알 수 있습니다"라고 말했다.[3] 2003년 2월에는 미군 정보장교 출신의 브루스 잭슨이 작성한 이라크 전쟁 지지 성명에 동유럽 10개국 정부가 서명했다.[4] 부시 정부 말기의 그루지야 전쟁은 이런 책략을 부릴 수 있는 국가가 미국만이 아니라는 것을 보여 줬다. 그루지야 전쟁 때는 동유럽 국가들이 이라크 전쟁 때보다 훨씬 더 적극적으로 나왔다. 그도 그럴 것이, 동유럽 국가들은 유럽연합과 나토에 가입하는 것이 자유 자본주의 클럽의 회원 자격을 부여해 주는 동시에 러시아에 맞서 안전을 보장해 주는 패키지 상품이라고 봤기 때문이다. 예상할 만한 일이었지만, 그루지야 전쟁 후에는 모스크바를 비난하고 나토 회원국들이 연대해서 그루지야와 우크라이나를 지지할 것을 촉구하는 동유럽 국가들의 목소리에 영국도 합류했다. 폴란드는 자국민들의 반발에도 아랑곳 않고 미국과 미사일 방어 협약을 서둘러 체결했다.

그러나 유럽 주요국인 독일과 프랑스의 태도는 전혀 달랐다. 이두 나라는 이미 2008년 4월에도 우크라이나와 그루지야의 나토 '회원국 행동계획MAP' 가입에 거부권을 행사한 바 있었는데, 전쟁 후에는 나토와 유럽연합 정상회의가 말로만 러시아를 비난하고 실질적 조처는 취하지 못하도록 손을 썼다. 심지어 실비오 베를루스코니가 이끌던 이탈리아의 우파 정부도 이라크 전쟁 때와 달리 그루지야 침공에 대해서는 더 온건한 태도를 취했다. 주요국들이 이렇게 나온 것은 다분히 속물적 동기 때문이었는데, 가장 중요한 동기는 러시아 천연가스에 대한 유럽연합의 의존도가 점점 커지고 있다는 것이었다. 유럽의 천연가스 생산량은 2020년까지 2006년의 절반 수준으로 떨어질 전망이다. 따라서 유럽이 소비하는 가스 중 러시아산의 비중이 현재의 약 25퍼센트에서 앞으로 더 올라갈 것임은 자명하다. 케임브리지 에너지연구소^{CERA}의 사이먼 블레이키는 〈파이낸셜 타임스〉와 인터뷰에서 이렇게 말했다. "[러시아와 유럽의] 상호 의존성은 워낙 커서 앞으로 20년이 지난다 해도 현 상황이 크게 바뀔 가능성은 거의 없습니다."[5]

금융 위기에 대한 유럽연합의 대응에서도 이처럼 국가 간 이해득실이 엇갈리는 현상이 나타났다. 따지고 보면 유럽연합이야말로 국가의 몰락을 주장하는 이론가들에게 가장 대표적인 본보기였다. 이들은 유럽연합이 국민주권을 중층적^{multiscalar} 거버넌스 시스템(지역 수준에서 시작해 국민국가를 거쳐 유럽 공동체 수준으로 확대되는)으로 대체하고 있다고 주장했다. 또한 유럽연합이 아무리 지정학적으로 행동을 통일하는 데 어려움을 많이 겪었다 해도 경제적으로는 분명 성공 사례였다. 1992년에는 역내 단일 시장이 출범했고, 1999년에는 유로화가 도입됐으며, 2004년에는 10개국(주로 동유럽 국가들)의 유럽연합 가입이 놀라우리만큼 순조롭게 이뤄졌다. 그런데도 금융 위기에 대한 유럽연합의 대응은 난잡하기 이를 데 없었다. 가장 가관이었던 순간은 리먼브러더스 파산 직후였다. 2008년 10월 4일 유럽 4대 열강인 영국·프랑스·독일·이탈리아의 정상들이 니콜라 사르코지 대통령의 초청으로 파리에 모였다. 그들은 구체적 합의는 거의 도출하지 못했지만 남아일랜드 정부가 예금 대량 인출 사태를 방지하려고 모든 예금을 전면 무제한 지급보증해 준 것에 대해서만큼은 한목소리로 비난하고 나섰다. 그렇게 했다가는 똑같은 예금자 보호 정책이 없는 다른 나라의 은행들에 피해가 갈 수 있었기 때문이다. 그러나 독일 총리 앙겔라 메르켈은 베를린으로 돌아가자마자 모든 민간예금에 대해 남아일랜드와 비슷한 지급보증을 하겠다고 발표했다.

그 뒤 10월 12일 열린 유로존 정상회담(영국 총리 고든 브라운도 참석한)에서는 각국 정부들이 좀 더 일치된 모습을 보이며 시장을 안심시켰다. 은행들을 떠받치기 위한 1조 8730억 유로 규모의 구제금융 패키지가 합의됐다. 그러나 이러한 조처들(과 유럽연합이 12월 정상회담에서 채택한 2000억 유로 규모의 경기부양책)의 실상은 겉보기와 달랐다. 비록 유럽연합이나 유로존의 공동 결정 형식으로 발표되긴 했지만 이 조처들은 공동 대응이라기보다는 국가별 대책을 취합한 것이었다. 유럽연합의 대응이 효과적이지 못하다고 줄기차게 비판해 온 〈파이낸셜 타임스〉 칼럼니스트 볼프강 뮌차우는 특히 독일 정부의 안이한 대응을 맹렬히 질타하며 메르켈을 하인리히 브뤼닝(1930~1932년에 독일 총리를 지내면서 대공황 대책으로 공공 지출을 줄이고 세금을 인상해서 결국 히틀러가 집권할 수 있도록 길을 터 준)에 비유하기도 했다.[6] 2009년 5월 독일 의회가 어처구니없게도 주 정부의 균형예산을 의무화하고 연방정부의 재정 적자 한도를 GDP의 0.35퍼센트로 제한하는 개헌안을 채택했다는 사실을 떠올려 보면 뮌차우의 비유는 과장이 아니었을 수도 있다. 독일이 그러는 동안 다른 유럽연합 회원국들은 각자 아끼는 기업들을 구제하기 위한 대책들을 마련했다. 예컨대 2009년 2월 프랑스 정부는 르노와 푸조-시트로엥에게 프랑스의 자동차 공장들을 폐쇄하지 않겠다는 다짐을 받고 60억 유로의 특혜 대출을 약속했다. 독일 중앙은행 총재 악셀 베버는 유럽 단일 시장의 파수꾼이어야 할 유럽연합 집행위원회가 정부 지원을 받은 은행들의 국외 대출을 축소시킴으로써 경제정책의 이 같은 재국민국가화renationalization를 부추겼다고 비판했다.[7] 뮌차우는 한발 더 나아가, 구제금융과 경기부양책은 그 초점이 개별 국가에 맞춰져 있기 때문에 효과적이지 못하며 유럽 단일 시장에 위협이 된다고 경고했다.[8] 전 독일 외무장관 요슈카 피서는 이렇게 말했다. "세계경제 위기는 유럽연합의 결함과 한계를 여지없이 드러내 보이고 있습니다. 최소한 유로존 국가들 사이에서만이라도 조율이 되는 공동의 경제·재정정책이 없다면 유럽 통화동맹과 유럽연합의 결속, 아니 그들의 존립 자체가 전례 없이 위험해질 것입니다."[9]

이러한 결함들 가운데 가장 중요한 것은 유럽 경제통화동맹EMU의 성격과 관련한 것이다. EMU는 그 명칭이 시사하듯 본질적으로 통화정책과 관련된 제도다. EMU 체제에서는 유럽중앙은행ECB이 유로화를 발행하고 유로존 내의 통화량과 금리를 관리하게 돼 있다. ECB는 금융 위기가 처음 시작된 2007년 8월부터 은행들을 구제하려고 유럽 금융시장에 적극 개입했다. 그러나 재정정책 측면에서 ECB와 동등한 위상을 지닌 기구는 없었다. 유럽 GDP에서 유럽연합이 징수해 가는 몫은 미미하다. 과세·차입·지출 권한은 여전히 개별 회원국이 틀어쥐고 있다. 그러나 앞서 살펴봤듯이 이번 위기 중에는 은행의 자본을 확충하기 위해서든 유효수요 진작을 위해서든 정부가 더 많은 빚을 내서 더 많이 지출하는 것, 즉 재정정책이 가장 중요했다. 그런데도 유럽연합 차원의 재정정책을 집행할 제도적 수단은 없었던 것이다. 이 같은 구조적 불균형에는 그럴 만한 정치적 이유가 있었다. 국가의 재정 집행이라는 위험한 능력을 통제해야 한다는 신자유주의적 요청에도 불구하고 유럽 이사회, 집행위원회, 심지어 유럽의회보다 개별 회원국들의 민주적 정당성이 훨씬 더 컸기 때문에 개별 회원국들은 재정정책 결정권을 자기 것으로 남겨 둘 수 있었던 것이다. EMU 출범 당시 일각에서는 정치적 동맹으로 뒷받침되지 않는 순수한 통화 동맹은 지속될 수 없을 것이라고 비판했다. 이번 금융위기에 대한 유럽연합의 맥없고 지리멸렬한 대응은 이러한 비판이 경제적 이유에서 타당할 수도 있다는 것을 시사했다. 프리드먼은 이렇게 표현했다.

최종적으로 권력은 유럽이 아니라 개별 국가에 있었다. 브뤼셀[유럽연합 본부 소재지]이 스트라스부르[유럽의회 소재지]의 결정을 실행한 것이 아니었다. 오히려 권력의 중심지는 파리·런던·로마·베를린 등의 국가 수도였다. 권력은 국민국가의 품으로 되돌아왔다. 아니, 더 정확히 말하면 권력은 국민국가를 벗어난 적이 한 번도 없었다는 것이 이번 쌍둥이 위기를 통해 드러났다.[10]

이러한 진단에 일말의 진실이라도 있다면 유럽연합은 실로 곤경에 처해 있는 셈이다. 만약 민주적 정당성이 없어서 경제·금융 위기에 효과적으로 대처할 힘도 없다는 것이 유럽연합의 약점이라면, 이러한 약점을 단기간에 극복할 방법은 없는 듯하기 때문이다. 오히려 유럽연합 헌법의 비준 여부를 묻는 일련의 국민투표 결과는 신자유주의 유럽의 정치·경제 엘리트들과 대중 사이에 존재하는 괴리를 선명히 드러냈다. 특히 2005년 5월 프랑스와 네덜란드 국민투표에서 유럽헌

법 비준이 부결되고 2008년 6월 유럽헌법의 개정판이라 할 만한 리스본 조약이 남아일랜드 국민투표에서 부결됐을 때가 그랬다. 비록 경제 위기가 아일랜드에 가한 엄청난 충격(아일랜드는 신용 거품이 가장 큰 경제 중 하나였다) 때문에 겁먹은 아일랜드 유권자들이 재실시된 국민투표에서 리스본 조약을 결국 비준하기는 했지만, 유럽연합을 더 연방제적으로[중앙정부처럼] 만들려는 시도는 정치적 기초가 취약함이 명백하다. 따라서 궁극적 권력은 앞으로도 유럽연합의 개별 회원국들(서로 이해관계가 다르고 때로는 상충하는)이 쥐고 있을 것이다.

경제적 세계화의 후퇴는 유럽에서 가장 두드러지게 나타나긴 했지만 세계적 추세였다. 국제결제은행에 의하면 2008년 12월까지 9개월 동안 은행들의 해외 대출은 4조 8000억 달러 감소해 31조 달러를 기록했다. 역사상 가장 가파른 하락이었다. 〈파이낸셜 타임스〉는 이렇게 논평했다. "해외 대출 축소는 오랜 세월 지속된 금융 세계화의 역전을 뜻했다. 은행들은 [해외 대출을 축소해서] 리스크를 줄이면서도 국내 대출은 유지했다. 은행들의 마지막 보증인 구실을 한 본국 정부의 심기를 거스르지 않기 위해서였다. 이 같은 소위 '자국 자산 선호 경향'이 급증한 것이 금융 세계화의 역전을 더욱 재촉했다."[11] 또, 세계은행이 2009년 3월 지적한 바에 따르면, G20이 2008년 11월 15일 열린 비상 정상회담에서 보호주의를 거부하겠다고 약속한 뒤로 G20 회원국 17개 나라를 포함한 세계 각국 정부가 국제무역에서 자국 기업들에게 경쟁 우위를 보장해 주려고 도입한 조처가 최소 47개에 이른다. 그중 관세 인상은 3분의 1에 불과했고, 주로 개도국이 채택했다. 더 흔한 것은 수출 보조금 정책이었다. 예컨대 미국·프랑스·독일·

영국·캐나다·중국·브라질·아르헨티나·스웨덴·이탈리아는 모두 자국 자동차 산업에 직간접적 금융 지원을 했다. 가장 악명 높은 사례로, 미국 의회는 오바마의 경기부양책 초안에 '바이 아메리칸' 조항*을 삽입했다. 오바마 정부는 이 조항을 완화하려고 노력했지만 캐나다 지자체들은 미국산 제품을 보이콧하는 등 한바탕 크게 반발했다.[12] 한편 중국은 수출을 늘리려고 위안화 평가절하를 방치했고, 오바마 정부는 이에 화를 냈다.

이 같은 보호주의 역풍은 WTO가 무역 개방에 관한 도하 라운드 협상을 매듭짓는 데 완전히 실패한 것을 배경으로 나타났다. 실패의 주된 원인은 한편으로는 미국과 유럽연합이, 다른 한편으로는 중국·인도·브라질 등 이른바 신흥 시장 강국들과 미국이 끊임없이 갈등을 빚은 데 있었다. 이러한 사태 전개는 1929년 10월의 월스트리트 증시 붕괴를 대공황으로 발전시킨 결정적 요인이 1930년 6월에 통과된 스무트-홀리 법(관세를 대폭 인상한)이었다는 신자유주의 설화를 듣고 자란 사람들에게 특히나 걱정스러운 것이었다(그러나 크리스토퍼 다우에 따르면 스무트-홀리 법안이 통과된 1930년 6월에도 "불황은 이미 심각했다").[13] 그러나 현재의 금융·경제 위기로 말미암아 1929~1933년과 같은 상황, 즉 세계시장이 보호주의 블록들로 갈라지고 국제무역이 3분의 1로 줄어드는 상황이 되풀이될 가능성은 낮다. 경제적 세계화로 금융 시장이 확장되고 국제적으로 통합됐을 뿐 아니라 전보다 훨씬 더 방대해진 초국적 생산 네트워크가 형성됐다. 이 네트워크가 해체된다면

---

* 국가 지원을 받는 기업은 미국산 부품과 자재만을 사용해야 한다는 조항.

재앙적 경제 수축이 일어날 텐데, 이러한 사태를 막기 위해 최선을 다하는 것이 모든 국가에 이득이다.

그러므로 이번 위기가 초래한 '탈세계화' 현상들(만만치 않기는 해도 1930년대 대공황 때의 탈세계화에 비하면 약한)은 1930년대하고는 의미가 조금 다르다. 우선 프리드먼이 주장하듯이 이번 위기에서 나타난 탈세계화 현상들은 국가와 자본 간의 세력 관계 변화를 보여 준다. 특히 은행들은 살기 위해 자국 정부에 손을 벌릴 수밖에 없었는데, 그 때문에 앞으로 활동 범위가 상당히 좁아질 가능성이 크다. 이러한 변화는 지나치게 비대해진 금융권의 축소와 병행될 경우 더욱 힘을 받을 것이다. 금융권의 상대적 축소는 금융화가 가장 진척된 나라인 미국과 영국(예컨대 2007년 영국에서는 300만 명이 제조업에 고용된 반면 650만 명이 금융권에 고용돼 있었다)에서 특히 더 널리 예견돼 왔다.[14] 이미 살펴봤듯이, 비금융 기업들(특히 자동차 기업들)도 국가에 손을 벌렸다. 그 결과로 나타나는 국가와 기업의 관계망은 자본의 국제화 때문에 대단히 복잡해진다. 은행을 구제할 때 정부는 때때로 외국 은행도 함께 구제해야 했다. 가령 프랑스계 은행인 소시에테제네랄은 AIG의 CDS를 구매했다는 이유로 미국 정부한테서 119억 달러의 구제금융을 받았고, 같은 이유로 도이체방크는 118억 달러, 바클레이스는 85억 달러, BNP파리바는 49억 달러를 받았다.[15] 미국과 프랑스는 자국의 자동차 기업들을 살리는 데 집중했다. 그런데 외국계 자동차 기업들이 진출해 있는 영국(영국 자동차 산업은 외국 기업들이 점령하고 있다)이나 독일의 경우 '자동차 산업 살리기'는 결코 간단한 일이 아니다. 예컨대 제너럴모터스의 유럽 자회사들을 인수하려는 피아트 · 마그나 · RHJ의 경쟁 입찰은 독일 정부가 오펠(제너럴모터스의 독일 브랜드) 공장은 단 한 개도 폐쇄해서는 안 된다는 조건을 고집한 탓에 진통을 겪었다. 어쨌든 국민국가가 자본보다 강력해지는 전반적 추세만큼은 부정할 수 없는 듯하다. 오펠의 채무에 대한 지급보증을 할 용의가 있었다는 이유로 독일 정부가 한때나마 제너럴모터스 유럽 법인의 운명을 손에 쥐고 있었던 것을 봐도 이 점을 알 수 있다(비록 여러 나라에서 시행된 중고차 현금 보상 프로그램 덕분에 재정 여건이 나아진 제너럴모터스 본사가 얼마 뒤 유럽 법인의 매각 계획 자체를 철회하긴 했지만 말이다).

둘째, 특정 국가를 특정 자본들과 묶어 주는 연결망에서 부분적으로 비롯하는 국민국가들 사이의 이해관계 불일치는 국제적 공조가 꼭 필요해지는 바로 그 시점에 국제적 공조를 어렵게 만든다. 독일의 사례를 보자. 오바마가 제안한 경기부양책의 국제 공조를 독일이 거부한 것은 단지 1920년대 초와 1940년대 말의 하이퍼인플레이션에 대한 기억 때문만은 아니다. 독일은 기업 구조조정과 임금 억제(적록 연정 시절의 '아젠다 2010' 노동시장 유연화 프로그램이 이를 도왔다)를 통해 이미 2000년대 중반에는 세계 최대 수출국 위상을 회복했다. 2008년 독일 GDP에서 수출이 차지하는 비중은 47퍼센트로, 일본의 20퍼센트와 미국의 14퍼센트보다 크게 높았다. 이처럼 높은 수출의존도는 2008~2009년에 국제무역이 급감하자 독일 경제가 그토록 취약해진 이유를 말해 준다. 〈파이낸셜 타임스〉는 2009년 봄에 메르켈과 인터뷰한 내용을 이렇게 정리했다. "[메르켈의 전략은] 위기를 버텨 내면서 독일 경제의 산업 기반을 최대한 보존하고, 결국 도래할 경기회복을 기다리는 것이다. 독일 경제의 수출의존도는 '1~2년 사이에 바꿀 수 있는 것이 아닙니다'

라면서 메르켈 총리는 다음과 같이 말했다. '사실 우리는 그것을 바꾸고 싶지도 않습니다.'"[16] 더 가혹하게 말하면, 독일의 전략은 결국 다른 나라의 재정지출에 무임승차함으로써 국가 부채 확대와 수출 시장 손실의 비용을 다른 나라에 떠넘기는 것이라고 할 수도 있다. 2008년 11월 독일 경제장관 미하엘 글로스는 쑥스러운 기색도 없이 이렇게 말했다. "다른 나라들이 취한 조처가 …… 우리 나라의 수출에 도움이 되기를 바랄 뿐입니다."[17]

무임승차는 집단행동의 문제다. 즉, 개별 행위자들이 각자 이익을 추구하는 것이 모두에게 해로운 결과를 초래할 수도 있음을 보여 주는 한 가지 사례다. 자유주의자들과 마르크스주의자들은 모두 집단행동 문제를 해결하는 한 가지 수단이 국가라고 생각한다. 마르크스주의 국가관에 따르면 자본주의 국가의 한 가지 구실은 대다수 자본에 이득이 되지만 개별 자본이 홀로 실행하기에는 비용이 너무 많이 드는 조처를 개별 자본에 강제하는 것이다.[18] 그런데 이번 위기가 보여 준 것은 이와 같은 구실을 할 수 있는 기구가 세계 수준에서는 말할 것도 없고 단지 유럽 수준에서도 존재하지 않는다는 점이다. '글로벌 거버넌스'의 현존하는 형태들은 국가의 핵심 특징인 강제력과 징수 능력이 없을 뿐 아니라, 이번 위기는 그러한 능력을 국민국가의 전유물로 더욱 확고하게 만들어 놓을 듯하다. 프리드먼이 보기에 이 모든 것은 현실주의의 영원한 진리를 거듭 확인시켜 준다.

지금 세상은 2008년 봄과는 많이 달라졌다. 아니, 정확히 말하면 많은 이들이 생각한 것보다 훨씬 더 구식인 세상이다. 각국이 자기 이익을 추구하면서 원할 때만 서로 협력하는 그런 세상이다. 그들이 추구하는 이익은 경제·정치·군사적이며, 이 셋은 결국 하나다. 다자주의의 환상은 죽지 않았지만(그것은 결코 죽지 않을 것이다) 그래도 일단 잠잠해진 것은 확실하다. 오늘날의 세상은 과거 역사에서 흔히 볼 수 있었던 익숙한 세상이다.[19]

이는 많은 사람들이 불안해할 만한 상황이다. 따지고 보면, 2007~2009년에 금융 불안정과 그에 뒤이은 불황이 무서운 속도로 국경을 가로질러 확산된 것은 오늘날 세계경제가 실로 깊이 통합돼 있음을 보여 준다. 따라서 지금보다 훨씬 더 긴밀한 국제 공조가 필요하다. 그러나 문제는 세계경제가 본질적으로 불안정한 자본주의 경제체제의 틀 내에서 조직돼 있을 뿐 아니라 주권국가들로 이뤄진 정치체제의 틀 내에서 조직돼 있다는 것이다. 비록 상당한 초국적 협력이 실제로 이루어지긴 하지만 여전히 경제·정치 영역을 지배하는 것은 무정부 상태다. 어데어 터너가 잘 표현했듯이, 오늘날 "세계경제는 있어도 세계 정부는 없다."[20] 사실 마르크스주의 관점에서 이는 새삼스러울 것도 없는 얘기다. 제1차세계대전 이후 공산주의인터내셔널은, 자본주의에서 생산력은 세계적으로 발전하지만 세계는 여전히 국민국가로 분열돼 있는 것 사이의 모순을 지적한 바 있다. 트로츠키는 1919년 공산주의인터내셔널 창립 대회 선언문에 이렇게 썼다. "자본주의 발전에 강력한 추진력을 제공했던 국민국가는 이제 생산력을 더 발전시킬 틀로는 너무 협소해졌다."[21] 이러한 모순은 지금 특히 더 첨예한 듯하다.

자본주의의 이 같은 무정부성을 포착하려 한 마르크스주의 전통의 한 가지 시도가 바로 제국주의 이론이다. 데이비드 하비와 나는, 제국주의란 경제적 경쟁과 지정학적 경쟁이 교차하는 지점이라고 주장해 왔다. 달리 말해, 그것은 기업 간의 경쟁과 국가 간의 지정학적 갈등이 결합됐을 때(둘의 결합 방식은 흔히 복잡하고 순탄치 않지만) 나타나는 것이다.[22] 이미 언급했듯이 2008년에는 특히 국가 간의 지정학적 갈등 양상에 의미심장한 변화가 일어났다. 이제부터 이 문제를 좀 더 깊이 살펴보면서 이번 금융 · 경제 위기가 초래할 지정학적 결과들을 가늠해 보자.

제국들의 충돌

먼저 부시 2세 정부가 추진했던 세계적 프로젝트를 논의의 출발점으로 삼는 것이 가장 좋을 듯하다. 이 프로젝트의 재앙적 실패야말로 여러모로 오늘날의 세계 정세를 형성한 결정적 요인이기 때문이다. 부시 2세의 프로젝트는 부시 1세와 빌 클린턴 정부의 노선을 더 과격하게 추진한 것이라고 이해함이 가장 적절하다. 부시 부자와 클린턴은 모두, 옛 소련이 붕괴하면서 미국이 유일 초강대국이 되긴 했지만 세계의 경제력 분포가 바뀌면서 전보다 미국 경제의 비중이 축소되고 동아시아 경제의 비중이 확대되는 상황에 맞닥뜨렸다. 그러한 상황에서 부시 부자와 클린턴 모두 제2차세계대전 이후 확립된 국제 공조 체제를 유지 · 확대해서 미국의 헤게모니를 굳히려 했다. 그러나 조지

W 부시 정부는 미국의 양대 비교 우위 요소인 펜타곤[군사력]과 달러 [기축통화]의 힘을 부시 1세나 클린턴 정부 때보다 더 일방적이고 공격적으로 휘둘렀다. 그래서 부시 정부는 한편으로 미국의 압도적인 재래식 군사력을 동원해 중동 지역에 대한 지배력을 확대·강화하려 했고, 이를 통해 중동의 방대한 에너지 자원에 대한 타국의 접근을 통제할 수 있는 힘도 강화하려 했다. 그와 동시에 부시 정부는 달러 가치가 하락하도록 방치해서 미국 기업의 수출 경쟁력을 높여 주고 2000~2001년의 불황으로 주춤했던 미국 경제를 되살리려고 했다. 이 두 방향의 시도는 모두 '신브레턴우즈 체제'로 뒷받침됐다. 달리 말해, 주요 수출국들이 대미 무역 흑자의 상당 부분을 미국에 다시 빌려 주고, 미국은 이렇게 빌린 돈으로 재정 적자와 경상수지 적자를 메우는, 그런 식의 순환 고리가 부시 정부의 군사적 모험과 달러 약세 기조를 뒷받침해 줬던 것이다.[23]

그러나 이 모든 노력은 처참한 실패로 끝났다고 해도 과언이 아니다. 특히 이라크를 미국에 고분고분한 신자유주의 종속국으로 신속히 개조하는 데 실패한 것은 지정학적 대참사였다. 네오콘들도 인정하듯이, 이라크 전쟁으로 미국은 정당성의 위기를 겪게 됐다.[24] 더욱이, 이라크는 미국의 군사적 역량을 블랙홀처럼 빨아들여 세계 다른 지역에 개입할 수 있는 능력을 약화시켰다. 그래서 예컨대 중남미 여러 나라에서 좌파 정부들이 집권할 수 있었던 것이다. 부시 정부는 이라크 점령의 재앙적인 첫 3년 반이 지난 뒤에는 이라크를 어느 정도 안정시켰다고 주장할 수 있게 됐다. 그런데 이렇게 된 것은 2007~2008년의 그 유명한 미군 증파 덕분이라기보다는 두 가지 정치적 거래 덕분이었다. 첫째는, 사담 후세인이 축출된 덕분에 힘이 커진 이란, 그리고 이라크 정부에서 다수파인 누리 알 말리키가 이끄는 친親이란 시아파 정당들과의 거래였다. 둘째는, 처음에는 점령군에 맞서 싸웠지만 이제는 돈이 필요해서, 또는 말리키 정부와 알카에다의 광신적 종파들에 맞설 자기 보호막이 필요해서 미군과 손을 잡은 수니파 저항 세력들과의 거래였다.

이 같은 전략의 문제점은 자명하다. 현재 미국은 서로 깊이 적대하는 두 동맹 세력을 한 울타리 안에 붙잡아 두고 있다. 이 급조된 동맹을 유지할 수 있는 미국의 능력은 시간이 갈수록 약해질 공산이 큰데, 특히 말리키가 부시 정부로 하여금 2011년 말까지 미군 병력을 대부분 철수한다는 내키지 않는 약속을 하게 만든 터라 더욱 그렇다. 심지어 부시의 임기가 끝나기 전에도 '수니파의 각성' 운동 측은 말리키 정부가 수니파 각성 운동 지지자들을 탄압하고 있고, 또 자신들을 이라크 군경에 고용해 주겠다던 미국의 약속을 말리키 정부가 이행하지 않는다고 불평했다. 그러는 동안 무크타다 알 사드르의 메흐디 군(시아파 빈민의 지지를 받는 저항 세력)은 조용히 기회를 엿보고 있었다. 토머스 릭스는 미군의 이라크 증파를 다룬 책을 썼는데, 증파의 총지휘자였던 현 중부군사령관 데이비드 퍼트레이어스에 대해 매우 호의적인 논조를 보이면서도 책에서 이렇게 시인했다.

그러나 2009년이 된 지금 퍼트레이어스가 과연 확실한 성과를 거뒀는지, 아니면 단지 전쟁을 연장시켰을 뿐인지는 불분명하다. 퍼트레이어스는 이라크 전쟁 수행 방식을 수정해서 전술적 성과(즉, 치안 상황 개선)는 얻어 냈지만 확실한 전략적 성과, 즉 정치적 돌파구를 마련하는 데는 실패했다. 이라크의 근본적인 정치적 문제들은 증파 전이나 후나 바뀐 것이 없었다. 증파가 시작된 지 2년이 다 돼 가는 2008년 말에도 전투는 끝날 기미가 보이지 않았다. 막상 전투가 끝난다 해도 그때 얻을 '승리'가 부시 정부가 여전히 묘사하던 모습대로의 승리, 즉 이라크에 안정적 친미·민주 정부가 수립되는 모양새의 승리가 되지는 못할 것임이 거의 확실했다. 비록 아무도 대놓고 말하지는 않았지만, 사실 승리는 더는 부시 정부가 추구하는 목표도 아니었다. 이라크를 변화시킨다는 미국의 목표는 퍼트레이어스 재임 중에 조용히 하향 조정됐다. 그러나 이라크에 안전을 확립한다는 퍼트레이어스의 온건한 목표조차도 당분간은 달성 여부가 불투명하다.[25]

프리드먼이 "쌍둥이 위기"라고 부른 2008년의 위기 때문에 부시의 프로젝트는 더욱 엉망이 돼 버렸다. 우선 부시 정부는 캅카스 지역에서 러시아를 도발해 또 다른 역풍(9·11만큼 스펙터클하지는 않지만 잠재적 여파는 그에 못지않게 심각한)을 자초했다. 냉전 종식 후 미국의 세계 전략에서 한 가지 핵심 요소는 러시아가 약해진 것을 틈타 유럽연합과 나토를 동유럽으로 확장해서 러시아를 포위하는 동시에 미국의 영향력을 유라시아 대륙 깊숙이 확장하는 것이었다. 1990년대에 클린턴 정부가 시작한 이 정책을 부시 정부도 계승했다. 그래서 부시는 우크라이나와 그루지야의 다소 불안정한 친서방 정권들을 적극 후원했다. 러시아가 약해진 틈을 이용한다는 전략은 러시아가 보리스 옐친 정권 시절 혼란과 피폐를 겪었던 1990년대에는 밑질 것 없는 장사처럼 보였을지 모른다. 그러나 푸틴과 메드베데프의 러시아는 이야기가 전혀 다르다. 러시아 경제는 2000년대 중반의 에너지 가격 상승으로 커다란 이익을 봤다. 푸틴은 석유·가스 산업에 대한 사실상의 국가 통제를 재확립했다. 그는 또한 국가의 질서를 확립했고, 군사력을 재건했으며, 해체된 옛 소련 제국을 최대한 복원하는 것을 추구하는 극렬 민족주의 이데올로기를 전면에 내세우며 일종의 권위주의적 자본주의를 구축했다.

어떤 경우에라도 러시아와 국경을 맞댄 우크라이나와 그루지야로 나토 영역을 확대하는 것은 무모한 짓이었을 것이다. 더욱이 미국과 러시아 간의 상대적 힘의 균형이 달라진 2008년에 그런 시도(2008년 4월 부쿠레슈티에서 열린 나토 정상회의에서 부시는 우크라이나와 그루지야의 나토 가입을 강력히 추진했다)를 하는 것은 미친 짓이었다. 그루지야와의 한판 승부에서 러시아는 세 가지 결정적 이점에 기댈 수 있었다. 첫째, 러시아는 해당 지역에서 압도적 군사력 우위를 확보하고 있었다. 둘째, 미국이 어떤 식으로든 군사적 대응을 했다가는(만약 그루지야가 나토 회원국이었다면 실제로 군사적 대응을 해야 했을 것이다) 전면전이 벌어졌을 텐데, 부시와 그의 호전적 부통령인 딕 체니조차 그루지야 때문에 러시아와 핵전쟁을 불사할 마음은 없었을 것이다. 그들 심정이야 어찌됐든 미국은 군사적 역량의 너무나 큰 부분이 이라크와 아프가니스탄에 묶여 있던 터라 운신의 폭이 매우 좁았다. 냉전기에 가장 위험한 대치 순간이었던 1962년 10월의 쿠바 미사일 위기 때도 미국은 해당 지역에서 압도적인 군사적 우위를 차지하고 있었음을 상기해야 한다. 셋째, 앞서 살펴봤듯이 푸틴과 메드베데프는 럼즈펠드가

"낡은 유럽"과 "새로운 유럽" 운운하기 오래 전부터 미국이 서유럽과 아시아에서 능수능란하게 구사해 온 '분열 지배' 전략을 똑같이 구사할 수 있었다. 더욱이 유럽연합이 점점 더 러시아 가스에 의존하게 된 것은 러시아에 장기적으로 유리하다. 왜냐하면 그 덕분에 러시아는 미국의 유럽 동맹국들을 분열시킬 수 있게 되는 반면 미국은 새로운 동서 갈등에서 유럽 국가들을 자기편으로 규합할 수 없게 되기 때문이다.

그루지야 전쟁은 이라크 점령과 마찬가지로 미 제국주의의 힘의 한계를 보여 줬지만 그 방식은 조금 달랐다. 이라크 전쟁은 아무리 세계 최강의 군사 대국이라도 자기편이 많지 않은 곳에서 민중의 저항에 직면했을 때는 패배할 수 있다는, 오래된 진리를 재확인해 줬다. 그러나 어쨌든 이라크 전쟁의 경험은 탈냉전 시대의 통념, 즉 현대전은 대개 국가와 비국가 행위자(예컨대 중앙이 없다고 알려진 알카에다 네트워크 같은) 간의 비대칭적 전쟁이라는 통념에 들어맞았다. 반면 그루지야 전쟁은 나토의 확장이 또 다른 국가의 저항에 부딪힌 경우였다. 수백 년 넘게 자국 주변에 영향권을 확보하려 해 온 러시아 국가 말이다. 이 사건은 많은 사람들에게 미국 군사력의 한계를 보여 주는 징후일 뿐 아니라 지난 70년간 미국이 구축하고 점진적으로 확장해 온 초국적 자유 자본주의 공간liberal-capitalist space의 한계를 보여 주는 징후로 읽혔다.

예컨대, 2008년 11월 미국 국가정보위원회NIC는 세계의 세력 관계를 다음과 같이 진단했다.

현재 진행 중인 부와 경제력의 세계적 이동(대략 서쪽에서 동쪽으로 움직이는)은 그 크기와 속도, 방향에서 현대사에 전례가 없는 것이다. 이러한 이동은 두 가지 원인에서 비롯한다. 첫째, 석유와 원자재 가격 상승 덕분에 걸프 국가들과 러시아가 막대한 수익을 올렸다. 둘째, 아시아 지역이 낮은 원가와 정부 정책 덕분에 제조업과 일부 서비스업의 중심지로 떠올랐다.[26]

이러한 변화로 말미암아 경제력이 이동했을 뿐 아니라 서방의 자유 자본주의가 세계적으로 확산되는 데도 제동이 걸렸다고 한다.

인도 같은 예외적 경우도 있지만 중국, 러시아, 걸프 국가 등 부의 대규모 이동에서 이득을 얻는 나라들은 민주주의가 아니며 그들의 경제정책은 민·관의 경계를 흐린다. 이들 국가는 서방의 자유주의적 경제 발전 모델이 아니라 '국가자본주의' 모델을 따른다.[27]

이 같은 관점에서 봤을 때 그루지야 전쟁은 국가자본주의의 반격을 보여 주는 역사적 순간이었다. 그러나 이를 새로운 냉전의 시작으로 보는 것은 잘못이다. 국제 무대에서 러시아의 상대적 힘은 비록 최근에 다소 회복되기는 했지만 장기적으로는 크게 쇠퇴했다. 옛 소련은 제2차세계대전을 거치면서 유라시아 대륙 최강의 지상군 보유국으로 부상했다. 1970년대에 이르러 소련은 어마어마한 핵무기를 보유했고 재래식 군사력을 전 세계에 투사할 능력이 있었다. 1980년대에 소련은 전 세계 제조업 생산의 14.8퍼센트를 담당했는데, 이는 미국의 31.5퍼센트의 거의 절반에 해당했다. 그러나 2007년에는 국민소득을 가장 높게 평가할 수 있는 기준인 구매력평가^{PPP}를 기준으로 계산해도 러시아 GDP는 세계 GDP의 3.2퍼센트(1992년의 4.2퍼센트보다 낮다)에 불과했고, 미국의 21.63퍼센트에 비해 한참 떨어졌다. 러시아가 2006년에 지출한 국방비에 대한 가장 높은 추정치는 700억 달러로, 같은 해 미국이 지출한 5359억 달러에 한참 못 미쳤다.[28] 러시아는 전략적·경제적으로 필수적인 우크라이나와 중앙아시아 영토를 잃었으며 인구도 계속 줄고 있다. 또한 러시아는 소련 시절보다 세계시장에 훨씬 더 통합돼 있기 때문에 외부 충격에 노출돼 있다. 그루지야 전쟁을 계기로 상당량의 자본이 러시아에서 이탈하기 시작했는데, 이는 부분적으로 글로벌 신용 경색의 러시아판이 불러일으킨 것이기도 하다. 러시아 증시가 폭락함에 따라 러시아 부호들이 대출받았던 거액의 융자금 상환이 어려워진 것이다. 러시아 경제는 또한 2008년 7월에 고점을 찍었던 유가가 급락함에 따라 또 한 번 타격을 받았다.

그러나 이 같은 약점들을 과장해서는 안 된다. 미국과 러시아 간의 경제적·군사적 역량 차이가 냉전 시절보다 훨씬 큰 것은 사실이다. 그래서 지금은 오직 미국만이 진정한 글로벌 파워다. 그러나 그 때문에 미국은 다른 어떤 나라보다 자신의 역량을 더 넓게 분산시켜야 하고 따라서 폴 케네디가 "제국의 과잉 확장"이라 부른 위험에 노출돼 있다.[29] 러시아는 바로 이 같은 미국의 과잉 확장 위기(중동에 발이 묶인 데서 비롯한)를 기회로 활용할 수 있었던 것이다. 모스크바는 여전히 무시 못 할 군사력(에너지 호황 덕분에 더욱 보강된)을 보유하고 있다. 그루지야에서 러시아는 주변국에 자신의 제국주의적 이해를 관철시킬 의지와 능력이 모두 있음을 보여 줬다. 러시아는 세계를 무대로 미국과 경쟁하지는 못할지라도 몇몇 중요한 지역, 특히 석유·가스 매장 지역에서는 미국과 영향력을 다툴 수 있다. 캅카스와 중앙아시아에서는 물론이고 어쩌면 중동에서도 말이다.

금융 위기로 미국의 헤게모니는 더욱 금이 갔다. 그것은 이라크의 재앙 이후 또 하나의 엄청난 상징적 타격이었다. 잘 나가던 영미식 자본주의가 별안간 자폭하면서 세계경제까지 함께 끌어내렸으니 말이다. 프랜시스 후쿠야마는 1989년에 "역사의 종말"을 선언하며 그의 최근 표현으로는 "미국 브랜드"의 자유 시장 자본주의와 자유민주주의의 이데올로기적 힘을 신보수주의[네오콘] 관점에서 찬양했는데, 이제는 우울한 논조로 그와 정반대의 현실을 인정한다.

미국 브랜드의 이 핵심 요소들이 얼마나 많이 신뢰를 잃었는지는 가늠하기 어렵다. 세계경제가 전례 없는 성장 국면을 거치고 있던 2002~2007년에는 미국식 경제 모델을 '카우보이 자본주의'라고 폄하하는 유럽 사회주의자들과 중남미의 포퓰리스트들을 쉽게 무시할 수 있었다. 그러나 이제 그러한 성장의 원동력이었던 미국 경제가 탈선하면서 세계경제를 함께 끌어내리려 하고 있다. 설상가상으로 문제의 원인은 미국식 모델 자체에 있다. 작은 정부라는 교리에 사로잡힌 워싱턴은 금융 부문을 적절히 규제하지 못했고, 결국 금융권이 사회 전체에 엄청난 해악을 끼치도록 방치했다. 민주주의의 이미지는 그보다 더 일찍 손상됐다. 사담 후세인에게 대량 살상 무기가 없었다는 사실이 드러나자 부시 정부는 이라크 전쟁을 자유의 이름으로 정당화하려 했다. 갑자기 민주주의 확산이 대테러 전쟁의 주요 무기가 된 것이다. 그러나 전 세계 많은 사람들에게는 민주주의에 관한 미사여구가 미국의 헤게모니 강화를 위한 명분에 불과한 것처럼 들린다.[30]

금융·경제 위기는 더 직접적이고 물질적인 측면에서도 미국의 패권을 약화시켰다. 앞으로 미국 정부는 경제 위기에 대처하느라 정치적·경제적 자원을 더욱 소진하게 될 것이고, 다른 문제에 신경 쓸 겨를이 없을 것이다. 일례로 1930년대에 미국이 고립주의 노선을 택한 것은 제2차세계대전 가능성에 대한 대중의 두려움과 상당수 의원들의 편협한 사고, 외국인 혐오증 때문만은 아니었다. 그것은 루스벨트 정부가 미국 경제를 살리는 데 몰두하고 있었기 때문이기도 했다.[31] 다른 한편, 부시와 오바마가 은행들을 구제하려고 엄청난 양의 공적 자금을 투입한 것 때문에 미국의 국가 부채는 크게 늘어날 것이다. 특히 그동안 미국의 경상수지와 재정 적자를 메워 주던 동아시아 국가들에 대한 부채가 증가할 것이다. 이는 국가 체제 속에서 미국이 차지하는 지위에 여러모로 영향을 줄 것이다. 리먼브러더스 파산 직후 IMF 수석 이코노미스트 출신인 케네스 로고프가 은행 구제 비용을 걱정하면서 쓴 다음 구절은 미국의 세계 패권을 지탱하는 요소들이 무엇인지, 그리고 그 요소들이 어떻게 상호작용하는지를 미국 지배 엘리트들이 명확히 이해하고 있음을 보여 준다. "대대적 부채 증가는 미국에 엄청난 재정 부담이 될 것이고, 이는 증세와 정부 지출 축소를 불러와 결국 경제성장에 타격을 줄 것이다. 그렇게 되면 달러의 힘을 지탱해 주는 한 가지 요소였던 미국의 군사적 패권을 유지하기도 분명 힘들어질 것이다."[32]

미국의 대외 채무가 늘면 미·중 관계에서도 긴장이 고조될 가능성이 크다. 2009년 초에 미국 외교협회[CFR]의 브래드 세처는 중국의 외환 보유고가 2조 3000억 달러에 달하며 그중 1조 7000억 달러가 달러화 표시 자산에 투자됐을 것으로 추정했다. 2008년에 중국은 미국에 4000억 달러(중국 GDP의 10퍼센트가 넘는 금액) 이상을 빌려 줬다. 중국이 보유한 미국 국채는 거의 7000억 달러에 달했다(참고로 미국 국채의 절반 이상인 3조 3000억 달러어치를 외국인 투자자들이 소유하고 있다). 금융 위기가 터진 뒤, 미국이 자국 경제를 살리려고 달러 가치를 떨어뜨리는 오래된 수법을 다시 사용할지 모른다는 염려가 생기자 중국 관리들은 예전보다 목소리가 상당히 커졌고 미국의 정책을 드러내 놓고 비판하기에 이르렀다. 2008년 9월 부시 정부가 대형 국책 모기지 회사인 프레디맥과 패니메이를 구제하기로 결정한 이유는 중국이 이 기업들의 채권을 팔아 치우고 미국 국채로 갈아타고 있었다는 점 때문이기도 했던 것으로 알려졌다. 그러나 중국 은행감독위원회의 고위 관리인 루어 핑은 2009년 2월 뉴욕에서 열린 한 컨퍼런스에서 이렇게 말했다. "미국 국채는 안전한 피난처이자 유일한 선택지입니다. 물론 당신들[미국]이 국채를 1~2조 달러씩 발행하기 시작하면 …… 달러 가치가 하락할 것임을 우리는 알고 있고, 그래서 당신들이 밉지만 그렇다 해도 딱히 손쓸 방법은 없습니다."[33] 그다음 달인 2009년 3월 원자바오 총리가 전국인민대표대회에서 한 다음 말은 표현이 더 완곡하기는 해도 메시지는 분명하다. "우리는 엄청난 돈을 미국에 빌려 줬습니다. 당연하게도 우리는 우리가 보유한 채권의 안전성을 염려합니다. 솔직히 나도 조금은 걱정됩니다. 나는 미국이 자국의 우수한 신용을 유지할 것을, 그리고 스스로 한 약속을 지키고 중국 자산의 안전성을 보장해 줄 것을 요청하는 바입니다."[34] 중국 측의 이러한 발언들은 오바마의 재무장관인 티머시 가이트너가 1월에 상원 인사 청문회에서 "오바마 대통령은 중국이 환율을 조작한다고 믿고 있으며, 다양한 경제학자들의 견해도 이를 뒷받침합니다" 하고 말한 다음에 나온 것이다. 오바마 정부는 그 후에 이런 주장을 되풀이하지 않았는데, 어쩌면 자신의 가장 큰 채권자를 모욕하지 말라는 경고를 새겨들었기 때문일 수 있다.

미국의 정책 입안자들은 이 같은 상대적 힘의 균형 변화가 국가 체제에 미치는 영향과 그로 말미암아 강화되는 장기적 추세들을 인식하고 있다. 미국 국가정보위원회는 20년 뒤의 미래를 전망하는 2003년 보고서에서는 2020년까지도 미국의 지배력이 유지될 것으로 전망했지만 2008년 11월 발간한 보고서에서는 이와 사뭇 다른 전망을 내놓았다.

제2차세계대전 이후 구축된 국제 체제는 2025년에는 거의 알아보기 힘들 만큼 변해 있을 것이다. 신흥 강대국들의 부상, 세계화하는 경제, 서쪽에서 동쪽으로 상대적 부와 경제력의 역사적 이동, 그리고 非국가 행위자들의 영향력 증대 때문에 그렇게 될 것이다. 2025년에는 선진국과 개도국 간의 국력 차이가 계속 좁혀짐에 따라 국제 체

제가 세계적 다극 체제로 변해 있을 것이다. …… 새로운 체제로 전
환이 이뤄지는 향후 20년은 위험으로 가득하다. 전략적 경쟁은 무역,
투자, 기술 혁신 등을 둘러싸고 벌어질 가능성이 가장 높지만 19세기
와 같은 군비 경쟁, 영토 확장, 군사적 대결 가능성도 배제할 수는
없다. …… 비록 미국은 그때도 세계 최강의 행위자로 남아 있을 가
능성이 높지만 미국의 상대적 힘은 심지어 군사적 측면에서도 약화
될 것이고 미국의 의지 관철 능력은 더 제한될 것이다.[35]

데이비드 하비는 국가정보위원회의 보고서가 "미국의 지배력과
헤게모니 상실을 향한 지각변동"을 예측한 것은 미국의 헤게모니가
끝나 간다는 조반니 아리기의 오랜 명제를 확인시켜 준다고 주장한
다.[36] 이러한 견해는 냉전 종식으로 미국의 초제국주의super-imperialism가
탄생한 것이 아니라 더 치열한 지정학적 경쟁과 세계적 불안정의 시
대가 열렸다는 나 자신의 주장과도 일맥상통한다.[37] 그러나 지각변동
이라는 것은 장기적 과정이다. 비록 지정학적 변화에 수백만 년 단위
의 지질학적 시간이 걸리지는 않지만 그 정확한 속도는 흔히 예단하
기 어렵다. 그래서 예컨대 냉전 종식 직후에 일극 체제가 잠시 형성
된 뒤로 어째서 미국을 견제하려는 국가들이 재빨리 등장하지 않았
느냐는 문제(구조적 현실주의 이론에 따르면 그렇게 됐어야 했다)는 국제관
계학 전문가들 사이에서도 논쟁거리다.[38] 이 모든 이유로, 우리는 미
국 헤게모니의 종식을 지연시키는 요인들이 무엇인지를 고려할 필요
가 있다.

한 가지 요인은 경제·금융 위기 자체에 있다. 닐 퍼거슨은 2008

년 말에 2009년의 역사를 상상하면서 쓴 글에서 이 점을 다음과 같이 지적했다.

미국 이외의 다른 나라들이 워낙 큰 어려움에 빠졌기 때문에 상대적으로 보면 오히려 미국이 정치적으로나 경제적으로나 이득을 봤다. 2008년에는 많은 이들이 금융 위기로 미국의 국제적 신용이 끝장날 것이라고 경고했다. …… 그러나 그들은 두 가지를 간과했다. 첫째는 위기가 닥쳤을 때 다른 경제체제들이 대부분 미국보다 훨씬 더 큰 타격을 입었다는 사실이다. 미국을 가장 소리 높여 비난하던 러시아와 베네수엘라는 완전히 찌그러졌다. 둘째는 오바마의 당선으로 미국의 국제적 평판이 크게 향상됐다는 점이다.[39]

퍼거슨의 두 번째 논지인 오바마의 영향은 뒤에 가서 다시 살펴보겠다. 그러나 일단은 그의 첫 번째 논지를 더 깊이 파고들어 볼 필요가 있다. 1부에서 살펴봤듯이, 소위 '신흥 시장경제'들이 미국 경제와 '탈동조화' 됐으며 세계경제 성장의 견인차가 될 수 있다는 생각은 틀렸음이 2008~2009년에 깨끗이 입증됐다. 미국의 내수가 붕괴하자 나머지 세계도 깊은 경제 침체에 빠졌다. 따라서 마틴 울프가 "미국은 여전히 세계경제의 핵심임이 분명하다"고 말한 것은 완전히 옳다.[40] 또한 앞서 살펴봤듯이 세계 2~3위의 경제 대국인 일본과 독일은 수출 의존도가 비교적 높은 탓에 더 심한 타격을 받았다. 브릭스(브라질 · 러시아 · 인도 · 중국)로 말하자면, 이 국가들이 하나의 그룹으로 엮인 것은 단지 어느 증권 브로커의 상상력 덕분이다. 브릭스라는 개념을 발명한 것은 골드만삭스인데, 이 회사는 중국 은행에 대한 투자를 늘려 왔기 때문에 특히 중국 경제의 전망을 부풀려 말할 동기가 충분하다. 그런데 브릭스라는 이름으로 한데 묶인 경제들은 사실 서로 상당히 이질적이다. 브라질과 러시아는 둘 다 원자재 수출의존도가 높고, 따라서 2008~2009년의 세계적 침체로 야기된 것과 같은 원자재 가격 급락에 취약하다. 인도는 비록 상당한 제조업 기반이 있지만, 인도가 경제적으로 부상할 수 있었던 주된 이유는 북반구의 다국적기업들이 일부 업무를 인도로 이전하는 추세에 힘입어 서비스업이 특화된 덕분이었다. 파리드 자카리아의 지적처럼, "인도와 중국 간에 경쟁이라는 것이 있었는지조차 의문이지만, 만약 있었다 해도 지금은 끝났다. 중국의 경제 규모는 인도의 세 배나 되고 성장률은 지금도 더 높다. 복리의 법칙을 감안하면 인도가 중국을 추월하는 유일한 길은 오직 두 나라의 발전 경로에 극적 변화가 나타나 그 영향이 수십 년 동안 지속되는 것뿐임을 알 수 있다."[41]

미국의 헤게모니에 실질적 위협이 될 수 있는 존재는 브릭스 같은 모호한 집단이 아니라 바로 중국이다. 지난 몇 년 사이 중국 경제는 영국과 독일을 따라잡았고, 아마도 곧 일본을 제치고 세계 2위의 경제 대국이 될 것이다(어쩌면 경제 위기가 다른 여러 나라의 성장률을 하락시킨 결과로 그렇게 될 수도 있다). 물론 그렇게 되더라도 여전히 미국에는 한참 뒤처지겠지만 말이다. 실제로 이번 위기로 미국의 상대적 경제력이 몇몇 경쟁국보다 강화된 것 못지않게 중국의 지위도 강화될 것이라고 볼 만한 근거가 있다. 중국에 대한 미국의 금융 의존도가 증대하는 것을 보면 이러한 전망이 이미 어느 정도 현실로 나타나고

있음을 알 수 있다. 더욱이, 중국의 수출 주도형 경제는 2008~2009
년의 국제무역 침체로 타격을 받기는 했지만 다른 제조업·수출 대
국만큼 심한 타격을 받지는 않았다. 성장률이 둔화하기는 했어도 마
이너스로 돌아서지는 않았던 것이다. 중국의 공식 통계를 믿을 수 있
다고 가정할 때의 얘기지만(많은 사람들이 중국 국민소득과 관련된 통계
수치의 신빙성을 의심한다), 바클레이스캐피탈은 2009년 2분기의 전 세
계 생산량 증가분이 순전히 중국의 생산량 증가분이었다고 한다.[42]
이 같은 실적은 아마도 경기하강을 막으려는 중국 정부의 치열한 노
력에서 비롯했을 것이다. 2008년 11월에 중국 정부는 5900억 달러
규모의 매머드급 경기부양책을 발표했다(비록 그중 4분의 1 정도만이 진
정 새로운 지출이라 할 만한 것이었지만 말이다. 나머지는 대부분 원래 계획돼
있던 투자 예산을 수요 진작을 위해 조기 집행한 것이다).[43] 어쩌면 더 중요
한 요인으로서, 정부가 통제하는 중국의 은행 시스템은 글로벌 금융
폭락에서 큰 타격을 입지 않았다. 금융 위기 이후 대출을 줄인 서방
은행들과 달리 중국 은행들은 중국 당국의 지시에 따라 2009년 상반
기에 1조 800억 달러를 대출했다. 비록 그해 여름이 되자 이렇게 시
중에 풀린 자금이 상하이 증시에 새로운 거품을 초래하는 듯한 조짐
이 보였지만 말이다.[44]

　이렇게 보면 중국의 국가자본주의 모델이 금융 위기로 촉발된 경
제난 속에서도 비교적 잘 버텨 냈다고 말할 수 있겠지만, 그럼에도
중국식 모델의 장기적 지속 가능성에 대해서는 의문이 많다. 중국의
눈부신 경제성장은 사업장 규모를 키우고 제품을 해외로 수출할 강력
한 동기를 지닌 민간 기업들에게 국영 은행들이 꾸준히 저리의 대출

을 해 준 것에 의존했다. 그 결과 과잉설비와 수익성 저하를 초래하는 강력한 추세들이 나타났다.[45] 데이비드 맥널리가 지적하듯이, 중국에서는 신용 경색 이전부터 이미 과잉 축적 위기의 징후가 나타나기 시작했다.

중국의 투자 호황은 1997년에 처음으로 불거져 나온 전 세계적 과잉설비 문제를 더 악화시켰다. 중국에서 과잉설비 문제가 표면화하기 시작한 것은 대략 2005년부터였다. 중국 국가발전개혁위원회의 통계를 보면 중국 철강 산업의 연간 생산능력이 4억 7000만 톤으로 증가한 시점에 실제 연간 생산량은 3억 5000만 톤에 머물렀다. 설비를 풀가동했다면 1억 2000만 톤을 더 생산할 수 있었을 텐데, 이는 세계 2위의 철강 생산국인 일본의 실제 **총** 생산량(1억 1250만 톤)보다 더 많은 수치다. 합금철 산업은 과잉 축적 문제가 더 심각해서, 2005년에는 설비 가동률이 40퍼센트로 떨어졌다. 자동차, 알루미늄, 시멘트, 코크스 산업도 상당한 과잉설비에 시달렸다. 이 문제를 깊이 조사한 연구자들은 중국 가전제품 산업의 경우 2005년에 세탁기 부문에서 30퍼센트, 냉장고 부문에서 40퍼센트, 전자레인지 부문에서 45퍼센트, 그리고 TV 부문에서 무려 87퍼센트의 과잉설비가 존재하는 것으로 추정했다.[46]

중국 경제의 미래를 전망할 때 한 가지 중요한 변수는 중국이 과연 수출 의존 경제구조에서 탈피할 수 있겠느냐는 문제다. 현재 중국 GDP에서 수출이 차지하는 비중은 32.5퍼센트나 된다.[47] 일부 경제학자들은 이 수치가 과장돼 있다고 주장한다. 중국이 수출하는 제품 대다수는 독일 · 일본 · 한국 같은 기술 선진국에서 수입한 정교한 부품을 중국 공장에서 최종 조립하기만 한 것이고, 따라서 중국에서 실제로 생산된 부가가치는 생각보다 작다는 것이다. 그래서 어떤 추산에 따르면 중국에서 조립된 150달러짜리 아이팟의 가치 중 5퍼센트만이 실제로 중국에서 만들어진 것이라고 한다. 그러나 홍콩 금융관리국 HKMA이 의뢰한 어느 용역 보고서는 중국의 수출이 10퍼센트 하락하면 경제성장률은 2.5퍼센트 포인트 하락한다고 결론지었다.[48] 수출의 존도가 높다는 점에서 중국은 다른 동아시아 경제들과 공통점이 있다 (비록 일본이나 한국보다 외국인 직접투자에 훨씬 더 개방돼 있다는 점에서는 다르지만 말이다). 아시아산 제품에 대한 최종 수요의 60퍼센트는 선진국 수요다. 이 때문에 전 세계 수요에 '리밸런싱(불균형 해소)'이 필요하다는 목소리, 특히 미국은 저축을 늘리고 소비를 줄여야 하며 중국은 저축을 줄이고 소비를 늘려야 한다는 목소리가 이번 위기를 계기로 한층 거세졌다. "아시아에게는 더는 선택의 여지가 없다." 미국 경제전략연구소ESI 클라이드 프레스토위츠 소장의 진단이다. "아시아는 더 많이 소비하기 시작해야 한다. …… 수출 주도형 모델은 이제 그 효용이 다했다."[49]

확실히 중국이 세계경제의 중심축으로서 미국을 대체하려면 지난 30년과 같은 엄청난 성장률을 계속 유지해야 할 뿐 아니라 내수를 대폭 늘려서 다른 나라들을 위한 거대한 수출 시장 구실도 해야 할 것이다. 그러나 중국에게 성장과 내수 확대, 이 두 목표는 상충하는 것처럼 보인다. 중국의 경제성장(나아가 동아시아의 경제성장) 자체가 수출에 크게 의존해 왔는데, 생산성이 미국 등 선진국보다 한참 낮은 중국이 수출을 계속하려면 저임금을 유지해야 하고 따라서 내수 시장의 성장을 제한할 수밖에 없기 때문이다. 중국과 미국의 경제 발전 과정을 서로 비교하는 것은 둘 사이의 공통점(방대한 대륙 경제, 민간 기업인들과 정치 엘리트들 간의 지역적 유착 관계 등)을 드러내 준다는 점에서는 일견 흥미롭다.[50] 그럼에도 중국의 자본주의 발전 과정은 초창기부터 높은 임금 수준과 높은 생산성 덕분에 커다란 내수 시장이 있었던 미국 자본주의의 발전 과정과는 매우 다르다. "수출 주도형 모델"은 그저 "선택"의 문제가 아니라 중국 자본주의에 깊이 뿌리박힌, 그래서 바꾸기 어려운 계급 관계와 이해관계의 실타래에 연결돼 있다. 바꾸기 어렵기로는 1970년대 초부터 형성돼 온 미국의 독특한 정치경제도 마찬가지일 것이다. 물론 중국이 언젠가는 세계경제의 중심이 될 수 있을지도 모른다. 그러나 그 과정은 특정 추세를 아무 생각 없이 침소봉대하는 사람들(종종 그렇게 하는 것이 자신에게 이익이기 때문에 그렇게 하는)이 그리는 것보다 훨씬 더 복잡다단하고 길고 험난한 과정이 될 듯하다.

　이렇게 본다면 미국은 앞으로 수십 년 동안은 세계에서 가장 크고 중요한 경제 대국(2위 국가와의 격차도 상당한)으로 남아 있을 가능성이 크다. 미국 지배자들은 금융 시스템에서 미국이 차지하는 중추적 지위를 여전히 자신들의 무기로 활용하고 있다. 예컨대 금융 폭락 직후인 2008년 10월에 미국 연준은 4대 '신흥 시장'인 브라질·멕시코·싱가포르·한국과 300억 달러 한도의 통화스와프 협정을 체결하면서 사실상 세계의 중앙은행 구실을 하려 했다. 또한 미국이 다른 지역에서 누리는 제도화된 권력도 상당한 이점으로 작용한다. 금융·경제 위기로 유럽연합의 약점이 밝히 드러난 유럽에서도 그렇고, 중국의 부상 때문에 미국에 대한 일본의 오랜 지정학적 종속이 더욱 고착화된 동아시아 지역에서도 그렇다. 사실, 중국이 아시아에서 영향력을 확대하고는 있지만 이 지역에는 일본·인도·한국 그리고 (좀 더 변방이지만) 러시아 같은 몇몇 중요한 국가들도 포진해 있기 때문에 미국으로서는 분열 지배 전략을 구사하기가 꽤 수월하다. 그리고 오바마 정부의 많은 인사들이 읽었다는 책 ≪미국 이후의 세계The Post-American World≫•에서 저자인 자카리아가 미국에 권하는 전략도 사실상 그런 것이다.

앞으로 중국·인도·브라질·러시아·남아프리카공화국, 그리고 그 밖의 더 작은 나라들이 모두 약진하다 보면 그들 사이에 새로운 갈등 요소들이 떠오를 것이다. 이들 신흥국 가운데 다수는 서로 반목했던 과거가 있거나 국경분쟁이나 기타 현재 진행형 갈등을 겪고 있다. 또 많은 경우 한 나라의 경제적·지정학적 지위가 신장되는 것과 더불어 민족주의도 확대될 것이다. 지리적으로 멀리 떨어진 강대국으로서 미국은 자기들 틈바구니에서 헤게모니 국가가 등장할까 봐 걱정하는 많은 지역 국가들에게 편리한 동맹 세력이다. 윌리엄 울포스가 지적하듯이, 실제로 지역적 패권 국가의 등장은 미국의 영향력을 오히려 강화해 준다. 이러한 현상은 아시아에 관한 논의에서 종종 거론되지만 그 밖의 많은 지역에서도 관찰된다. …… [지역 국가들 간의]

• 국역 : ≪흔들리는 세계의 축≫, 베가북스, 2008.

이러한 경쟁은 미국이 세계 질서의 중심축으로서 크고 건설적인 구실을 할 수 있는 기회를 제공한다. 미국은 19세기 말에 비스마르크가 건설한 (그러나 오래 못 간) 독일처럼 될 잠재력이 있다. 당시 독일은 유럽의 주요 국가들이 서로 맺고 있던 관계보다 더 긴밀한 관계를 각각의 주요 국가와 맺은 유럽의 '정직한 중재자'였다. 말하자면 독일은 유럽 국가 체제의 허브였다. 오늘날 미국이 세계의 중재자가 되려면 미국 정부만이 아니라 다양한 역량과 관점을 포괄하는 미국 사회의 동참이 필요하다. 세계적 이해관계와 활동 반경을 지니고 있고 모든 종류의 힘을 두루 갖췄으며 다채로운 이민 사회를 보유한 미국이라면 이 구실을 대단히 능숙하게 해낼 수 있을 것이다.[51]

불협화음을 지휘하기

그리고 이 세계적 중재자 구실을 처음 시도할 인물로서 버락 오바마만 한 적임자가 또 있겠는가? 확실히 오바마만큼 미국 사회의 다양성과 세계를 향한 개방성을 온몸으로 보여 주는 듯한 인물은 없을 것이다. 슬라보예 지젝은 오바마 당선의 엄청난 상징적 의미를 다음과 같이 표현했다. "오바마의 승리가 그토록 큰 감격을 자아낸 것은 단지 온갖 어려움에도 불구하고 그가 정말로 당선했다는 사실 때문만은 아니다. 그런 일이 실제로 가능하다는 것을, 그의 당선이 보여 줬기 때문이기도 하다."[52] 그러나 오바마라는 인물의 상징성에는 어쩔 수 없는 양면성이 있다. 그는 '가능한 것'의 영역이 생각보다 넓다는 것을 보여 줬고, 이 점은 새로운 해방운동들을 고무할 수 있다. 그러나 미국 국가의 처지에서는 오바마가 조지 W 부시 정부 시절의 재앙들을 수습하고 미국의 세계적 지위를 새롭게 구축하기 위한 귀중한 이데올로기적 자본이기도 하다.

취임 후 오바마가 보여 준 일련의 노련한 다자주의 행보(예컨대 부통령 조 바이든을 2009년 2월 뮌헨 안보회의에 보내 미국-러시아 관계의 '재출발'을 다짐하게 했고, 2009년 4월 G20 정상회의에서는 프랑스와 중국 간에 타협을 이끌어 냈으며, 같은 해 6월에는 카이로 대학에서 무슬림 청중을 매료시켰다)는 즈비그뉴 브레진스키가 썼을 법한 시나리오를 완벽히 소화한 듯한 느낌을 준다(민주당의 가장 영향력 있는 안보 전략가인 브레진스키는 미국이 세계 패권을 유지하는 가장 좋은 방법은 다른 강대국들, 특히 유럽연합과 제휴하는 것임을 부시 정부가 이해하지 못했다고 맹렬히 질타한 바 있다).[53] 그러나 오바마가 추구하는 목표는 미국의 우아한 퇴장이 아니라 헤게모니 유지라는 것을 명심해야 한다. "우리는 재건할 것입니다. 우리는 다시 일어설 것입니다. 그리하여 미국은 예전보다 강해질 것입니다." 오바마의 2009년 2월 상하원 합동 연설 중 청중의 열렬한 환호를 받은 대목이다.[54]

오바마의 당선이 상징하는 단절에도 불구하고 오바마 정부의 가장 두드러진 특징은 두 전임 정부와의 연속성이다. 오바마 정부의 고위급 관리들은 국무장관 힐러리 클린턴을 필두로 해서 주로 빌 클린턴 정부 시절 인사들로 채워져 사람들을 맥 빠지게 했다. 그러나 더 흥미로운 것은 버락 오바마와 조지 W 부시 사이의 정책적 연속성이다. 정확히 말하면, 2001년 9월 전 세계에 미국 예외주의를 선포하고

2003년 3월에는 중동을 재편하려고 이라크를 침공했던 그 위세 등등한 부시 정부와의 연속성이 아니라 민주당에 승리를 안겨 준 2006년 11월 중간선거 이후 다소 기죽은 채로 남은 임기를 채운 레임덕 정부와의 연속성이다. 이 같은 연속성은 어느 정도는 금융·경제 위기에 의해 강요된 측면이 있다. 오바마와 가이트너, 그리고 로렌스 서머스(백악관 국가경제위원회 의장)의 경제 의제 대부분을 미리 결정한 것은 부시 정부의 마지막 재무장관이었던 헨리 폴슨이 2008년 가을에 취한 일련의 비상 조치들이었고, 그중에서도 파산 기관의 부분 국유화와 부실자산구제프로그램이었다. 오바마 정부가 채택한 경기부양책은 대다수의 공화당 정치인들이 원하는 것보다 더 멀리 나아가긴 했다. 그러나 그렇게 치면 레이건과 부시 2세도 국제 금융 시스템에서 달러가 차지하는 지위에서 비롯하는 구조적 이점을 활용해 군비 지출을 늘리고 부자들의 세금을 깎아 주는 방식으로 경기부양을 시도할 용의가 얼마든지 있었다. 오바마는 또한 남반구 주요국들도 포함된 G20을 경제 위기 대응을 위한 주된 국제적 논의의 장으로 활용한다는 부시의 정책도 계승했다.

　대외 정책의 연속성은 더욱 두드러진다. 이라크 철군(비록 철군 후에도 만만찮은 규모의 미군 병력이 '훈련' 목적으로 남아 있을 것을 전제한 철군이지만)은 부시 정부가 이미 말리키 정부에 합의해 준 사항이었다. 이란·시리아와 대화를 추구하겠다는 오바마 정부의 방침은 이란을 폭격하려 했던 부시-체니 정부에 비하면 확실히 달라진 점이지만, 이는 이라크 스터디 그룹(민주·공화 양당의 대외 정책 전문가들로 구성되고 레이건과 부시 1세 정부 시절 백악관 비서실장을 역임한 제임스 베이커가 의장을 맑은 연구 패널)이 2006년 12월 발표한 보고서에서 이미 제시했던 주요 권고 사항 중 하나다. 2009년 9월 오바마는 폴란드와 체코 공화국에 미사일 방어 시스템을 구축하려던 계획을 취소해서 러시아에 분명한 양보를 했다. 그러나 이 조치(아마도 군사적 효과 면에서는 별 의미가 없는)가 취해지고 몇 주 뒤에 바이든은 루마니아에 가서 한 연설에서 러시아의 (주변국에 대한) '세력권' 인정 요구를 일축했고 그루지야의 2003년 장미 혁명이나 우크라이나의 2004년 오렌지 혁명 같은 친서방 '색깔 혁명'이 더 많이 필요하다고 말했다. 오바마는 또한 아프가니스탄에 미군을 증파했으며, 전임자와 마찬가지로 파키스탄 내 아프가니스탄 접경지대 폭격을 승인했으며 파키스탄 정부에게 국내 지하드 세력 토벌을 촉구했다. 파키스탄으로의 확전이 탈레반을 약화시키기는커녕 파키스탄을 불안정에 빠트리고 있는데도 그렇게 했다. 만약 오바마가 이스라엘의 안전에 대한 위협은 좌시하지 않겠다는 확고한 의지를 거듭거듭 천명했음에도, 그리고 취임 전 몇 주 동안 이스라엘의 가자 지구 침공에 대해 비난 한마디 하지 않았음에도, 그동안 죽어가고 있던 중동 '평화 프로세스'를 되살리기 위해 이스라엘 현 정부(역대 정부 중 가장 우파적인)에 팔레스타인 자치 정부와 협상하도록 압력을 넣어 팔레스타인 사람들에게 독립국가의 허울이라도 선사하게 된다면, 그것은 진정한 변화라 부를 수 있을 것이다. 그러나 전체적으로 봤을 때는 "대외 정책 측면에서 부시와 오바마 정부 간의 연속성"을 강조한 조지 프리드먼의 다음과 같은 지적이 옳다.

대화가 일부 가능성을 열어 주는 것은 사실이다. …… 그러나 대화를 통해 세계의 지정학적 현실이 근본적으로 바뀔 수는 없다. 오바마가 대선 선거운동 중에 뭐라고 했든지 그는 이 점을 분명 인식하고 있다. 오바마가 정신 팔려 있는 경제문제는 차치하더라도, 대외 정책이라는 것은 불가항력적 변수들에 좌우되기 때문에 미사여구로 어떻게 해 볼 수 있는 것이 아님을(비록 미사여구가 어떤 일들은 더 수월하게 해 줄 수도 있겠지만) 오바마 자신도 알고 있다. 지구상의 어떤 나라도 단지 상대방이 대화할 용의가 있다고 해서 자신의 근본적 이익을 포기하지는 않는다.[55]

이 같은 분석의 함의는, 이러한 "불가항력적 변수들" 때문에 미국은 비록 경제 위기로 약해지긴 했어도 여전히 국가 체제 속에서 극점 pole position을 차지하리라는 것이다. 그럼에도 경제 위기는 이 국가 체제를 더욱 불안정에 빠트리고 그 안에서 작동하는 분열 요인들을 강화할 가능성이 크다. 금융시장이 붕괴하기 전에 쓴 글에서 페리 앤더슨은 미국이 "의식적으로 관리되는 강대국들의 합창곡"을 계속 지휘할 수 있을 것이라고 주장했다.[56] 그러나 오바마가 아무리 애써도 이 합창곡은 갈수록 불협화음을 일으킬 공산이 크다. 불협화음이 얼마나 커질지는 예측하기 어렵다. 이와 관련해서 가장 중요한 질문은 강대국 간에 군사적 충돌이 일어날 가능성이 얼마나 되느냐는 것이다. 특히 미국과 중국 간에 말이다. 펜타곤은 점차 확대되는 중국의 군사력을 불안한 눈으로 지켜보고 있다. 중국이 이처럼 경제력에 상응하는 군사력 증강을 꾀하는 것은 대만을 수복해서 민족 통일을 완성한다는 중국 공산당 지도부의 오랜 숙원 때문만은 아니다. 많은 관찰자들은 중국이 버마, 스리랑카, 파키스탄 등 인도양 각지에 해군기지 네트워크를 구축하는 '진주 목걸이' 전략을 추구하고 있다고 지적한다.[57] 중국이 그렇게 하는 이유는 전 세계 주요 교역 루트에 대한 접근권을 확보하기 위한 것인 듯하다. 이는 원활한 무역 흐름의 중요성이 갈수록 커지고 있는 국가 처지에서는 완벽히 합리적인 동기지만, 태평양 전쟁 이후 줄곧 해군력과 공군력을 동원해 아시아의 해안을 지배해 온 미국과 갈등을 초래할 수 있는 동기이기도 하다.

그러나 강대국으로 떠오른 중국의 영향력은 단지 아시아-태평양 지역만이 아니라 전 세계에 미치고 있다. 대부資仕자, 투자자, 그리고 바이어로서 중국의 위상은 남반구 전역에서 실감할 수 있다. 〈뉴욕 타임스〉는 2009년 4월에 이 상황을 다음과 같이 음울하게 보도했다.

미국이 중남미 국가들과 틀어진 관계를 복원하려 애쓰는 사이에 중국이 무서운 기세로 치고 들어오고 있다. 급격한 성장률 둔화와 원자재 가격 폭락으로 타격을 받았고 자금 조달에도 어려움을 겪고 있는 중남미 여러 나라에 거액의 돈을 빌려 주겠다며 접근하고 있다.

최근 몇 주 사이에 중국은 베네수엘라 발전 기금을 종전의 두 배인 120억 달러로 증액하고, 에콰도르에 수력발전소 건립 비용으로 최소 10억 달러를 빌려 주고, 아르헨티나와 100억 달러 상당의 통화스와프 협정을 체결하고, 브라질 국영 석유회사에 100억 달러를 빌려 주는 등의 방안을 당사국들과 협의했다. 중국이 그 대가로 얻고자 하는 것은 주로 석유 등의 천연자원에 대한 권리를 오랫동안 보장받는 것이다. 2000년대에 중국과 중남미 간의 무역은 빠르게 성장했고, 그 결과 중남미 국가들에게 중국은 미국 다음으로 큰 무역 파트너가 됐다. 그러나 이번에 중국이 중남미에 제공하려는 대출의 규모와 범위를 보면, 중남미에서 미국의 쇠퇴한 영향력을 오바마 정부가 이제 막 복원하려는 참에 중국과 중남미 간의 관계는 더욱 두터워지고 있음을 짐작할 수 있다.

클린턴 정부 시절 상무부 관리였던 데이비드 로스코프는 "위기의 시대에 힘의 균형은 이렇게 조용히 바뀐다"고 지적했다.[58]

이상의 추세 가운데 어느 것도 미국과 중국 간의 전쟁이 필연이라고 볼 근거는 못 되며, 전쟁 가능성이 높다고 볼 근거조차 되지 못한다. 두 국가의 지배자들 모두 그러한 전쟁이 얼마나 큰 재앙일지를 잘 알고 있고, 양국이 얼마나 서로 의존하고 있는지도 잘 안다. 중국은 앞으로 오랫동안 미국보다 군사적으로도 약하고 경제적으로도 더 가난할 것이다. 그럼에도 앞서 살펴본 추세들은 자카리아가 권고한 "정직한 중재자"(매들린 올브라이트의 오만한 표현으로는 "필수 불가결한 나라")의 구실, 즉 세계 각국이 '그 한 나라'와의 관계를 다른 어떤 나라와의 관계보다 더 중요시하는 '그 한 나라'의 구실을 미국이 수행하기에는 어려움이 많다는 것을 보여 준다. 많은 나라들이 미국이 아닌 다른 나라와의 관계를 더 중시하게 될 수도 있는데, 그 다른 나라는 꼭 중국이 아닐 수도 있다. 예컨대 러시아 가스에 대한 독일의 의존은 나토의 응집력을 약화시키는 중요한 한 가지 요인이다. 국가 체제가 이런 식으로 점점 다극화된다면 국가 간의 상호작용이 더 유동적이고 예측할 수 없게 될 것이고, 따라서 더 위험해질 것이다. 탈냉전 시대에 인류가 누려온 커다란 행운 하나는 국가간 전쟁이 비교적 드물었다는 사실이다. 그러나 이러한 행운을 인류가 계속 누릴 수 있다는 보장은 없다.

정책 교체냐 체제 교체냐

Regime Change or System Change?

신자유주의의 종말?

국가, 시장, 계획

신자유주의의 종말?

2000년대 말의 경제 대란을 계기로 국가의 힘이 강해지는 것과 동시에 국가 체제는 더욱 불안정에 빠질 가능성이 크다. 그러나 권력의 중심 추가 자본에서 국가 쪽으로 넘어간 것이 사회경제적으로는 어떤 결과를 초래할까? 신자유주의를 줄기차게 비판해 온 로버트 웨이드는 금융 위기 발생 직후인 2008년 10월에 쓴 글에서 다음과 같이 새로운 정책 레짐의 도래를 예고했다.

> 이번 위기에 대한 정부의 대응은 …… 폴라니가 말한 '이중 운동'의 둘째 국면에 우리가 진입했음을 시사한다. 자본주의 역사에서 반복적으로 등장하는 이 국면은 (심하게 단순화해서 말하자면) 자유 시장과 상품화 증대에 따른 고통이 너무 커진 결과 그에 대한 반작용으로 시장 규제 강화와 탈상품화 움직임이 나타나게 되는 국면을 말한다(그래서 그 이름도 "착근된 자유주의embedded liberalism"다). 현재 관찰되는 이중 운동의 첫째 국면은 신자유주의와 세계화 컨센서스의 오랜 집권기였다. 둘째 국면은 아직 이름이 없으며, 이 시기에는 새로운 컨센

서스가 도출되지 않은 채 의견 대립이 지속될지도 모른다.[1]

웨이드는 이어서 그러한 이중 운동의 결과로 나타날, 더 규제된 자본주의의 모습을 다음과 같이 그렸다.

복잡하고 난해한 금융 상품들이 초래한 폐해는 많은 사람들에게 금융권이 지금보다 훨씬 더 축소될 경우의 장점들을 일깨워 줄 수 있다. 어쩌면 사람들은 일부 금융기관들이 사적 기능과 공적 기능을 병행함으로써 이윤에 눈먼 사기업보다는 공기업처럼 행동하게 되는 '혼합경제' 형태를 금융권에 도입할 필요성에 눈뜰 수도 있다.
　　그러나 더 깊이 들어가면 세계화 모델 자체를 재고할 필요가 있다. 세계화 모델은 경제에서 자본축적과 관련한 측면, 즉 공급 측면을 지나치게 강조하면서 수요 측면에 해를 입혔다(가령 수출 주도형 성장을 강조하는 논리는 수요가 무한하다고 전제한다). …… 국내 수요나 역내 수요를 키우려면 소득 분배의 형평성을 실현하려는 노력이 더 많이 필요할 것이며, 따라서 근로기준법, 노동조합, 최저임금, 기타 사회보장 제도의 필요성이 더 커질 것이다. 또한 수출 주도형 성장이 초래하는 '바닥을 향한 경주'를 막고 중간계급과 노동계급에게 더 나은 생계 수단과 소득을 제공할 내수산업과 서비스업을 육성해야 할 것이다. 내수 주도형 발전에서 또 하나 중요한 정책 수단은 투기성 외국자본의 급격한 유출입을 막기 위한 자본 통제다. 자본 통제 권한이 있는 정부는 환율과 금리 정책 면에서 더 큰 자율성을 누릴 수 있을 것이기 때문이다.[2]

웨이드의 권고는 경제 엘리트들의 입맛에는 맞지 않는 것이었다. 웨이드가 위의 글을 쓰고 나서 며칠 뒤에 〈파이낸셜 타임스〉에는 놀라운 사설이 실렸다. "자유 시장을 살리기 위해 국유화하라"는 제목의 이 사설은 영국 정부의 부분적 은행 국유화를 다음과 같이 칭찬했다.

고든 브라운의 의도는 자본주의를 살리려는 것이지, 매장하려는 것이 아니다. …… 이제는 그를 모방하려는 사람들이 세계 곳곳에 존재하지만 그들 역시 위기에 빠진 자국의 금융 부문을 살리기 위해 최대한 빨리, 그리고 일사불란하게 행동에 나서야 한다. 이 지도자들은 시장의 지배보다 더 자비로운 국가의 지배를 확립하려고 자본주의에 칼을 들이대고 있는 것이 아니다. 그들은 역사적으로 시장의 가장 위험한 적인 '전면적 불황'을 막기 위해 국가를 활용하고 있는 것이며, 또 그렇게 하는 것이 옳다.[3]

이런 주장의 함의는 2008~2009년의 국가 개입은 경제 파탄을 막기 위한 비상 조처였을 뿐 경제 관계의 변화를 예고하지는 않는다는 것이다. 국가는 일단 21세기판 대공황을 막고 은행들의 자본을 확충시켜 재기할 수 있도록 해 준 다음에는, 고독한 총잡이가 악당을 해치운 뒤 석양 속으로 사라지듯 유유히 물러가야 한다는 것이다. 비교적 과감한 축에 드는 정부들조차 이러한 관점 때문에 거시적 케인스주의와 미시적 신자유주의를 혼합한 듯한 정책을 구사했다. 그래서 영국의 신노동당 정부는 공공서비스 사유화를 지속했고, 오바마 정부는 부실 금융자산 문제를 해결하기 위해 민간 투자자들에게 보조금을 쥐어 주며 그러한 자산을 매입하게 만드는 방법을 취했다.

반면, 마틴 울프는 좀 더 미묘한 진단을 내놓았다. "금융 자유화의 시대는 끝났다. 그러나 1930년대와 달리 지금은 시장경제를 대신할 믿을 만한 대안이 없으며 국제적 협력의 전통이 깊이 확립돼 있다."[4] 그는 다음과 같이 인정한다.

그러므로 우리는 한 가지 시장경제 모델이 헤게모니를 누리던 시대 가 끝났음을 짐작할 수 있다. 세계 각국은 언제나 그랬듯 시장경제를 자국 전통에 맞게 변형해서 적용할 것이다. 그러나 이제부터는 더 자 신 있게 그렇게 할 것이다. 마오쩌둥이라면 이를 자본주의의 '백화제 방百花齊放'*이라 불렀을지도 모르겠다. 여러 가지 자본주의가 공존 하는 세상은 골치 아프겠지만 재미도 있을 것이다. …… 옛날 사람들 은 왕이 죽었을 때 "국왕 폐하께서 서거하셨다. 국왕 폐하 만세!"** 라고 외쳤는데, 우리는 "자본주의가 죽었다. 자본주의 만세!"라고 외 쳐야 할 판이다.[5]

비록 웨이드는 울프가 전에 옹호했던 신자유주의 세계화를 일관되 게 비판해 온 사람이지만, 이제는 둘의 견해 차이가 그리 커 보이지 않는다. 웨이드와 울프 모두 세계경제가 지금보다 더 다원주의적으로 바뀔 것이라고 예상하고, 둘 다 자본주의의 이런저런 변형을 대안으

---

* 온갖 꽃이 일시에 만발한다는 뜻.
** 이때 두 번째로 나오는 '국왕 폐하'는 새로 국왕이 된 사람을 가리킨다.

로 여긴다. 이 점은 고삐 풀린 자유주의가 '착근된' 자유주의로 전환되는 진자 운동이 이번 금융·경제 위기를 계기로 시작됐다는 웨이드의 주장에서도 확인된다. 웨이드의 주장은 칼 폴라니의 고전인 ≪거대한 전환≫(1944)의 내용에 기초한 것이다. 폴라니에 따르면 고전적 자유주의 시장경제는 경제 관계를 사회적 맥락에서 강제로 분리('탈착근')함으로써 등장하는데, 이렇게 경제와 사회가 분리된 상태는 장기적으로 지속 불가능한 것으로 드러나게 되고, 그 결과 '사회 보호'를 강화하는 방향으로 반작용이 일어난다고 한다. 폴라니의 주장을 받아들이는 존 러기도 마찬가지로 제2차세계대전 직후에 서구의 정책 입안자들이 "착근된 자유주의[를 지향하는] 절충"을 제도화했다고 주장한다. 이때의 절충된 자유주의는 "1930년대의 경제적 민족주의와 달리 다자주의 성격을 띠며, 이때의 다자주의는 금본위제와 자유무역으로 표현되던 자유주의에서와 달리 국내에서의 개입주의[달리 말하면 국민경제에 대한 국가 개입]를 전제로 한 것"이라고 한다.[6] 이렇게 보면 신자유주의는 시장을 사회관계들로부터 떼어 놓으려 한 고전적 자유주의로 회귀하는 운동이었고, 그것이 지금은 다시 반작용을 불러일으켜서 착근된 자유주의로 회귀하는 운동이 일어나고 있는 것이다.

그러나 이 반작용이 불러올 결과는 무엇일까? 일단은 주요국의 금융 부문이 축소될 것이라는 예측이 지배적이다. 1925년에 처칠이 원했던 "금융계는 더 겸손해지고 산업계는 더 만족하는" 세상이 온다는 것이다. 그러나 이는 정부 정책의 결과라기보다는 지나치게 비대해진 금융권이 스스로 무너져 내린 결과라고 봐야 할 것이다. 2002년에는 미국의 국내 기업 부문 이윤 중 41퍼센트가 금융 부문의 이윤이었는데,

이처럼 금융권이 비대해진 것 자체가 금융 투기 거품에 힘입은 것이었다.[7] 금융 규제를 강화하라는 요구는 곳곳에서 들리고 있다. 일례로 프랑스와 독일은 경기부양에 더 많은 재정을 투입하라는 미국의 요구를 거부하면서 경기부양보다는 조세 피난처와 헤지펀드를 단속하는 것과 같은 국제적 금융 규제가 더 시급하다고 역설한 바 있다. 오바마 정부는 파생상품 시장 규제를 대폭 강화하겠다고 밝혔고, 특히 장외시장에서 사고팔던 파생상품이 정식 거래소를 통해 거래되도록 만들겠다는 계획이다. 그러나 이러한 조치들은 엔론 등의 회계 부정 스캔들 대책으로 2002년에 미국 의회가 제정한 사베인스-옥슬리 법과 마찬가지로 단지 임기응변적 조처들인가, 아니면 그러한 조처들을 뒷받침하는 더 일관된 경제적 논리가 등장할 것인가? 앞에서 제2차세계대전 후의 '착근된 자유주의'를 "다자주의"와 "국내에서의 개입주의"의 결합이라고 했던 러기의 설명으로 되돌아가 보자. 이때의 '착근된 자유주의'는 핵심적으로 **국제 수준의 자유화**와 **국민국가 수준의 국가 개입 강화**(공공 부문 확대, 복지 확대, 그리고 나라마다 편차가 컸던 케인스주의 수요관리 정책으로의 전환)가 결합된 것을 말한다. 이 두 요소가 균형을 이룰 수 있었던 것은 전후의 높은 경제성장률 덕분이기도 했고 부분적으로는 브레턴우즈 체제에서 각국이 자본 이동을 규제할 권한을 (지금도 형식적으로는 보유하고 있지만) 보유하고 행사했기 때문이기도 했다.

따라서 시장경제를 사회정치적 관계들 속에 착근시킨 핵심 주체는 바로 국민국가였다. 그런데 오늘날에는 전후 시기에 비해 국경을 초월한 경제통합의 수준이 훨씬 높아졌다는 점이 한 가지 어려움으로 작용한다. 실제로 많은 나라들이 자본 통제 시도를 포기한 것도 이 같은 경제통합의 심화(미국과 영국이 앞장서서 부추긴) 때문이었다. 웨이드가 주되게 제안하는 것 중 하나는 자본 통제를 부활시키자는 것이다. 그렇다면 이번에도 국민국가가 주체가 돼서 시장을 규제해야 한다는 말이 된다. 웨이드는 이러한 해결책이 만족스럽지 못한 것임을 암묵적으로 시인한다. "한편 최근에 강화되는 지역적 통합 움직임들은 글로벌 스탠더드나 세계화를 향한 노력(모든 국가를 포괄하려는 탓에 개별 국가의 특수성을 결코 배려할 수 없는)으로부터 세간의 관심을 멀어지게 할 수 있을 것이다."[8] 그러나 신자유주의 세계화의 대안으로 지역적 통합을 내세우는 것은 두 가지 문제가 있다. 첫째는 지구상의 많은 중요한 경제 관계들이 초지역적trans-regional 성격을 띤다는 점이다. 아시아의 주요 수출 시장은 여전히 미국과 유럽이다. 독일은 무엇보다 중국에 고부가가치 제품을 수출해서 세계 1위의 수출국 지위를 탈환했다. 2000년대 중반에 사하라 이남 아프리카와 중남미 국가들이 누렸던 경제적 부흥은 무엇보다 중국이 국제 원자재 가격을 끌어올린 덕분에 가능했다. 둘째, 2부에서 이미 살펴봤듯이 국가들 사이에는 여전히 강력한 이해관계 대립이 존재한다. 그래서 지역적 통합의 모범적 사례로 칭송받던 유럽연합조차 경제 위기에 대한 통일된 대응을 이끌어 내는 데는 애처롭게 실패한 것이다.

똑같은 이야기를 다음과 같이 서술할 수도 있겠다. 1930년대 대공황은 경제의 국민국가 의존도를 높였고, 이것이 처음에는 재앙적 결과(제2차세계대전)를 낳았지만 1945년 이후에는 무엇보다 착근된 자유주의라는 형태의 타협을 낳았다(비록 서방 세계 바깥에서는 이보다 더 폐쇄적인 국가자본주의 모델들이 상당한 성공을 거뒀지만 말이다). 2000년대의

'대불황'도 국민국가 의존도를 높였지만 이번에는 상황이 달랐다. 세계경제가 더 긴밀하게 통합돼 있는 탓에 경제 위기에 대처하기 위해서도 국가 간의 일치된 대응이 필요해졌는데, 현재의 국가 체제 하에서는 그러한 대응이 불가능하기 때문이다. 20세기 중반에는 개별 국민국가가 시장을 규제할 수 있었던 반면 오늘날의 세계화된 시장에는 국제적 규제가 필요하다. 게다가 현존하는 국가 체제가 경제 위기에 대한 일치된 대응을 할 수 없는 것은 우연이 아니다. 자본주의의 필연적으로 불균등한 발전 과정은 특정 지점들에 경제력이 집중되게 만드는데, 이 같은 쏠림 현상은 특정 자본들과 특정 국가들 사이에 강력한 유착 관계를 형성시킨다. 그 결과로 등장하는 경제력과 정치권력의 복합체들은 언제나 서로 이해관계가 엇갈리는 경향이 있다.[9]

2008년 11월과 2009년 4월의 G20 정상회의가 주요국 간의 이견을 얼버무린 것 말고는 아무 성과도 내지 못한 것도 같은 이유에서다. 그렇다고 해서 어떤 국제적 협력도 불가능하다는 것은 물론 아니다. 오히려 미국 헤게모니의 중요한 특징은 미국의 리더십 아래에서 선진국 간의 협력이 제도화됐다는 점이었다. 그러나 이러한 협력은 비록 그것이 모든 참가국에게 이로웠기 때문에 지속되기는 했어도 궁극적으로는 바로 미국의 헤게모니를 공고히 해 주는 구실을 했다. 따라서 서방 블록 내부에 상당한 갈등(이 중 가장 중요한 것은 아마도 경제정책과 대러시아 관계를 둘러싼 미국과 독일 간의 갈등일 것이다)이 존재할 뿐 아니라 서방 블록 외부의 강대국들이 새롭게 떠오르거나 부활하고 있는 오늘날에는 선진국 간의 이러한 협력 관계가 심각한 난항을 겪고 있다.

이상과 같은 주장은 국가 자체가 자본주의 경제 관계에 '착근'돼 있다는 전제를 깔고 있다. 오늘날의 국가가 자본주의에 뿌리내리고 있다고 보는 가장 중요한 이유는, 국가 관료들은 자신들의 권력을 유지하기 위해 국내의 자본축적을 고무할 강력한 동기가 있기 때문이다. 그러지 않으면 자본 도피라는 형태로 보복을 당할 공산이 크며, 그렇게 되면 환율과 경제성장에도 악영향을 받게 된다. 즉, 국가 관료들은 세계 자본주의 체제 속에서 자신들이 처한 상황 때문에 자본의 이익에 봉사해야 한다는 강한 압력을 받는다.[10] 그러므로 우리가 현재의 위기를 극복하고 미래의 위기를 방지할 방법을 논하고자 한다면 자본주의에 대한 이야기를 훨씬 더 많이 해야 한다. 신자유주의는 자본의 논리 자체를 각별히 노골적이고 정제되지 않은 형태로 드러내 보였다는 점에서 의미가 있었다. 달리 말해, 우리가 직면한 문제는 (웨이드와 울프의 생각과 달리) 단지 특정한 정책 레짐의 실패나 그것이 지향했던 특정 형태의 자본주의의 실패가 아니다. 1부에서 내가 보여 주려 했듯이, 2007~2009년에 재앙을 몰고 온 금융 부문의 과잉 팽창은 본질적으로 자본주의를 괴롭혀 온 훨씬 더 뿌리 깊고 오래된 위기, 즉 과잉 축적 위기와 이윤율 저하 위기가 다른 형태로 전이된 것이었다. 한마디로 이번 위기는 자본주의 체제 자체의 위기다.

하이먼 민스키는 경제·금융 불안정이 자본주의의 본질적 속성이라는 것을 포스트 케인스주의의 관점에서 인정한다. 대공황의 재발을 막아 주는 바로 그 메커니즘(최종 대부자 구실을 하는 중앙은행, 그리고 정부 지출의 증대)이 조장하는 금융 혁신이 호황기에 거품과 위기를 초래한다고 한다.

연준이 어떤 금융 상품을 보호해 줄 때마다 그 상품의 사용은 정당화된다. 이렇게 해서 연준은 위기를 미연에 방지할 수 있겠지만 그와 동시에 경제 전반에 부채가 계속 증가할 수 있도록 길을 터 주게 된다. 또한 그에 따라 새로운 금융 상품들이 등장할 여지가 생긴다. 사실상 연준은 금융 위기로 귀결되는 투자 호황을 위한 필요조건이지만 충분조건은 아닌 자금 조달 관행을 부활시키는 셈이다.

그러한 투자 호황을 위한 충분조건은 '큰 정부'의 재정 적자다. 정부 지출은 총수요를 떠받쳐서 기업 이윤도 지탱해 주고 투자 자산의 안전성도 높여 준다. '큰 정부'의 이 같은 효과 덕분에 경기가 침체해도 얼마 지나지 않아 투자 호황이 발생한다. 그리고 투자 호황이 창출하는 금융 수요는 또 한 차례 인플레와 위기를 촉발한다.[11]

만약 이러한 분석이 옳다면 각국의 금융 위기 대책(은행 살리기와 재정지출, 국가 부채 확대)은 단지 또 다른 투기 호황과 위기를 부를 것이라는 말이 된다. 그렇다면 우리가 할 수 있는 일은 셋 중 하나다. 첫째는 '세상이 원래 그렇지' 하면서 체념하는 것이다(민스키의 견해가 이러했던 것 같다). 둘째는 신자유주의 강경파들의 주장처럼 은행들이 망하게 내버려 두는 것인데, 그렇게 했을 때 초래될 재앙이 어떤 식으로든 자본주의를 불순물 없는 순수한 상태로 정화해 줄 것이라는 믿음은 다분히 공상적이다. 셋째는 '더 나은 자본주의'가 아니라 자본주의의 대안을 모색하는 것이다. 이것은 실로 어려운 선택이다. 울프의 지적처럼, 1930년대와 달리 오늘날에는 자본주의를 대체할 눈에 확 띄는 대안이 없다(1930년대의 대안이라는 것도 알고 보면 현실에 존재하지 않는 어떤 것을 마치 존재하는 것처럼 왜곡하고 이상화한 것이었지만 말이다). 기껏해야 베네수엘라에서 우고 차베스가 벌이고 있는 임기 응변적이고 갈수록 곤경에 빠지고 있는 '21세기 사회주의' 실험 정도 가 있을 뿐이다. 물론 이 실험도 중남미에서 반신자유주의 · 반제국 주의 좌파의 강력한 부상을 반영하는 대단히 의미 있는 정치 현상이 기는 하나 자본주의 자체를 대체할 일관성 있는 대안이라고 보기는 어렵다.[12]

국가, 시장, 계획

그럼에도 중남미의 좌파 정부들은 국가의 구실을 확대하는 데서 선 진국들보다 한발 앞섰다. 예컨대, 2006년 5월 1일 볼리비아 신임 대 통령 에보 모랄레스는 석유 · 가스 산업에 대한 국가 통제를 재개한 다는 포고령을 실행하기 위해 군대를 투입해 석유 · 가스 시설들을 접수했다. 석유 · 가스 산업 국유화는 우파 대통령 카를로스 메사를 몰아낸 2005년 5~6월 대중 봉기의 주된 요구였다. 그러나 신자유주 의에 대항해 1990년대 말에 등장한 대안 세계화 운동은 국가의 경제 권력 확대를 꺼리는 듯한 모습을 자주 보였다. 사람들이 이렇게 국유 화에 회의적인 것은 동방의 스탈린주의와 서방의 사회민주주의 정부 가 도입한 관료적 국가 소유에 대한 기억 때문이다. 그러나 더 직접 적 영향을 끼친 것은 존 홀러웨이의 유명한 책 제목 ≪권력을 잡지 않고 세상을 바꾸기≫에 집약돼 있는 자율주의 이데올로기였다. 즉,

국가를 무시한 채 신자유주의를 대체할 지역적 대안들을 개발해야 한다는 생각이었다.[13]

홀러웨이의 태도는 일반적 정치 전략으로는 아무짝에도 쓸모가 없다.[14] 또한 당면한 문제를 해결하는 데도 아무 쓸모가 없다. 볼리비아 민중은 석유·가스 사유화를 돌이키고 싶어 했다. 그렇다면 문제는 석유·가스 산업을 렙솔이나 페트로브라스 같은 다국적기업에게서 빼앗은 다음에는 어떻게 하느냐는 것이다. 이는 불가피하게 소유의 문제를 제기한다. 이 경우 당장 생각할 수 있는 대안은 국유화 말고는 없다(모랄레스가 비판받을 만한 대목이 있다면, 석유·가스 산업을 100퍼센트 국유화하지 않았다는 점일 것이다).[15]

국가는 석유·가스 산업을 접수하는 것만큼이나 대담한 일을 할 수 있는 강제력과 정치적 정당성을 갖춘 유일한 국민적 기관이다. 더욱이, 국가가 그 정치적 정당성을 유지하려면 무엇보다 대중의 요구에 귀를 기울인다는 인상을 줘야만 한다. 그래서 국가는 아래로부터의 압력(볼리비아의 대중운동 같은)에 어느 정도 영향을 받을 수 있다. 모랄레스 자신도 야당 지도자 시절에는 석유·가스 산업 국유화 요구를 반대했지만 대통령이 되고 나서는 결국 자신을 대통령 자리에 올려 준 대중 운동의 압력에 떠밀려 국유화를 단행해야 했다.

그렇다고 해서 오늘날의 반자본주의 좌파가 현존 국가를 사회 변화의 핵심 도구로 바라본 옛 사회민주주의자들의 실수를 되풀이해도 된다는 말은 아니다. 현존 국가가 비록 대중의 압력에 때때로 반응한다고는 해도 어디까지나 자본주의 국가로서 자본의 지배를 유지하려 할 것이기 때문이다. 자본주의 국가의 조직 방식도 그러한 목적에 걸

맞게 관료적이고 위계적이다. 무엇보다 대중의 참여와 주도력과 통제력 행사를 배제하기 위해서다. 바로 이러한 이유에서 마르크스는 자본주의에 맞서 혁명이 성공하려면 이 국가를 분쇄하고 그것을 다른 형태의 권력, 즉 노동자들의 자치를 가능케 하는 풀뿌리 민주주의에 기초한 권력으로 대체해야 한다고 강조했던 것이다.[16]

요컨대 국유화만으로는 불충분하다. 그렇다 해도 볼리비아 석유·가스 산업 국유화의 의미는 퇴색하지 않는다. 공공 재산이 사적 이윤을 위해 팔려 나가는 상황이 수십 년 동안 이어지다가 신자유주의에 맞선 민중 반란을 계기로 마침내 정부가 뭔가를 하나 다시 빼앗아 온 것이다. 그것도 아무거나 빼앗은 것이 아니라 큰 것 하나를 빼앗았다(모랄레스 정부가 국유화를 단행했을 때 세계 정치·경제 엘리트들이 질러댄 비명 소리가 이를 짐작케 해 준다). 볼리비아의 사례는 앙투안 아르투의 다음 진술이 옳다는 것을 보여 준다. "[자본주의의] 소유관계를 완전히 폐지하거나 적어도 크게 수정하지 않고는 사회변혁의 동력에 불을 지필 방법이 없다." 아르투는 이어서 국유화만으로는 불충분하다고 지적한다. "사회적 전유란 단지 법률적 차원의 소유권 이전을 뜻하는 것이 아니다. 그것은 자본주의적 분업(위계적으로 조직된 생산과정)을 전면 타파하고 협동적 생산 형태로 대체하는 것을 전제한다."[17]

국유화를 통한 공적 영역의 확대 시도가 자본의 논리를 진정 뛰어넘으려면, 국유화된 산업에 민주적 자주 관리 형태들을 도입해서 해당 산업의 노동자들과 소비자들이 집단적 의사 결정을 통해 모두에게 이익이 되는 방식으로 산업을 운영할 수 있게 해야 할 것이다. 이 문제를 본격적으로 논의하려면 또 하나의 금기를 깨트려야 한다. 즉, 국유화만이 아니라 계획(경제)도 이야기해야 한다. 1930년대 이후로 계획경제는 소련과 그 위성국가들의 관료적 지령 경제와 동일시됐다. 이 경제들이 성장 가도를 달리던 시절에는 계획경제 모델의 위신이 대단했고 그래서 인도와 이집트 같은 탈식민지 국가들도 이 모델을 모방했다. 그러나 일단 소련이 몰락하자 계획경제의 신용은 바닥에 떨어졌고, 이는 신자유주의를 정당화하는 데 도움을 줬다. 현재의 지배적 경제 담론들은 중국·한국 등 지구상에서 가장 성공한 축에 드는 일부 경제들이 실로 얼마나 크게 국가 개입(즉, 계획)에 의존했는지를 체계적으로 은폐한다.

계획에 대한 역풍이 워낙 거셌던 탓에, 자본주의의 대안을 모색하는 사람들조차 어떤 형태로든 시장경제는 불가피하다고 여기게 됐다. 이를 보여 주는 가장 두드러진 사례는 철학자 데이비드 밀러와 경제학자 존 로머 등이 제안하는 시장 사회주의다. 시장 사회주의에서는 노동자들이 공동으로 소유하는 협동조합들이 시장에서 상품을 팔기 위해 경쟁한다고 한다. 심지어 마르크스주의 철학자 토니 스미스도 시장을 민주화하는 것이 가능하다고 주장한다.[18]

이러한 전략의 근본적 문제점은, 시장경제가 반드시 경쟁에 기초할 수밖에 없다는 것이다. 시장경제에서의 자원 배분은 개별 자본들(경제를 집단적으로 지배하지는 않지만 어쨌든 공동으로 지배하는) 간의 경쟁에서 비롯하는 의도치 않은 결과다. 달리 말하면, 각 기업이 차지하는 자원의 크기는 해당 기업이 자사 제품이나 서비스를 얼마나 성공적으로 시장에 내다 파느냐에 달려 있다. 자원 배분에 관한 사회 전체의 집단적 의사 결정은 없는 것이다. 또한 만약 어떤 기업이 경쟁에 뒤처지면 그 기업에 돌아가는 자원 몫이 줄어들게 되고 결국 그 기업은 파산한다. 그러므로 시장경제의 각 단위는 경쟁력을 유지하기 위해 생산비를 낮추고 제품 가격을 낮춰야 한다는 체계적 압력을 받는다. 바로 이러한 압력에서 비롯하는 경쟁적 축적이 우리가 지금 겪는 것과 같은 심각한 경제 위기의 원동력이다.

시장경제는 결코 민주적으로 조직될 수 없다. 우선 시장경제의 정의상 경제 전체 수준에서 민주적으로 조직될 수 없다. 왜냐하면 시장경제에서는 민주적으로든 아니든 간에 자원 배분이 집단적으로 결정되지 않기 때문이다. 게다가 개별 기업들이 내부의 민주주의를 유지하기도 매우 어렵다. 마이클 앨버트가 이 점을 잘 설명했다. 앨버트는 노동자들이 통제하는 민주적이고 평등한 기업의 제품이 잘 팔리지 않을 경우를 상상해 보라고 한다. 이럴 때 노동자들은 어떻게 할 것인가?

이런 상황에서 노동자들이 파산을 면하려면 둘 중 하나를 선택할 수 있다. 우선 자신들의 임금을 줄이고, 노동조건을 악화시키고, 작업 속도를 높이는 방법이 있는데, 이는 소외를 매우 조장하는 선택으로 노동자들이 실행하기에 정서적으로나 심리적으로나 쉽지 않다. 또 다른 방법은 이러한 비용 절감과 산출량 증대 조치들을 노동자 대신 실행해 줄 경영자들을 고용하고, 경영자들이 그러한 조치의 타격을 받지 않도록 그들에게는 더 나은 노동조건, 더 높은 임금 등을 제공하는 것이다. 쉽게 예상할 수 있지만, 현실에서 이뤄지는 선택은 후자다. …… 이렇듯 시장은 그 본성상 노동력을 두 집단, 즉 지시에 따르는 다수와 결정을 내리는 소수로 분리시키는 경향이 있다. 후자는 자신들이 대다수 종업원들에게 부과하는 결정의 역효과로부터 보호받으며, 대다수 종업원들보다 더 많은 보수와 권력을 누린다.[19]

따라서 시장의 논리는 시장 속에서 나타나는 민주주의와 평등의 섬을 모두 가라앉게 만드는 경향이 있다. 이 때문에 시장을 민주화하는 것이 가능하다고 믿는 로머나 스미스 같은 사회주의자들은 그들 나름의 딜레마에 빠지게 된다. 시장이 민주주의를 훼손하지 못하게 하려면 시장의 작동에 제약을 가해야 하는데, 그렇게 하면 경쟁의 논리가 제대로 작동할 수 없기 때문에 그들이 제안하는 원리에 기초한 경제 시스템은 붕괴할 공산이 크다. 반면 경쟁의 논리가 작동하도록 허용하면 그들이 실현하려는 사회주의적 이상은 파괴될 것이고 이 책이 분석하려 한 시스템적 불안정성이 재현될 것이다.

경쟁적 축적의 논리를 타파해야 할 다른 이유도 많다. 인간의 활동에 의한 온실가스(특히 이산화탄소) 배출이 심각하고 돌이킬 수 없는 기후변화를 초래하고 있다는 과학적 증거들은 더는 논란의 여지가 없다. 또한 재앙적 수준의 기후변화를 막으려면 대대적 이산화탄소 감축 목표치를 신속히 채택하고 실행해야 한다는 것에도 매우 큰 공감대가 형성돼 있다. 그러나 감축 목표치는 (특히 부시 일당의 몰락 이후) 전보다 높아졌지만 실제 배출량은 계속 증가했다. 사태를 이 지경으로 만든 가장 유력한 용의자는 경쟁 논리다.

여기서 제기되는 것도 결국 집단행동의 문제다. 급격한 기후변화를 막는 것이 모두에게 이익임은 자명하다. 그러나 어떤 개별 국가

나 자본도 저탄소 경제로 이행하는 데 드는 추가 비용을 부담하려 들지 않는다. 국제 협상 테이블에서 주요국들은 책임 떠넘기기에 여념이 없다. 미국은 인도와 중국에게 더 강력한 감축 목표를 받아들이라 하고, 인도와 중국은 두 세기 동안 주로 북반구에서 진행된 산업화의 책임을 어째서 자신들이 져야 하는지 반문한다. 낡고 해악적인 민족주의를 초월한 '소프트 파워'의 대가大家를 자처하는 유럽연합은 이 문제에서 각별히 무능하다. 독일은 온실가스 감축 목표가 지나치게 높다고 강력하게 항의해서 독일 자동차 기업들을 보호하는 데 성공했다. 그리고 경제 위기는 많은 정부들에게 화석연료 사용을 줄이는 일을 뒤로 미룰 완벽한 핑계거리가 됐다. 이렇듯 경쟁적 축적의 논리는 인류의 미래를 위협하고 있다.[20]

이 모든 것이 시사하는 바는, 자본주의를 대체할 진정 지속 가능한 대안이라면 시장이 아닌 민주적 계획에 기초해야 한다는 것이다. 민주적으로 계획되는 경제에서는 경제 전반의 우선순위에 관한 민주적 의사 결정의 결과로 자원 분배가 이뤄질 것이다. 이 시스템이 실제로 어떻게 작동할지에 관해서는 몇 가지 모델이 있다. 그중 하나는 앨버트의 파레콘(참여 경제) 모델이다. 파레콘에서는 개인들과 기업들이 노동자·소비자 평의회에서 각자 일정량의 자원을 자기 몫으로 주장한다. 그러면 이들 사이에서 점진적 타협과 조정(앨버트는 이 과정을 "반복"이라 부른다)이 일어난다. 그러는 동안 기술 전문가들은 모든 이들에게 돌아갈 몫을 최대한 키울 수 있는 방법을 마련한다.

이 모델의 가장 큰 약점은 자원 배분이 개인적 욕구에 따라 결정된다는 점에서 시장경제의 작동 방식을 너무 많이 닮았다는 점이다.

아나키스트인 앨버트는 분권화를 좋아하는데, 이 경우에는 좀 너무 나아갔다. 사회적 자원의 배분은 결코 중립적이거나 기술적인 문제가 아니다. 그것은 한 사회의 우선순위에 관해 종종 서로 대립되는 관점 중에 하나를 선택해야 하는 정치적 문제이며, 이를 위한 모종의 집단 적·민주적 의사 결정 과정이 필요한 문제다. 이러한 관점에서 팻 드 바인은 자신이 '협상에 의한 조정'이라고 이름 붙인, 파레콘보다 더 우수한 모델을 제시한다. 이 모델에서는 전반적인 경제적 우선순위에 대해 전국적 수준에서, 그리고 국제적 수준에서 민주적 의사 결정이 내려지고, 그 의사 결정의 틀 안에서 생산자, 소비자, 기타 이해 당사 자들의 협의에 따라 자원 배분이 결정된다.[21]

당연하게도 민주적 계획에 관해서는 이보다 훨씬 더 많은 설명(그 리고 무엇보다 실천)이 필요하다. 그러나 어쨌든 앨버트와 드바인 등의 작업은 계획경제에 대한 편견을 허물기 시작했고 시장을 거부하는 경 제체제가 어떻게 민주적이면서도 효율적일 수 있을지를 미리 엿보게 해 준다는 점에서 의미가 크다. 그런데 자본주의를 타도한다고 해도 그것을 하루아침에 완전한 계획경제로 대체할 수는 없을 것이다. 마 르크스는 "고타 강령 비판"에서 신생 노동자 국가는 자본주의의 흔적 을 고스란히 간직한 사회를 물려받을 것이라고 주장한 바 있다. 이에 따르면 노동자 국가는 처음에는 구질서와 여러모로 타협하다가 점차 "각자가 능력에 따라 일하고 필요에 따라 분배받는" 공산주의 원리가 지배하는 사회로 이행해야 한다.[22]

오늘날 자본주의와 단절하려는 정부는 경제적 우선순위들이 경쟁 에 의해 아무렇게나 결정되는 것이 아니라 민주적으로 결정되는 경제

질서를 향해 결정적 한 걸음을 내디뎌야 할 것이다. 이를 위해 무엇보다 금융시장을 장악하고, 경제의 핵심 부문들을 노동자 통제 아래 국유화하고, 누진세를 통해 확보한 재원으로 사회복지를 확대해야 할 것이다. 그러나 이 같은 급진적 조치들이 취해진 뒤에도 시장경제의 많은 측면이 사라지지 않은 채 남아 있을 것이다. 큼직한 산업부문들이 여전히 사기업들 수중에 남아 있을 것이다. 민주적 계획의 원리가 경제 전반에 뿌리를 내리려면 지속적 압력이 필요할 것이고, 새로운 정책들을 순차적으로 도입해야 할 것이다. 특히 우리의 삶을 옥죄는 자본주의적 노동시장의 힘을 약화시키는 조치가 필요하다.

내 생각에 가장 효과적인 방법은 전 국민 기본소득제를 도입하는 것이다. 달리 말해, 한 나라의 모든 주민에게 기본적 필요를 충족시킬 수 있는 비교적 적지만 충분한 소득을 권리로서 보장하는 것이다. 기본소득제의 장점은 두 가지다. 첫째, 기존의 어떠한 사회복지제도보다 더 효율적으로 모든 사람에게 기본적 복지를 제공할 수 있다(자녀가 있는 사람이나 장애인 등에게는 더 많은 기본소득이 지급될 것이다). 둘째, 누구에게나 기본소득이 보장된다면 열악한 일자리라도 일단 얻고 봐야 한다는 압력이 크게 줄어들 것이다. 노동자들에게는 임금노동 외에 마땅한 대안이 없다는, 자본주의를 지탱하는 중요한 전제 조건 하나가 제거되는 것이다. 그렇게 되면 고용주가 누구냐에 상관없이 노동과 자본 간의 힘의 균형이 노동자 쪽으로 기울 것이다.[23]

더 넓게 보면 권력의 문제가 결정적으로 중요하다. 내가 지금껏 제시한 비전과 관련해서 한 가지 문제는 자본주의 이후의 사회가 민주적 계획경제로 발전하기보다 시장 자본주의로 회귀하거나 소련에서 등장했던 것과 같은 국가자본주의로 전락하지 않으리라는 보장이 어디 있느냐는 것이다. 그런 일이 일어나지 않게 하는 확실한 방법은 노동자들과 빈민들이 스스로 정치권력을 쥐고 있는 것뿐이다. 국가가 현재의 형태(관료적·위계적으로 조직된 기관들의 집합체로서, 그 운영자들의 이해관계가 자본의 이해관계와 하나로 얽혀 있는)를 띠고 있는 한 어떠한 사회 진보도 일시적이고 위태로울 것이다. 홀러웨이가 주창하는 국가 무시 전략이 완전히 틀린 것은 바로 이 때문이다. 우리가 민주적 계획 경제로 나아가고자 한다면 현존하는 국가와 정면 대결해서 그것을 파괴해야만 한다.

이 과업은 오직 지금까지 존재했던 것과는 다른 종류의 권력에 의해서만 달성될 수 있다. 자본에 맞선 투쟁 과정에서 노동자들과 그 밖의 가난한 사람들이 스스로 조직하는 권력 말이다. 1917년 10월 러시아 혁명의 노동자·병사 소비에트(평의회)에서부터 1978~1979년 이란 혁명의 노동자 '쇼라'(평의회)에 이르기까지, 이러한 권력 형태는 20세기의 위대한 혁명운동 속에서 거듭거듭 나타났다. 볼리비아 대중 운동이 2003년 10월과 2005년 5~6월의 반란을 거치면서 보여 준 높은 수준의 자기 조직화 역량은 오늘날의 반신자유주의 운동 속에서도 이 같은 권력 형태가 등장할 수 있다는 것을 보여 준다.[24]

민주적 계획경제는 자주 관리에 의해 운영되는 사회의 핵심 요소다. 그러한 사회에서는 직접 선출된 직장 평의회와 동네 평의회가 해당 직장이나 동네와 관련된 현안들을 처리할 것이고, 사회 전체에 관한 결정은 그러한 직장·동네 평의회들이 한자리에 모여서 내릴 것이다. 1871년 파리코뮌과 관련해 마르크스가 내놓은 한 가지 중요한 통찰은, 이러한 조직 형태들이 새로운 사회의 등장 이전에, 즉 낡은 사회에 맞서 싸우는 과정에서 나타난다는 것이었다. 요컨대 자본에 저항하고 궁극적으로 자본을 타도하기 위해서는 자주 관리로 운영되는 미래 사회의 조직 방식과 똑같은 조직 방식이 착취당하고 억압받는 사람들에게 필요하다.

자본을 타도하는 것 자체도 하나의 과정이다. 앨버트가 상상한, 시장경제에서 노동자 협동조합이 직면하게 될 딜레마는, 여전히 자본주의가 지배하는 세계에서 처음으로 민주적 계획 원리를 도입하는 어떤 사회라도 직면하게 될 딜레마다. 1917년 10월 러시아 혁명의 성과를 후퇴시키고 결국 파멸시킨 것도 그러한 딜레마였다. 한 곳에서 열린 돌파구는 전 세계로 확산되지 않으면, 그래서 세계적 수준에서 자본의 논리를 전복하지 않으면 살아남을 수 없는 것이다. 그러나 자본의 세계화는 저항의 세계화도 낳았다. 세계 각지의 투쟁들은 서로 저항의 바이러스를 전파한다. 치아파스 봉기와 시애틀 시위는 전 세계에 공명을 일으켰다. 유럽에서 가장 투쟁적이고 앞서가는 프랑스와 그리스의 사회운동들은 서로 일정한 영향을 주고받았다. 중남미의 운동들은 신자유주의에 저항하는 모든 이들에게 희망을 선사했다.

물론 우리는 아직 단 한 나라에서도 자본주의를 전복하지 못했고, 거기까지 도달하려면 갈 길이 멀다. 사실, 대안 사회의 윤곽을 자세히 그리려 하면 할수록 자본주의를 뛰어넘는다는 과업의 어마어마함에 압도당하기 십상이다. 특히, 세상을 바꾸려는 이들이 해결해야 할 가장 큰 당면 문제는 전 세계 반자본주의 급진 좌파들의 만성적 정치적 취약성이다. 그러나 이 모든 어려움에도 불구하고, 이번 위기는 이데올로기로서의 신자유주의와 자본주의 운영 방식으로서의 신자유주의 모두에 커다란 구멍을 뚫어 놓았다. 이제 시장은 더는 인간의 힘으로 어떻게 할 수 없는 자연력처럼 보이지 않는다. 지금의 이 기회를 과감하게 붙잡는 사람들은 '가능한 것'의 영역을 진정으로 넓히는 데 기여할 수 있다. 수십억 인류가 마침내 자본주의에서 해방되는 데 일조할 수 있다.

후주

서론 2008년에 세계는 어떻게 변했는가

1   알랭 바디우는 '사건'에 관한 현대의 가장 중요한 철학적 논의를 다룬 책들을 썼다. 특히, *L'Etre et l'evenement*(Paris, 1988)와 *Logiques des mondes* (Paris, 2006)을 보라.

2   F. Fukuyama, *The End of History and the Last Man*(New York, 1992)[국역 : ≪역사의 종말≫, 한마음사, 1997]. 당시의 시대정신을 잘 보여 주는 상징적 인물이 현 프랑스 외무장관인 베르나르 쿠슈네르(Bernard Kouchner)다. 좌파 에서 우파로 변신한 그를 보면 기가 막혀서 말도 안 나오는데, 프랑스 언론인 피에르 페앙(Pierre Péan)이 *Le Monde selon K*(Paris, 2009)에서 쿠슈네르를 신랄하게 풍자했다.

3   *The National Security Strategy of the United States of America*, September 2002, www.georgewbush-whitehouse.archives.gov, p. iv.

4   당시의 사건들을 재구성한 글은 "Countdown in the Caucasus", *Financial Times*, 26 August 2008을 보라.

5   G. Friedman, "The Medvedev Doctrine and American Strategy", 2 September 2008, www.stratfor.com.

6   같은 문헌.

7   특히 G. Arrighi, *Adam Smith in Beijing*(London, 2007)[국역 : ≪베이징의 애 덤 스미스≫, 길, 2009], ch. 7.

8 Q. Peel, "Why Russia Threw Down the Gauntlet to Obama", *Financial Times*, 7 February 2009에서 인용.

9 B. Benoit and J. Thornhill, "Sarkozy Says Era of Laissez Faire is Finished", *Financial Times*, 26 September 2008.

10 R. C. Altman, "The Great Crash, 2008: A Geopolitical Setback for the West", *Foreign Affairs*, 88:1, January/February 2009, p. 2.

11 L. Elliott, "The Overweening Pride that Came Before Calamitous Fall", *Guardian*, 22 April 2009.

12 IMF, *World Economic Outlook*, October 2007, www.imf.org, p. 87.

13 IMF, *World Economic Outlook*, April 2009, www.imf.org. p. 109.

14 A. J. P. Taylor, *English History 1914-1945*(Harmondsworth, 1970), p. 373.

15 1930년대 대공황 때 자유주의적 세계경제가 붕괴하는 데서 국민국가가 어떤 구실을 했는지가 H. 제임스(James)의 책 *The End of Globalization*(Cambridge MA, 2001)의 주제다.

16 N. Ferguson, "Memo to Market Dinosaurs", *Financial Times*, 13 December 2007.

17 T. Barber and E. Luce, "EU Leader Condemns US 'Road to Hell'", *Financial Times*, 26 March 2009.

18 "Peer Steinbrück on the Global Economic Crisis", *Newsweek*, 15 December 2008.

19 피터 클라크(Peter Clarke)가 쓴 뛰어난 연구서 *The Keynesian Revolution in the Making, 1924~1936*(Oxford, 1988)을 보라.

20 G. D. H. Cole, *Practical Economics*(Harmondsworth, 1937), pp. 21, 249.

21 예컨대 D. 하비가 쓴 *A Short History of Neoliberalism*(Oxford, 2005)[국역 : ≪신자유주의≫, 한울, 2009]을 보라. 흔히 신자유주의를 실제보다 훨씬 더 동질적이고 일관된 개념처럼 이야기한다. 특히, 신자유주의를 비판하는 좌파들이 그렇다. 이런 생각을 바로잡는 설득력 있는 주장은 C. Harman, "Theorizing Neoliberalism", *International Socialism*, 2/117(2008)[국역 : 크리스 하먼, "신자유주의의 진정한 성격", ≪21세기 대공황과 마르크스주의≫, 책갈피, 2009]을

보라. 벤 파인(Ben Fine)도 곧 나올 잡지 ≪히스토리컬 머티리얼리즘≫에 실릴 글 "Financialization, Neoliberalism, and the Crisis"에서 그 점을 다음과 같이 잘 지적했다. "신자유주의는 복잡하고 대체로 일관되지 않지만 서로 관련된 다양한 이데올로기, 학문, 정책이 실천에서 그리고 현실 묘사로 나타난 것이다." 여기서는 경제정책 레짐으로서의 신자유주의에 집중할 것이다. 이하 서론 내용과 제1부를 보라.

22 이 일화와 주류 경제학계가 느낀 전반적 당혹감은 C. Giles, "The Economic Forecasters' Failing Vision", *Financial Times*, 16 December 2008을 보라.

23 N. N. Taleb, "The Pseudo-Science Hurting Markets", *Financial Times*, 23 October 2007. 경제학 전문가들 사이에서 나온 두 가지 흥미로운 비판은 D. Colander et al., "The Financial Crisis and the Systemic Failure of Academic Economics", *Kiel Working Papers*, no. 1489, February 2009, www.ifw-members.ifw-kiel.de와 T. Lawson, "The Current Economic Crisis: Its Nature and the Course of Academic Economics", *Cambridge Journal of Economics*, 33(2009)을 보라. 주류 경제학이 다른 사회과학에 미친 영향을 면밀하게 살펴본 책으로는 Ben Fine and Dimitris Milonakis, *From Political Economy to Economics*(London, 2009)와 *From Economics Imperialism to Freakonomics*(London, 2009)가 있다.

24 Transcript, "The Financial Crisis and the Role of Federal Regulators", 23 October 2008, House of Representatives, Committee on Oversight and Government Reform, www.oversight.house.gov.

25 A. Smith, *An Inquiry into the Nature and Causes of the Wealth of Nations*(2 vols., Oxford, 1976)[국역 : ≪국부론≫, 비봉출판사, 2007] IV.ii, I, p. 456.

26 M. Skapinker, "The Market No Longer Has All the Answers", *Financial Times*, 25 March 2008.

27 "The Consequence of Bad Economics", *Financial Times*, 9 March 2009.

28 M. Wolf, *Why Globalization Works*(Yale, 2004), p. 266.

29 M. Wolf, *Fixing Global Finance*(Yale, 2009)[국역 : ≪금융 공황의 시대≫, 바다출판사, 2009]. 내 서평은 "An Apologist with Insights", *International*

Socialism, 2/122(2009)를 보라.

30 M. Wolf, "Keynes Offers Us to the Best Way to Think about the Crisis", *Financial Times*, 24 December 2008. 프리드먼이 죽었을 때 울프가 보인 훨씬 더 공정한 반응과 비교해 보라. "Keynes v. Friedman: Both Can Claim Victory", 같은 문헌, 21 November 2006.

31 M. Wolf, "Why the G20 Must Focus on Sustaining Demand", *Financial Times*, 10 March 2009.

32 S. Brittan, "Keynes, Thou Should'st Be Living ……", *Financial Times*, 9 October 2008, and "Why the Brown Critics Are Wrong", 같은 문헌, 20 November 2008.

33 예를 들어, M. H. Best and W. E. Connolly, *The Politicized Economy*(2nd edn; Lexington MA, 1982)를 보라.

34 F. A. von Hayek, *New Studies in the Philosophy, Politics, Economics and the History of Ideas*(London, 1978), p.208. 하이에크의 견해가 프리드먼과 똑같은 것은 아니다. 하이에크는 통화주의를 일컬어 "약간 기계적인 형태의 화폐수량설"이라고 부르고, 프리드먼을 비판하면서 다음과 같이 주장했는데 이는 지금도 타당한 지적이다. "심각한 유동성 위기나 공황 상태를 피하려면 온갖 종류의 준(準)화폐가 실제 화폐로 전환돼야 하는데, 이를 위해서는 통화 당국에 어느 정도 재량권이 있어야 한다." 같은 문헌, pp. 215, 208. 프리드먼이 촉발한 논쟁을 명쾌하게 설명한 S. Brittan, *How to End the 'Monetarist' Controversy*(London, 1982)를 보라.

35 A. Callinicos, *Against the Third Way*(Cambridge, 2001)[국역 : ≪제3의 길은 없다≫, 인간사랑, 2008].

36 W. Benjamin, *Illuminations*(ed. H. Arendt; London, 1970), p. 255.

37 "Turning Their Backs on the World", *The Economist*, 19 February 2009. W. Bello, *Deglobalization*(London, 2002)[국역 : ≪탈세계화≫, 잉걸, 2004]과 비교해 보라.

38 J. Politi and D. Dombey, "Republican Anger at 'Financial Socialism'", *Financial Times*, 24 September 2008.

39　S. Žižek, "Use Your Illusions", *London Review of Books*, 14 November 2008. 지젝은 *First as Tragedy, Then as Farce*(London, 2009)[국역 : ≪처음 에는 비극으로 다음에는 희극으로≫, 창비, 2010], ch. 1에서 경제 위기의 이 데올로기적 차원을 살펴보고 있다.

40　Wolf, *Why Globalization Works*, p. xi.

41　특히 D. Harvey, *The New Imperialism*(Oxford, 2003)[국역 : ≪신제국주의≫, 한울, 2005]와 A. Callinicos, *Imperialism and Global Political Economy* (Cambridge, 2009)를 보라.

42　마르크스의 경제사상을 설명한 책으로는 다음과 같은 것들이 있다. A. Callinicos, *The Revolutionary Ideas of Karl Marx*(London, 1983)[국역 : ≪칼 맑스의 혁명적 사상≫, 책갈피, 2007]; B. Fine and A. Saad-Filho, *Marx's Capital* (London, 2004)[국역 : ≪마르크스의 자본론≫, 책갈피, 2006] ; and J. Choonara, *Unravelling Capitalism*(London, 2009)[국역 : ≪마르크스, 자본주 의의 비밀을 밝히다≫, 책갈피, 2010]. Chris Harman's *Zombie Capitalism: Global Crisis and the History of Capitalism*(London, 2009)는 현재의 경제 위 기를 자본주의의 이론적 · 역사적 맥락 속에서 살펴본다.

1부 무너진 금융

1　W. S. Churchill, letter to Otto Niemeyer, 22 February 1925, quoted in D. E. Moggridge, *Maynard Keynes: An Economist's Biography*(London, 1995), p. 428. 배경 설명은 같은 문헌, ch. 17; R. Skidelsky, *John Maynard Keynes* (3 vols., London, 1983, 1992, and 2000), II, ch. 6, R. *Jenkins, Churchill* (London, 2001), pp. 398~402, and L. Ahamad, *Lords of Finance*(London, 2009)[국역 : ≪금융의 제왕≫, 다른세상, 2010], ch. 12를 보라.

2　R. Chernow, *The House of Morgan*(New York, 1990)[국역 : ≪금융제국 JP 모건≫, 플래닛, 2007], chs. 14 and 18.

3　S. Johnson, "The Silent Coup", *Atlantic Monthly*, May 2009.

4   Johnson, "The Silent Coup". 또, 골드만삭스에 대한 신랄한 비판은 M. Taibbi, "The Great American Bubble Machine", *Rolling Stone*, July 2009도 보라.

5   P. Gowan, "Crisis in the Heartland", *New Left Review*, II/55(2009). 급진파들의 금융 위기 분석과 겹치는 주류 측의 분석은 영국 금융감독청장인 터너 경이 펴낸 보고서를 보라. *The Turner Review: A Regulatory Response to the Global Banking Crisis*, March 2009, www.fsa.gov.uk.

6   G. Dymski, "Racial Exclusion and the Political Economy of the Subprime Crisis", *Historical Materialism*, 17.2(2009)(quotations from pp. 162, 164).

7   A Greenspan, *The Age of Turbulence*(London, 2007)[국역 : ≪격동의 시대≫, 북앳북스, 2007], p. 233

8   C. Harman, *Zombie Capitalism: Global Crisis and the Relevance of Marx* (London, 2009), ch. 11도 참조하라.

9   G. Duménil and D. Lévy, *Capital Resurgent*(Cambridge MA, 2004)[국역 : ≪자본의 반격≫, 필맥, 2006], p. 69.

10 R. Hilferding, *Finance Capital*(London, 1981)[국역 : ≪금융자본≫, 새날, 1994].

11 Chernow, *The House of Morgan*, p. 486. 힐퍼딩에 대한 훨씬 더 폭넓은 논의는 A. Callinicos, *Imperialism and Global Political Economy*(Cambridge, 2009), esp. ch. 1; and C. Lapavitsas, "Financialized Capitalism: Crisis and Financial Expropriation", *Historical Materialism*, 17.2(2009), pp. 143~146을 보라.

12 예를 들면, J. Grahl, "Globalized Finance", *New Left Review*, II/8(2001), pp. 25~27.

13 F. Chesnais, *La Mondialisation du capital*(rev. edn; Paris, 1997), p. 243. 일반적인 내용은 같은 문헌, ch. 10 참조.

14 C. Lapavitsas, "Financialized Capitalism: Direct Exploitation and Periodic Bubbles", May 2008, http://www.soas.ac.uk/economics/events/crisis/43939.pdf. p. 34.

15 *The Turner Review*, p. 21.

16 Gowan, "Crisis in the Heartland", p. 10.

17 G. Tett and P. J. Davies, "Out of the Shadows: How Banking's Secret System Broke Down", *Financial Times*, 17 December 2007.

18 B. Gross, "Beware Our Shadow Banking System", 28 November 2007, www.money.cnn.com.

19 "Speech by Dr Alan Greenspan on World Finance and Risk Management at Lancaster House", 25 September 2002, www.hm-treasury.gov.uk.

20 International Monetary Fund, *Global Financial Stability Report*, April 2006, www.imf.org, p. 51.

21 G. Tett, *Fool's Gold: How Unrestrained Greed Corrupted a Dream, Shattered Global Markets and Unleashed a Catastrophe*(London, 2009)[국역 : ≪풀스 골드≫, 랜덤하우스코리아, 2010] pp. 160, 240.

22 마르셀 쿠닝스(Marcel Koonings)는 미국 건국 초기부터 소농과 노동자들이 저축자 겸 차입자로서 금융 시스템에 참가한 수준이 비교적 높았다는 점이 미국 자본주의의 두드러진 특징이었다고 주장한다. "American Finance and Empire in Historical Perspective", in L. Panitch and M. Koonings, eds, *American Empire and the Political Economy of Global Finance*(Basingstoke, 2008).

23 K. Marx, *Capital*, II(Harmondsworth, 1978)[국역 : ≪자본론≫ 2권, 비봉출판사, 2004], ch. 2 참조.

24 M. Itoh and C. Lapavitsas, *Political Economy of Money and Finance* (London, 1999), p. 61. 더 일반적인 설명은 K. Marx. *Capital*, III(Harmondsworth, 1981)[국역 : ≪자본론≫ 3권, 비봉출판사, 2004], Part 5를 보라.

25 Itoh and Lapavitsas, *Political Economy of Money and Finance*, p. 70.

26 비록 내 금융화 논의가 라파비차스의 저작에 크게 빚지고 있지만, 은행이 노동계급 가정에 대출해서 이윤을 버는 것은 생산과정의 잉여가치 추출을 건너뛰는 '직접적 착취'라는 라파비차스의 주장에 나는 동의하지 않는다. 그가 지적하듯이, "개인의 수입을 겨냥한 금융은 노동자 등이 기본적 필요(주택·연금·소비 등)를 충족시킬 돈을 선대(先貸)하는 것이다."("Financialized

Capitalism: Direct Exploitation and Periodic Bubbles", p. 15. 라파비차스는 나중에 이 글을 ≪히스토리컬 머티리얼리즘≫에 다시 실으면서 '금융적 수 탈'(financial appro priation)이라는 더 중립적인 표현으로 후퇴했다.) 마르크 스주의 가치론의 관점에서 보면, 노동자들은 자신의 노동력 재생산 비용을 보 충하려고 돈을 빌린다. 이 노동력 재생산 비용은 자본에게 돌아간다. 잉여가 치가 수탈되기 전에 먼저 치러야 하는 비용이기 때문이다. 은행 자본가들이 이 비용을 보조하고 이자·수수료 등의 형태로 이윤을 얻는 한, 이 이윤은 산 업·상업 자본가들이 뽑아낸 잉여가치의 재분배로 봐야 한다. 훨씬 더 깊고 복잡한 비판적 논의는 곧 나올 잡지 ≪히스토리컬 머티리얼리즘≫에 실릴 B. Fine, "Financialization, Neoliberalism and the Crisis"를 보라.

27 G. Soros, "The Game Changer", *Financial Times*, 28 January 2009.

28 D. Bryan and M. Rafferty, *Capitalism with Derivatives*(Basingstoke, 2006), pp. 52, 131.

29 같은 문헌, pp. 13, 132, 133, 134. 브라이언과 래퍼티의 분석이 시사적이기는 하지만, 나는 "파생상품"이 전에 금이 하던 "세계 금융의 고정 장치 기능, 즉 상품화폐 구실을 한다"는 그들의 결론에는 동의하지 않는다(같은 문헌, p. 132). 예컨대, 경제 위기 때문에 시장에서 팔리지 않게 된 CDO와 CDS는 화 폐의 기본 특성, 즉 유동성이 없다.

30 M. Mackenzie, "Derivatives Contracts Volume Tumble", *Financial Times*, 19 May 2009.

31 Bryan and Rafferty, *Capitalism with Derivatives*, p. 59.

32 R. J. Shiller, *Irrational Exuberance*(Princeton, 2001), p.172에서 인용.

33 M. Wolf, *Fixing Global Finance*(New Haven, 2009), p. 31.

34 따라서 과거 미국에서 금융 폭락이 심각한 불황을 촉발한 1907년 사례를 연구 한 책의 저자들이 우고 차베스, 블라디미르 푸틴, 독일 사회민주당의 프란츠 뮌 터페링 같은 반(反)시장 정치인들로 이뤄진 "부정적 지도부"가 또 다른 폭락을 촉발할 수 있다고 신용 경색 직전에 경고한 것은 정말 어설프다. R. F. Bruner and S. D. Carr, The Panic of 1907(Hoboken NJ, 2007)[국역 : ≪PANIC 패닉 － 1907년 금융 공황의 통찰≫, 황금부엉이, 2008], p. 175. "부정적 지도부"는

자유 시장을 전투적으로 옹호하는 조지 부시, 앨런 그린스펀, 행크 폴슨 같은
자들로 이뤄져 있음이 드러났으니 말이다.

35 J. Schumpeter, *A History of Economic Analysis*(New York, 1954), p. 277.
고전적 논의들은 Itoh and Lapavitas, *Political Economy of Money and
Banking*, ch. 1을 보라.

36 H. Minsky, *Stabilizing an Unstable Economy*(New York, 2008), p. 129에서
인용.

37 같은 문헌, pp. 4, 5.

38 J. M. Keynes, letter to H. D. Henderson, 28 May 1936, in *The Collected
Writings of John Maynard Keynes*, XXIX(ed. D. Moggridge; London, 1979),
p. 222.

39 J. M. Keynes, *The General Theory of Employment Interest and Money*
(London, 1970)[국역: ≪고용, 이자 및 화폐의 일반이론≫, 비봉출판사, 2007],
p. 293. E. Tymoigne, "Minsky and Economic Policy: 'Keynesianism' All
Over Again?", October 2008, www.levy.org와 A. Leijonhufvud, "Out of the
Corridor: Keynes and the Crisis", *Cambridge Journal of Economics*, 33(2009)
는 현재의 위기와 관련해 케인스와 민스키를 흥미롭게 논하면서, 두 사람의 차
이점, 그리고 두 사람과 '케인스주의 정책들'의 차이점을 강조한다.

40 F. H. Knight, *Risk, Uncertainty, and Profit*(Boston, 1921), esp. ch. VII,
www.econlib.org/library/Knight/knRUP.html에서 볼 수 있다.

41 G. Tett and A. Gangahar, "Limitations of Computer Models", *Financial
Times*, 14 August 2007. 금융시장 행위자들이 사건 발생 가능성을 알지 못한
다는 것이 나심 니콜라스 탈레브가 쓴 저작의 주요 주제 중 하나다. 예컨대,
Fooled by Randomness(2nd edn; London, 2007)을 보라.

42 Minsky, *Stabilizing an Unstable Economy*, p. 207.

43 같은 문헌, pp. 134, 232. 찰스 폰지(Charles Ponzi)는 1920년에 일어난 금융
사기 사건의 주모자였다. 그는 새로운 투자자들을 계속 끌어모아 그들이 낸
돈으로 기존 투자자들에게 수익금을 줬다. 버나드 메이도프(Bernard Madoff)
는 이와 비슷한 수법으로 고객들의 돈 650억 달러를 횡령했다가 2009년에 징

역 150년 형을 선고받았다. 그러나 민스키는 폰지라는 용어를 중립적으로 사용했다.

44 Minsky, *Stabilizing an Unstable Economy*, pp. 233, 237~238.

45 같은 문헌, pp. 264, 280.

46 같은 문헌, pp. 48~49.

47 같은 문헌, pp. 370, 194.

48 Keynes, *The General Theory of Employment Interest and Money*, p. 378.

49 Minsky, *Stabilizing an Unstable Economy*, p. 364.

50 F. A. von Hayek, *Prices and Production*(rev. edn; London, 1935), p. 126. 마르크스나 케인스와 마찬가지로 하이에크도 세의 법칙, 즉 수요와 공급은 반드시 일치한다는 법칙은 "화폐가 거래 수단으로 사용되는 순간" 맞지 않게 된다고 주장했다. 같은 문헌, p. 130.

51 같은 문헌, p. 55, 57, 57~58.

52 같은 문헌, p. 55,

53 같은 문헌, pp. 89~90, 90, 98, 99.

54 J. Strachey, *The Theory of Capitalist Crisis*(London, 1935), p. 241. 스트레이치는 같은 책 4장과 5장에서 ≪가격과 생산≫을 자세히 논하면서 이 책이 "자본가의 관점에서 경기순환을 서술하고 설명하려는 가장 흥미로운 노력"이라고 말했다(같은 문헌, p. 58).

55 마르크스의 경제 위기론을 다룬 유용한 책으로는 다음과 같은 것들이 있다. B. Fine and L. Harris, *Rereading Capital*(London, 1979). J. Weeks, *Capital and Exploitation*(Princeton, 1981). D. Harvey, *The Limits to Capital*(Oxford, 1982)[국역 : ≪자본의 한계≫, 한울, 2007]. C. Harman, *Explaining the Crisis* (London, 1984)[국역 : ≪마르크스주의와 공황론≫, 풀무질, 1995]. *Zombie Capitalism*. G. Carchedi, *Frontiers of Political Economy*(London, 1991). S. Clarke, *Marx's Theory of Crisis*(London, 1994). 56 Marx, *Capital*, III, p. 597.

57 같은 문헌, p. 572.

58 Harvey, *The Limits to Capital*, pp. 191, 326, 285~286. 하비가 마르크스의 1

차 국면 이론을 확장하는 것에 대한 간략한 이견은 Callinicos, *Imperialism and Global Political Economy*, pp. 257~258 n. 8을 보라.

59 Harvey, *The Limits to Capital*, p. 286.

60 같은 문헌, p. 251.

61 같은 문헌, p. 280. 또, 인플레이션에 관한 논의는 같은 문헌, pp. 307~315를 보라.

62 International Monetary Fund, *World Economic Outlook*, April 2009, www. imf.org, pp. 9, xvii.

63 David McNally가 경제 위기를 개관한 "From Financial Crisis to World Slump", *Historical Materialism*, 17.2(2009)는 지적 자극을 주는 유익한 글이다. 그러나 심각한 약점이 있는데, 맥널리가 좌파의 경제 위기론 두 가지가 모두 틀렸다며 둘을 논쟁적으로 대립시키는 오류가 그것이다. 즉, "금융 붕괴는 1970년대 초에 시작된 수익성 위기가 그 후 지속되다가 최근에 터진 것일 뿐이라고 보는"(pp. 41~42) 견해도 틀렸고 "경제 위기의 근본적 원인은 지난 사반세기 넘게 금융시장 규제가 완화되면서 금융 거래와 투기가 폭발적으로 증가한 것 때문이라고 보는"(p. 42) 견해도 틀렸다는 것이다. 전자는 거의 40년 동안 상시적 위기가 지속됐다고 가정하고 그래서 1980년대 초에 시작된 이윤율 회복과 경제성장을 부인하면서 "신자유주의 시대의 자본주의적 구조조정과 축적의 구체적 동역학을 무시하는, 굉장히 정태적인" 견해이며, "후자는 ······ 자본축적과 이윤율의 심각한 위기가 규제 완화를 강요하고 그래서 지금의 경제 위기의 근저에 있다는 사실을 파악하지 못한다"는 것이다(p. 42). 나는 맥널리가 비판한 첫째 견해에 더 가깝기는 하지만, 맥널리가 두 견해를 다루는 태도가 전혀 공정하지 않다는 점은 지적해야겠다. 그래서 뒤메닐과 레비는 신자유주의를 금융 지배로 축소하면서도 자본축적과 이윤율의 동역학에 대한 더 광범한 분석 속에 자신들의 분석을 자리매김하지만, 자본주의가 1970년대와 1980년대에 겪은 구조적 위기를 극복하는 데 성공했다고 주장한다(내가 보기에 이 주장은 틀렸다). *Capital Resurgent*, Part II를 보라. 첫 번째 견해로 말하자면, 맥널리 자신은 이 견해를 주장하는 가장 유명한 사람인 로버트 브레너가 1980년대에 일어난 자본 구조조정과 이윤율의 부분적 회복을 종합적

으로 분석한다는 사실을 암묵적으로 인정한다. 특히, *The Economics of Global Turbulence*(London, 2006), chs. 12~14를 보라. 브레너나 브레너와 생각이 비슷한 사람들의 견해가 틀렸다는 맥널리의 과장된 표현은 맥널리 자신의 견해, 즉 "신자유주의 시대의 이윤율 회복과 이를 바탕으로 한 자본주의 성장 물결은 1990년대 말에 난관에 봉착하기 시작했"고 따라서 "1982년 이후 시기 전체를 신용창조로 설명할 수는 없지만, 1997년 이후 전반적 위기가 지연된 것을 설명할 수는 있다"(p. 55)는 주장을 실제보다 더 독창적인 것처럼 보이게 하는 효과를 낸다. 훨씬 더 만족스런 개관은 브레너의 저작이나 Harman, *Zombie Capitalism*, Part III에서 찾아볼 수 있다.

64   Brenner, *The Economics of Global Turbulence*, Afterword에 나오는 최신 자료를 참조하라. 브레너가 '장기 침체'라고 부른 것도 수익성 위기로 설명하는 더 오래된 분석은 Harman, *Explaining the Crisis*, pp. 90~102를 보라. 브레너가 "The Economics of Global Turbulence", *New Left Review*, I/229(1998)에서 이윤율 저하를 마르크스와는 다르게 설명하는 분석을 처음 발표했을 때 마르크스주의 경제학자들 사이에서 논쟁이 크게 벌어졌다. 특히, *Historical Materialism* 4 and 5(1999)를 보라. 이 논쟁에 대한 내 의견은 "Capitalism, Competition and Profits: A Critique of Robert Brenner's Theory of Crisis", *Historical Materialism*, 4(1999)를 참조하라. 이윤율에 관한 더 최근 논의는 C. Harman, "The Rate of Profit and the World Today", *International Socialism*, 2.115(2007)[국역 : "이윤율과 오늘의 세계", ≪마르크스21≫ 4호, 2009년 겨울호], the responses by Jim Kincaid, Harman, and Fred Moseley, 같은 문헌, 2.119(2008), A. Kliman, "Pinning the Blame on the System", 같은 문헌, 2.124(2009), Harman, "Not All Marxism is Dogmatism: A Reply to Michel Husson", October 2009, www.isj.org.uk을 보라.

65   McNally, "From Financial Crisis to World Slump", p. 45.

66   M. Kidron, "A Permanent Arms Economy", *International Socialism*, 1.28(1967), available at www.marxists.org, and *Western Capitalism since the War*(Harmondsworth, 1970), and Harman, *Explaining the Crisis*, pp. 75~90 and *Zombie Capitalism*, chs. 4, 5, and 7.

67 C. Dow, *Major Recessions: Britain and the World, 1920-1995*(Oxford, 1995), p. 2.

68 Greenspan, *The Age of Turbulence*, p. 268.

69 자본의 가치 저하에 관한 유익한 논의는 Harvey, *The Limits to Capital*, pp. 84~85 and ch. 7를 보라.

70 Duménil and Lévy, *Capital Resurgent*, p. 69.

71 Brenner, *The Economics of Global Turbulence*, pp. 196~197.

72 S. Mohun, "Distributive Shares in the US Economy, 1964-2001", *Cambridge Journal of Economics*, 30(2006), pp. 357, 358. 모훈의 연구가 중요한 이유는 브레너와 달리 마르크스주의 가치론의 개념들을 이용해서 이윤율의 궤적에 관한 대체로 비슷한 결론에 이르기 때문이다. 그래서 모훈은 생산적 노동과 비생산적 노동의 차이를 고려하고(마르크스주의 가치론에서는 오직 생산적 노동만이 가치를 창출한다고 본다), 자신이 "자본 관계의 전달자"라고 부른 관리직 노동의 소득을 잉여가치에 포함시킨다(p. 263). 이 주장은 너무 나아간 듯한데, 그 이유는 A. Callinicos and C. Harman, *The Changing Working Class* (London, 1987)[국역 : ≪노동자 계급에게 안녕을 말할 때인가≫, 책갈피, 2001]에서 자세히 다루고 있다(이 책의 영어 원문은 인터넷 웹사이트 www.isj. org.uk에서 볼 수 있다). 그럼에도 놀라운 점은 심지어 이런 추정(잉여가치 양이 크게 증가했다는)을 인정하더라도 브레너가 제시한 이윤율 추세는 타당하다는 것이다.

73 S. Mohun, "Aggregate Capital Productivity in the US Economy, 1964-2001", forthcoming in *Cambridge Journal of Economics*, advance access at www.cje.oxfordjournals.org, December 2008.

74 G. Duménil and D. Lévy, "The Profit Rate: Where and How Much Did It Fall? Did It Recover?", *Review of Radical Political Economy*, 34(2002), p. 439.

75 Mohun, "Aggregate Capital Productivity in the US Economy, 1964-2001", p. 3. 프레드 모슬리는 "미국의 이윤율이 상당히, 십중팔구 거의 완전히 회복됐다"고 주장하지만, 그 자신이 제시한 수치를 보면 이윤율이 2000년대 초에

다시 상승하다가 2007년 서브프라임 위기가 시작되기 전에 다시 하락하기 시작했음을 알 수 있다. "The US Economic Crisis: Causes and Solutions", *Marxism 21*, 6:1(2009), p. 301, Figure 1, p. 315를 보라. 골드만삭스의 이코노미스트 두 명은 "2000년대 내내 물적 자본의 세계적 수익률이 상승했다"고 주장하지만, 금융자산 매각 소득도 이 수익에 포함시키는 의심스런 수법을 쓰고 있다(물론 이런 수법이 거품의 절정기에 수익성을 증가시키지만 말이다). 그들이 자본 소득이라고 부른 것(자본 스톡 대비 순 영업 잉여)을 사용하면 브레너가 10대 경제 대국을 연구한 결과와 비슷한 결론이 나온다. K. Daly and B. Broadbent, "The Savings Glut, the Return on Capital and the Rise in Risk Aversion", *Goldman Sachs Global Economic Paper*, no. 185, 27 May 2009, www.360.gs.com, p. 2를 보라. 이에 대한 내 개념적 예감을 확인해 주고 결과가 예감과 비슷함을 실증해 준 조셉 추나라(Joseph Choonara)에게 감사한다. "A Note on Goldman Sachs and the Rate of Profit", *International Socialism*, 2.124(2009)를 보라.

76 Harvey, *The Limits to Capital*, p. 195.

77 E. V. Preobrazhensky, *The Decline of Capitalism*(Armonk NY, 1985).

78 Harvey, *The Limits to Capital*, pp. 425, 428. 일반적 설명은 같은 문헌, chs. 11~13 참조.

79 같은 문헌, p. 428. 자본의 지리적 확장에 따른 모순은 하비 제국주의론의 핵심이다. 같은 문헌, pp. 439~445와 *The New Imperialism*(Oxford, 2003)를 보라.

80 McNally, "From Financial Crisis to World Slump", pp. 43, 47, 50.

81 R. Brenner, *The Boom and the Bubble*(London, 2002)[국역 : ≪붐 앤 버블≫, 아침이슬, 2002], chs. 4 and 6.

82 이 과정을 탁월하게 분석한 E. Helleiner, *States and the Reemergence of Global Finance*(Ithaca, 1994)[국역 : ≪누가 금융 세계화를 만들었나≫, 후마니타스, 2010]을 보라. 미샤 글레니(Misha Glenny)는 금융 자유화의 의도치 않은 결과 하나는 초국적 범죄망의 급속한 확산이라고 지적한다. *McMafia: Crime without Frontiers*(London, 2008)을 보라.

83 Helleiner, *States and the Reemergence of Global Finance*, pp. 112, 113~114.

84 P. Gowan, *The Global Gamble*(London, 1999)[국역 : ≪세계 없는 세계화≫, 시유시, 2001]. R. H. Wade, "The Invisible Hand of the American Empire", *Ethics and International Affairs*, 17(2003)도 참조하라. 환율 인상을 미국의 경쟁력 회복 수단으로 사용한 것(고완과 웨이드가 충분히 강조하지 않은)은 R. Parboni, *The Dollar and Its Rivals*(London, 1981), and Brenner, *The Boom and the Bubble*, ch. 2를 보라.

85 Wolf, *Fixing Global Finance*, p. 76.

86 같은 문헌, p. 87. J 태거트 머피(Taggart Murphy)는 이런 시스템의 기원을 더 오래전까지 거슬러 올라가서, 달러 월스트리트 체제 등장에 대한 일본의 대응에서 찾는 예리한 분석을 잇따라 내놓았다. 특히, "East Asia's Dollars", *New Left Review*, II/40(2006) and "Bubblenomics", 같은 문헌, II/57(2009) 를 보라.

87 예컨대, M. Dooley et al., "The Revived Bretton Woods System", *International Journal of Finance and Economics*, 9(2004).

88 Wolf, *Fixing Global Finance*, p. 124.

89 L. Panitch and M. Konings, "Finance and American Empire", in idem, ed., *American Empire and the Political Economy of Global Finance*, p. 39.

90 Wolf, *Fixing Global Finance*, p. 126.

91 같은 문헌, pp. 137, 112, 100. 허먼 슈워츠(Herman Schwarz)는 헤게모니 국가의 지위를 경제적으로 뒷받침하는 것은 세계경제를 구성하는 다른 나라들의 주요 시장 구실을 하는 것이라고 주장한다. *States versus Markets*(2nd edn, Basingstoke, 2000) ch. 3을 보라.

92 L. Wittgenstein, *Philosophical Investigations*(Oxford, 1968)[국역 : ≪철학적 탐구≫, 책세상, 2006], II.xi, p. 194.

93 당시 이 과정을 탁월하게 분석한 M. Davis, "The Political Economy of Late Imperial America", *New Left Review*, I/143(1984) and "Reaganomics' Magical Mystery Tour", 같은 문헌, I/149(1985)를 보라.

94 이 두 사건에 대한 그린스펀의 설명은 *The Age of Turbulence*, pp. 100~110,

187~196을 보라.

95 Panitch and Konings, "Finance and American Empire", p. 40. 똑같은 생각을 더 자세하고 미묘하게 발전시킨 C. Rude, "The Role of Financial Discipline in Imperial Strategy", in Panitch and Konings, ed., *American Empire and the Political Economy of Global Finance*를 보라.

96 예컨대, R. H. Wade and F. Veneroso "The Asian Crisis: The High-Debt Model versus the Wall Street-Treasury-IMF Complex", *New Left Review*, I/228(1998).

97 Bryan and Rafferty, *Capitalism with Derivatives*, p. 132. 같은 문헌, ch. 7도 참조.

98 Mohun, "Distributive Shares in the US Economy, 1964-2001", p. 360. G. Duménil and D. Lévy, "Neoliberal Income Trends", *New Left Review*, II/30(2004)도 참조.

99 조반니 아리기는 헤게모니 국가(오늘날은 미국, 100여 년 전에는 영국)의 위기가 흔히 금융화나 경제적 불안정성 심화와 동시에 발생한다는 주장의 맥락에서 20세기 말~21세기 초가 벨 에포크라는 견해를 내놓았다. *Adam Smith in Beijing*(London, 2007), ch. 6을 보라. 그러나 이런 순환론과 굳이 연결하지 않더라도 20세기 말~21세기 초가 벨 에포크라는 주장은 시사하는 바가 많다.

100 B. Bernanke, "The Great Moderation", 20 February 2004, www.federalreserve.gov.

101 Panitch and Konings, "Finance and American Empire", pp. 39~40. 2008년 금융 폭락 이후 그들의 논조는 약간 바뀌었다. L. Panitch and M. Koonings, "Myths of Deregulation", *New Left Review*, II/57(2009)를 보라.

102 E. Luttwak, *Turbo-Capitalism*(London, 1998), ch. 11을 보라. 그리고 신자유주의의 관점에서 민주주의를 비판한 S. Brittan, "The Economic Contradictions of Democracy", *British Journal of Political Science*, 5(1975)를 보라. 러트워크가 지적하듯이, '중앙은행주의'는 말하자면 1920년대로 돌아가겠다는 것이었다. 당시에는 영국은행 총재인 몬태규 노먼(Montagu Norman)이 강력

한 중앙은행들과 민간은행들의 국제적 네트워크를 조직했다. 이에 대한 대중
적 설명은 Ahamad, *Lords of Finance*를 보라. 통화주의의 실패는 브리턴이
How to Settle the 'Monetarist' Controversy(London, 1982)에서 지적한 바 있
다. 전에 신자유주의 경제정책을 집행하던 사람이 신자유주의 경제정책 레짐
을 비판한 것으로는 전 영국은행 부총재 존 기브(John Gieve) 경이 쓴 "Cent-
ral Banks Need to Stop Fighting the Last War", *Financial Times*, 11 May
2009를 보라.

103 Brenner, *The Boom and the Bubble*, pp. 175~176. 같은 문헌, chs. 7 and
8도 참조.

104 R. Brenner, "Towards the Precipice", *London Review of Books*, 6 February
2003.

105 Greenspan, *The Age of Turbulence*, p. 229.

106 R. Brenner, "New Boom, New Bubble", *New Left Review*, I/25(2004), p. 70.

107 J. Pickard et al., "How US Housing Boom may be Coming to a Tricky
End", *Financial Times*, 23 October 2006.

108 Tett, *Fool's Gold*, p. 146.

109 International Monetary Fund, *World Economic Outlook*, October 2007,
www.imf.org, p. 67.

110 같은 문헌, p. 69.

111 G. Turner, *The Credit Crunch*(London, 2008), ch. 6.

112 D. Pilling, "China's Export Dependency Has to Change", *Financial Times*,
26 May 2009.

113 B. Bernanke, "The Global Savings Glut and the US Current Account
Deficit", 10 March 2005, www.federalreserve.gov. 이에 대한 비판은 Turner,
The Credit Crunch, ch. 4를 보라.

114 P. Augar, *Chasing Alpha: How Reckless Growth and Unchecked Ambition
Ruined the City's Golden Decade*(London, 2009), p. 34.

115 *The Turner Review*, p. 21.

116 E. Luce, "US Banks Spent $370m to Fight Rules" and "Few Escape Blame

Over Subprime Explosion", *Financial Times*, 6 May 2009.

117 F. Tregenna, "The Fat Years: The Structure and Profitability of the US Banking Sector in the Pre-Crisis Period", *Cambridge Journal of Economics*, 33(2009). 이 시기의 미국 투자은행을 사뭇 다르게 그러나 대단히 흥미롭게 자세히 설명한 K. Ho, *Liquidated: An Ethnography of Wall Street*(Durham NC, 2009)와 L. McDonald, *A Colossal Failure of Common Sense: The Incredible Inside Story of the Collapse of Lehman Brothers*(New York, 2009)를 보라.

118 Augar, *Chasing Alpha*, pp. 60~61, 118.

119 Tett, *Fool's Gold*, pp. 107~108. 이런 경우를 두고 트로츠키는 후진성의 특권 이라고 불렀다.

120 Augar, *Chasing Alpha*, pp. 47, 142.

121 예컨대, W. Godley and A. Izurieta, "As the Implosion Begins ……?", July 2001. 또 가장 최근의 것은 W. Godley et al., "The US Economy: Is There a Way Out of the Woods?", November 2007, www.levy.org.

122 C. Harman, *Capitalism's New Crisis*(London, 2008). Turner, *The Credit Crunch*, pp. 26~27.

123 Wolf, *Fixing Global Finance*, p. 69.

124 같은 문헌, p. 104.

125 같은 문헌, p. 104.

126 E. Luce, "Stuck in the Middle", *Financial Times*, 28 October 2008.

127 그레이엄 터너는 경탄할 만한 책 ≪신용 경색≫(The Credit Crunch)에서 주택 거품이 수요를 유지하는 수단, 그래서 세계화에 따른 '임금 수축'의 효과를 상쇄하는 수단이었다고 주장한다. 이 주장은 근본적으로는 옳지만, 과잉 축적과 수익성의 장기적 위기에 대한 심층적 분석 속에 자리매김되지 않다 보니 문제를 연준과 각국 중앙은행들이 저지른 정책 오류쯤으로 다루는 경향이 있다. 다른 관점에서 제기된 약간 비슷한 비판은 Murphy, "Bubblenomics"를 보라.

128 Wolf, Fixing Global Finance, p. 64.

129 로빈 블랙번(Robin Blackburn)은 "The Subprime Crisis", *New Left Review*, II/50(2008)에서 위기의 첫 번째 국면을 비판적으로 훌륭하게 설명하고 있다.

130 G. Tett, "Should Atlas Still Shrug? The Threat That Lurks Behind the Growth of Complex Debt Deals", *Financial Times*, 15 January 2007. 그 뒤의 사태 전개에 비춰 보면 놀라우리만큼 선견지명이 있는 글이다.

131 M. Nakamoto and D. Wighton, "Bullish Citigroup is 'Still Dancing' to the Beat of the Buyout Boom", *Financial Times*, 10 July 2007.

132 Tett, *Fool's Gold*, pp. 172~173.

133 이런 환상은 S. Tucker et al., "Asia's Continued Rise Spurs 'Decoupling' Debate", *Financial Times*, 1 November 2007에서 잘 드러난다.

134 *OECD Economic Outlook: Interim Report*, March 2009, www.oecd.org, pp. 57, 19, 9.

135 J. Anderlini, "Chinese Spending is Lifting Economy", *Financial Times*, 16 April 2009.

136 Minsky, *Stabilizing an Unstable Economy*, p. 132.

137 *OECD Economic Outlook: Interim Report*, March 2009, ch. 3.

138 IMF, *World Economic Outlook*, April 2009, ch. 3(p. 98에서 인용).

139 자세한 비교는 Box 3.1 "How Similar is the Current Crisis to the Great Depression?", 같은 문헌, pp. 99~103, C. Harman, "The Slump of the 1930s and the Crisis Today", *International Socialism*, 2.121(2009)[국역 : "1930년대 대공황과 오늘날의 위기", ≪21세기 대공황과 마르크스주의≫, 책갈피, 2009] 와 B. Eichengreen and K. H. O'Rourke, "A Tale of Two Depressions", 4 June 2009, www.voxeu.org을 보라.

140 R. Koo, *The Holy Grail of Macroeconomics: Lessons from Japan's Great Recession*(Singapore, 2008), pp. 28, 29에서 인용. 이런 분석 때문에 쿠는 1930년대 대공황을 설명하는 주류 경제학계의 정설을 거부했다. 밀턴 프리드먼과 애나 슈워츠(Anna Schwartz)가 함께 쓴 유명한 책 *A Monetary History of the United States, 1867-1960*(Princeton, 1963)의 영향을 받은 이 정설은 1929~1933년에 미국 통화량이 3분의 1 넘게 감소할 만큼 극심했던 위기를 연

준의 통화 억제 정책 탓으로 설명한다(ch. 7, "The Great Contraction"을 보라). 쿠는 기업들이 부채를 줄이려고 애쓰면서 대출 수요가 감소했기 때문에 통화량이 급감한 것이라고 주장한다. *The Holy Grail of Macroeconomics*, ch. 3을 보라. 어느 정도 이와 비슷한 분석을 바탕으로 통화주의식 해석을 비판한 Dow, *Major Recessions*, pp. 157~183, 211~216도 참조하라.

141 Koo, *The Holy Grail of Macroeconomics*, p. 33.

142 International Monetary Fund, *Global Financial Stability Report*, April 2009, www.imf.org, p. 7.

143 같은 문헌, pp. 27, 34, 44. 이 어마어마한 수치들조차 너무 낮게 추산한 것일 수 있다. 미국 금융 당국은 미국 금융자산의 70퍼센트를 차지하는 19개 대형 은행들의 재무 건전성을 평가한 결과를 2009년 5월 발표했는데, 이 자료를 보면 2009~2010년에 이 은행들의 순 손실이 5350억 달러에 이를 것으로 예상됐다. 이는 IMF의 예상치(3210억 달러)보다는 많지만 경제 위기를 정확히 예언해서 유명해진 누리엘 루비니(Nouriel Roubini)의 예상치(8110억 달러)보다는 낮다. D. J. Elliott, "Implications of the Bank Stress Tests", 11 May 2009, www.brookings.edu를 보라. 그러나 이 수치들은 상당히 불확실하다. IMF는 2009년 10월에 발표한 *Global Financial Stability Report*에서 전 세계 부실 여신 상각 규모를 기존의 4조 달러에서 3조 4000억 달러로 하향 조정했다.

144 W. Munchau, "Europe Must Learn from Japan's Experience", *Financial Times*, 4 May 2009.

145 이 논쟁들에 대한 매우 흥미로운 설명은 E. A. Rosen, *Roosevelt, the Great Depression, and the Economics of Recovery*(Charlottesville, 2005)를 보라. 1918년 이후 미국의 국제 전략에 대한 방대한 연구는 P. O. Cohrs, *The Unfinished Peace after World War I: America, Britain and the Stabilization of Europe 1919-1932*(Cambridge, 2006)을, 그리고 루스벨트가 처음에 윌슨 노선을 추구한 것에 대해서는 R. Dallek, *Franklin Roosevelt and American Foreign Policy, 1932-1945*(rev. edn, New York, 1995), "Prologue: An American Internationalist"를 참조하라.

146 J. Strachey, *A Programme for Progress*(London, 1940), pp. 226, 223, 225. 전반적 설명은 같은 문헌, ch. XVI을 보면 되는데, 여기에는 루스벨트 정부 내의 논쟁을 다룬 흥미로운 내용이 있다. 이 책은 스트레이치가 케인스주의 경제학으로 전향했음을 보여 준다. 수치들은 C. P. Kindleberger, *The World in Depression 1929-1939*(rev. edn, 1987)[국역 : ≪대공황의 세계≫, 부키, 1998], p. 272에서 인용한 것. 1937~1938년의 불황에 대해서는 같은 문헌, ch. 12를 보라. 그리고 이와 다른 견해는 Rosen, *Roosevelt, the Great Depression, and the Economics of Recovery*, pp. 180~183을 보라.

147 Koo, *The Holy Grail of Macroeconomics*, pp. 117, 51~55.

148 *OECD Economic Outlook: Interim Report*, March 2009, Table 3.1, p. 110에 나온 수치들.

149 Lex, "Latvia's Currency Peg", *Financial Times*, 1 June 2009.

150 J. Reed, "Back on the Road", *Financial Times*, 18 June 2009.

151 N. N. Taleb, "Ten Principles for a Black Swan-Proof World", *Financial Times*, 7 April 2009.

152 C. Freeland, "Soros Calls Wall Street Profits 'Gifts' from the State", *Financial Times*, 23 October 2009. 또 G. Bowley, "Bailout Helps Fuel a New Era of Wall Street Wealth", New York Times, 17 October 2009도 참조.

153 K. Rogoff, "Why We Need to Regulate the Banks Sooner, Not Later", *Financial Times*, 19 August 2009.

154 N. Ferguson, *Too Big to Live: Why We Must Stamp Out State Monopoly Capitalism*, October 2009, www.cps.org,uk, p. 15. 이와 관련해서 시사하는 바가 많은 마르크스주의적 분석은 G. Balakrishnan, "Speculations on the Stationary State", *New Left Review*, II/59(2009)를 보라.

155 Buiter's blog, www.blogs.ft.com/maverecon/를 보라.

156 K. Guha, "Poser for Paulson: the US Treasury Chief Wants a Halt to Public Bailouts", *Financial Times*, 12 September 2008.

157 D. M. Herszenhorn et al., "Talks Implode During a Day of Chaos", *New York Times*, 26 September 2008.

158 N. Roubini, "Mother of All Carry Trades Faces an Inevitable Bust", *Financial Times*, 1 November 2009.

2부 포위된 제국

1   J. Rosenberg, *The Follies of Globalization Theory*(London, 2000). 다음 문헌
    도 참조하라. D. Held, A. McGrew et al., *Global Transformations*
    (Cambridge, 1999)[국역 : ≪전지구적 변환≫, 창비, 2002]. M. Hardt and A.
    Negri, *Empire*(Cambridge MA, 2000)[국역 : ≪제국≫, 이학사, 2001]. 세계화
    에 관한 논쟁을 요약한 문헌으로는 다음을 참조하라. A. Callinicos, *Social
    Theory*(2nd edn; Cambridge, 2007)[국역 : ≪사회이론의 역사≫, 일신사,
    2008], ch. 13.
2   G. Friedman, "2008 and the Return of the State", 27 October 2008,
    www.stratfor.com.
3   *Financial Times*, 24 January 2003.
4   "The Divided West: Part Two", *Financial Times*, 28 May 2003.
5   E. Crooks, "Uneasy Reliance on Russia Likely to Persist", *Financial Times*,
    5 September 2008.
6   W. Munchau, "German Complacency Poses a Serious Threat", *Financial
    Times*, 30 November 2008.
7   J. Wilson et al., "Bundesbank Chief Hits Out at Brussels", *Financial Times*,
    22 April 2009.
8   W. Munchau, "Narrow-Minded Leadership Hurts Europe", *Financial Times*,
    15 February 2009.
9   T. Barber, "Precarious Podium", *Financial Times*, 18 March 2009.
10 Friedman, "2008 and the Return of the State".
11 K. Guha and D. Pimlott, "Banks Cut Back on Overseas Lending", *Financial
    Times*, 29 April 2009.

12 E. Gamberoni and R. Newfather, "Trade Protection: Incipient but Worrying Trends", *Trade Notes*, 2 March 2009, www.worldbank.org. S. O'Connor, "US Companies Hit by Repercussions of Buy American", *Financial Times*, 26 May 2009.

13 C. Dow, *Major Recessions: Britain and the World, 1920-1995*(Oxford, 1998), p. 179. C. P. Kindleberger, *The World in Depression 1929-1939*(rev. edn; Harmondsworth, 1987), pp. 123~127도 참조.

14 P. Marsh, "Make and Mend: Reindustrializing Britain", *Financial Times*, 8 February 2009.

15 J. Lanchester, "It's Finished", *London Review of Books*, 28 May 2009, p. 10.

16 R. Atkins, "Germany's Policy of Containment", *Financial Times*, 6 April 2009.

17 Munchau, "German Complacency Poses a Serious Threat". 더 일반적인 문헌으로는 다음을 참조하라. G. Friedman, "The United States, Germany and Beyond", 30 March 2009, www.stratfor.com.

18 이에 관해서는 노동시간을 제한하기 위한 산업혁명기의 투쟁에 관한 마르크스의 다음 저술에 등장하는 선구적 분석을 참조하라. *Capital*, I(Harmondsworth, 1976)[국역 : ≪자본론≫ 1권, 비봉출판사, 2005], ch. 10, and J. Holloway and S. Picciotto, eds., *The State and Capital*(London, 1977).

19 Friedman, "2008 and the Return of the State".

20 *The Turner Review: A Regulatory Response to the Global Banking Crisis*, March 2009, www.fsa.gov.uk, p. 100.

21 L. D. Trotsky, *The First Five Years of the Communist International*(2 vols., New York, 1972), I, p. 23.

22 D. Harvey, *The New Imperialism*(Oxford, 2003), and A. Callinicos, *Imperialism and Global Political Economy*(Cambridge, 2009) 참조.

23 다음 문헌 참조. Harvey, *The New Imperialism*, A. Callinicos, *The New Mandarins of American Power*(Cambridge, 2003)[국역 : ≪미국의 세계 제패 전략≫, 책갈피, 2004]. *Imperialism and Global Political Economy*, ch. 5.

보수적 관점에서 부시 2세와 그 두 전임자의 대외 정책에서 나타나는 연속성을 강조한 문헌으로는 다음을 참조하라. A. J. Bacevich, *American Empire* (Cambridge MA, 2002).

24 R. Kagan, "America's Crisis of Legitimacy", *Foreign Affairs*, March/April 2004.

25 T. E. Ricks, *The Gamble: General Petraeus and the Untold Story of the American Surge in Iraq, 2006-2008*(London, 2009), p. 9.

26 National Intelligence Council, *Global Trends 2025: A World Transformed*, November 2008, www.dni.gov, p. vi.

27 같은 문헌, p. 8.

28 이 단락의 수치는 Callinicos, *Imperialism and Global Political Economy*, Tables 4.1, 5.1, 5.4, pp. 147, 195, 208 참조.

29 P. M. Kennedy, *The Rise and Fall of the Great Powers*(London, 1988).

30 F. Fukuyama, "The Fall of America, Inc.", *Newsweek*, 13 October 2008. 후쿠야마는 다음 문헌에서 신보수주의와 결별을 선언했다. *After the Neocons: America at the Crossroads*(London, 2006)[국역 : ≪기로에 선 미국≫, 랜덤하우스코리아, 2006]. 이 전향 선언의 한계를 신랄하게 비판한 문헌으로는 다음을 참조하라. P. Anderson, "Inside Man", *The Nation*, 6 April 2006.

31 R. Dallek, *Franklin Roosevelt and American Foreign Policy, 1932-1945*(rev. edn; New York, 1995), Parts 1 and 2.

32 K. Rogoff, "America Will Need a $1,000bn Bail-Out", *Financial Times*, 18 September 2008.

33 G. Dyer, "China's Dollar Dilemma", *Financial Times*, 23 February 2009.

34 G. Dyer, "Wen "Worried" about China's US Assets", *Financial Times*, 13 March 2009.

35 NIC, *Global Trends 2025*, vi. NIC의 2003년도 보고서 내용과 비교한 부분을 보라(같은 문헌, p. 2).

36 D. Harvey, "Why the US Stimulus Package is Bound to Fail", *The Bullet*, 12 February 2009, www.socialistproject.ca. G. Arrighi, *The Long Twentieth*

Century(London, 1994)[국역 : 《장기 20세기》, 그린비, 2008]과 *Adam Smith in Beijing*(London, 2007) 참조.

37 후주 21번과 22번에 인용된 문헌과 더불어 다음 문헌을 참조하라. A. Callinicos, "Marxism and Imperialism Today", *International Socialism*, 2/50 (1991), "Imperialism and Global Political Economy", 같은 문헌, 2/108 (2005). 사이먼 브롬리(Simon Bromley)의 훌륭한 저서인 *American Power and the Prospects for International Order*(Cambridge, 2008)는 비록 하비나 나 같은 사람들의 더 급진적 주장에 대한 반론으로 쓰였지만, 실질적 분석에 서는 본서와 큰 차이를 보이지 않는다.

38 이 논쟁에 관한 짤막한 논의는 다음 문헌을 참조하라. Callinicos, *Imperialism and Global Political Economy*, pp. 198~199.

39 N. Ferguson, "An Imaginary Retrospective of 2009", *Financial Times*, 27 December 2008.

40 M. Wolf, "Japanese Lessons for a World of Balance-Sheet Deflation", *Financial Times*, 18 February 2009.

41 F. Zakaria, *The Post-American World*(London, 2008)[국역 : 《흔들리는 세계 의 축》, 베가북스, 2008], p. 165.

42 J. Authers, "Another Brick in China's Great Wall of Confusion", *Financial Times*, 31 July 2009. 중국의 공식 통계 수치의 신빙성에 관해서는 다음 문헌 들을 참조하라. A. Wolfe and R. Ziemba, "China's GDP Growth and Electricity Contraction: Not a Contradiction After All?", 15 July 2009, *Asia Econo Monitor*, www.rgemonitor.com. J. Anderlini, "China's Growth Figures Fail to Add Up", *Financial Times*, 4 August 2009.

43 Lex, "China Stimulus", *Financial Times*, 25 November 2008.

44 R. McGregor, "Beijing Risks Passing on a Poisoned Chalice", *Financial Times*, 10 August 2009.

45 Ho-fung Hung, "Rise of China and the Global Overaccumulation Crisis", *Review of International Political Economy*, 15(2008) 참조. 중국 경제에서 국 가가 여전히 핵심 구실을 하고 있다는 것을 보여 주는 문헌으로는 Yasheng

Huang의 *Capitalism with Chinese Characteristics*(Cambridge, 2008)를 참조하라. 신고전학파의 관점에서 쓰인 이 책은 중국 경제의 복잡성과 모순을 극도로 흥미진진하게 묘사하고 있다.

46 D. McNally, "From Financial Crisis to World Slump", *Historical Materialism*, 17(2009), p. 64.

47 D. Oakley, "Decoupling Gains Brand New Group of Cheerleaders", *Financial Times*, 12 June 2009.

48 G. Dyer, "China Rebound Hinges on Role of Exports", *Financial Times*, 15 April 2009.

49 D. Pilling, "Asia and the Crisis: Unlucky Numbers", *Financial Times*, 13 February 2009.

50 민간 기업과 정치 엘리트의 지역적 유착 관계의 중요성은 다음 문헌에 잘 설명돼 있다. R. Walker and D. Buck, "The Chinese Road", *New Left Review*, II/46(2007).

51 Zakaria, The Post-American World, pp. 232~233. W. C. Wolforth, "The Stability of a Unipolar World", International Security, 21(1999) 참조. 다음 문헌도 참조하라. Callinicos, *Imperialism and Global Political Economy*, pp. 213~217.

52 S. Žižek, "Use Your Illusions", *London Review of Books*, 14 November 2008.

53 Z. Brzezinski, *The Choice: Global Domination or Global Leadership*(New York, 2004)[국역 : ≪제국의 선택≫, 황금가지, 2004].

54 "Remarks of President Barack Obama, Address to Joint Session of Congress", 24 February 2009, www.whitehouse.gov.

55 G. Friedman, "Munich and the Continuity between the Bush and Obama Foreign Policies", 9 February 2009, www.stratfor.com.

56 P. Anderson, "Jottings on the Conjuncture", *New Left Review*, II/48(2007), p. 11.

57 예컨대 다음 문헌을 보라. J. Lamont and A. Kazmin, "Fear of Influence",

Financial Times, 13 July 2009.

58 S. Romero and A. Barrionuevo, "Deal by Deal, China Expands Its Influence in Latin America", *New York Times*, 15 April 2009.

결론 정책 교체냐 체제 교체냐

1 R. H. Wade, "Financial Regime Change?", *New Left Review*, II/53(2008), pp. 6~7.

2 Wade, "Financial Regime Change?", pp. 20~21. 다음은 같은 저자가 동일한 내용을 좀 더 자세하게 풀어 쓴 문헌이다. "From Global Imbalances to Global Reorganization", *Cambridge Journal of Economics*, 33(2009).

3 "Nationalize to Save the Free Market", *Financial Times*, 13 October 2008.

4 M. Wolf, "Seeds of Its Own Destruction", *Financial Times*, 8 March 2009.

5 M. Wolf, "This Crisis is a Moment, but is It a Defining One?", *Financial Times*, 19 May 2009.

6 J. G. Ruggie, "International Regimes, Transactions, and Change: Embedded Liberalism in the Postwar Economic Order", *International Organizations*, 32(1982), p. 393. K. Polanyi, *The Great Transformation*(Boston, 1957)[국역 : ≪거대한 전환≫, 길, 2009]도 참조하라.

7 M. Wolf, "Is America the New Russia?", *Financial Times*, 14 April 2009.

8 Wade, "Financial Regime Change?", p. 21.

9 A. Callinicos, "Does Capitalism Need the State System?", *Cambridge Review of International Affairs*, 20(2007), and *Imperialism and Global Political Economy*(Cambridge, 2009), ch. 2.

10 다음 문헌 참조. F. Block, "The Ruling Class Does Not Rule", in idem, *Revising State Theory*(Philadelphia, 1987), C. Harman, "The State and Capitalism Today", *International Socialism*, 2/51(1991)[국역 : "국가와 오늘의 자본주의", ≪오늘의 세계경제 위기와 전망≫, 갈무리, 1994]; R. Miliband, "State

Power and Class Interests", *New Left Review*, I/138(1983); and C. Offe, and V. Ronge, "Theses on the Theory of the State", in A. Giddens and D. Held, eds, *Classes, Power, and Conflict*(Berkeley/Los Angeles, 1982).

11 H. Minsky, *Stabilizing an Unstable Economy*(New York, 2008), p. 106.

12 차베스에 대한 비판적 평가는 다음 문헌을 참조하라. M. Gonzalez, "Chávez Ten Years On", *International Socialism*, 2.121(2009).

13 J. Holloway, *Change the World without Taking Power*(London, 2002)[국역 : ≪권력으로 세상을 바꿀 수 있는가≫, 갈무리, 2002]. 이 절의 내용은 A. Callinicos, "Alternatives to Neoliberalism", *Socialist Review*, July 2006에서 발췌했다.

14 다음 문헌 참조. J. Holloway and A. Callinicos, "Can We Change the World without Taking Power?", *International Socialism*, 1/106(2005).

15 다음 문헌 참조. See G. Gordon, "President Evo Morales' Gas and Oil 'Nationalization' Decree", June 2006, www.democracyctr.org.

16 H. Draper, *Karl Marx's Theory of Revolution, I*(New York, 1977), and A. Callinicos, *The Revolutionary Ideas of Karl Marx*(London, 1983).

17 A. Artous, "Democracy against Capitalism: On the book by Thomas Coutrot", *International Socialist Tendency Discussion Bulletin*, no. 7, January 2006, www.istendency.net, p. 10.

18 D. Miller, *Market, State, and Community*(Oxford, 1989); J. Roemer, *A Future for Socialism*(London, 1994); and T. Smith, *Globalization: A Systematic Marxian Account*(Brill, 2006), ch. 8.

19 M. Albert, *Parecon: Life after Capitalism*(London, 2003)[국역 : ≪파레콘≫, 북로드, 2003], p. 70.

20 이 중요한 주제에 관해서는 다음 문헌을 참조하라. G. Monbiot, *Heat*(London, 2006)[국역 : ≪CO₂와의 위험한 동거≫, 홍익출판사, 2008], J. Neale, *Stop Global Warming: Change the World*(London, 2008) and J. B. Foster, *The Ecological Revolution*(New York, 2009)[국역 : ≪생태 혁명≫, 인간사랑, 2010].

21 P. Devine, *Democracy and Economic Planning*(Cambridge, 1988). 나는 *An Anti-Capitalist Manifesto*(Cambridge, 2003)[국역 : ≪반자본주의 선언≫, 책갈피, 2003] ch. 3에서 이 책의 내용을 다룬 바 있다. 파레콘에 관해서는 앨버트와 내가 벌인 논쟁, "Movement Building 2004: Vision and Strategy"(www.zmag.org 그리고 www.swp.org.uk에서 들을 수 있음)[국역 : ≪자본주의의 대안과 사회주의 가치 논쟁≫, 책갈피, 2009]에서 다룬 바 있다.

22 K. Marx, "Critique of the Gotha Programme", in Marx and Engels, *Collected Works*, XXIV(London, 1989), p. 87.

23 기본소득제에 관한 논의는 A. Callinicos, *Equality*(London, 2000)[국역 : ≪평등≫, 울력, 2006], pp. 114~118을 참조하라. 이보다 더 일반적인 강령에 관한 논의는 Callinicos, *An Anti-Capitalist Manifesto*, pp. 132~140을 참조하라.

24 예컨대 다음 문헌을 참조하라. R. Zibechi, "El Alto: The Heights of the Bolivian Movement", *Socialist Worker*, 22 April 2006.

찾아보기

ㄱ

≪가격과 생산≫(Prices and Production) 68

가이트너, 티머시(Geithner, Timothy F) 159, 170

≪거대한 전환≫(The Great Transformation) 183

걸프 국가들 154

경기부양책 31, 120, 124, 131, 135, 139, 140, 143, 145, 163, 170

(경제)위기론 71, 75, 87

경제적 경쟁 148

경제통화동맹(EMU) 140

고들리, 윈(Godley, Wynne) 110

고완, 피터(Gowan, Peter) 11, 44, 51, 93

≪고용·이자·화폐의 일반 이론≫(General Theory of Employment Interest and Money) 25

〈고타 강령 비판〉(Critique of the Gotha Programme) 196

골드만삭스 62, 106, 108, 115, 116, 117, 129, 162

공공청렴센터(Center for Public Integrity) 108

공산주의 196

공산주의인터내셔널 147

공화당(미국) 27, 34, 45, 125, 170

과잉 축적 75, 76, 77, 78, 79, 83, 87, 115, 128, 131, 164, 187

괴테(Goethe, Johan Wolfgang von) 15

구조화투자회사(SIVs) 50, 51

국가 안보 전략(National Security Strategy) 16

국가자본주의 154, 163, 185, 198

국가정보위원회(미국)National Intelligence Council 153, 159, 160

국유화(nationalization) 23, 42, 116, 128, 170, 181, 189, 190, 191

국제결제은행(BIS) 51, 58, 142

국제무역 34, 118, 142, 143, 145, 163

군비 17, 81, 97, 160, 170

굿윈, 프레드(Goodwin, Sir Fred) 42

권력을 잡지 않고 세상을 바꾸기(Change the World without Taking Power) 189

규제 22~25, 57, 60, 66, 67, 101, 108~
110, 156, 179, 180, 184~186
그로스, 빌(Gross, Bill) 51
그루지야 9, 15, 17, 18, 19, 21, 137,
151, 152, 153, 154, 155, 156, 171
그리스 199
그린스펀(Greenspan, Alan) 27
그림자 금융(shadow banks) 45, 50, 51,
52, 77, 107, 109, 116
글래스-스티걸 법(Glass-Steagall Act) 42,
92, 108
글로스, 미하엘(Glos, Michael) 146
금리(이자율) 32, 33, 45, 50, 55, 56,
58, 63, 65, 67, 84, 94, 96, 101~
104, 106, 115, 116, 121, 122, 128,
132, 140, 180
금본위제 22, 33, 34, 41, 92, 183
금융 거품 100, 121, 132
금융 위기 21~23, 30, 31, 33, 35, 37, 43,
45, 57, 59~62, 68, 77, 78, 98~100,
110, 115, 117, 118, 120, 123, 128,
132, 135, 138, 140, 141, 156, 158,
160, 161, 163, 179, 188
금융 자유화 92, 182
금융감독원(독일, BaFin) 124
금융감독청(Financial Services Authority)
50
금융서비스·시장법률(Financial Services
and Markets Act) 110
금융시장 10, 20, 23, 26~29, 31, 41, 42,
49, 50, 53~56, 58~60, 63, 66~68,
73, 74, 78, 91~93, 98, 107, 116,
127, 135, 140, 172, 197

금융자본 47, 126
금융화 45, 46, 49, 53, 56, 57, 59, 98,
144
기본소득 197
기후변화 10, 194
깁슨, 조지(Gibson, George) 59

ㄴ

나이트, 프랭크(Knight, Frank H) 62
나토(NATO) 17, 18, 136, 137, 151, 152,
153, 174
남아프리카공화국 167
남오세티야(South Ossetia) 17
냉전 9, 81, 151, 152, 154, 155, 160
네그리, 토니(Negri, Toni) 135
네덜란드 30, 108, 119, 141
노던록 은행 23, 115, 116
노동가치론 72
노동계급 56, 180
노동력 53, 85, 114, 193
노벨 경제학상 26
뉴딜(New Deal) 25, 41, 125, 126
〈뉴욕 타임스〉(New York Times) 173
닉슨, 리처드(Nixon, Richard) 81, 91, 92

ㄷ

다국적기업 20, 91, 162, 190
다우, 크리스토퍼(Dow, Christopher) 82,
143

달러-월스트리트 체제(Dollar Wall-Street Regime) 93

닷컴 호황 82, 109, 113

대만 88, 94, 172

대공황(Great Depression) 15, 21, 22, 25, 41, 61, 65, 68, 78, 87, 120, 121

대처, 마거릿(Thatcher, Margaret) 25, 83

〈데일리 쇼〉(The Daily Show) 42

도이체방크 29, 52, 115, 144

독일 20, 22, 24, 25, 35, 47, 48, 79, 90, 93, 105, 117, 119, 124, 126, 136~140, 142, 144~146, 161, 162, 165, 168, 174, 184~186, 195

독일 의회 139

독일 중앙은행 139

동남아시아 98, 123

동아시아 31, 88~90, 94, 98, 100, 106, 111, 123, 148, 157, 165, 167

뒤메닐, 제라르(Duménil, Gérard) 46, 47, 86

드바인, 팻(Devine, Pat) 196

디플레이션 103, 122, 125

딤스키, 게리(Dymski, Gary) 45

ㄹ

라트비아 127

라틴아메리카 98, 105, 123

라파비차스, 코스타스(Lapavitsas, Costas) 49, 55

래퍼티, 마이클(Rafferty, Michael) 57, 58, 59, 77, 98

랜드, 에인(Rand, Ayn) 27

러기, 존(Ruggie, John G) 183, 184

러시아 9, 15, 17~19, 21, 43, 98, 106, 136~138, 151~156, 161, 162, 167, 169, 171, 174

러트워크, 에드워드(Luttwak, Edward) 102

런던시티 109

럼즈펠드(Rumsfeld, Donald) 136, 152

레닌(Lenin, V I) 130

레비, 도미니크(Lévy, Dominique) 46

레이건, 로널드(Reagan, Ronald W) 25, 84, 97

렙솔 190

로고프, 케네스(Rogoff, Kenneth) 130, 157

로머, 존(Roemer, John E) 192, 194

로스코프, 데이비드(Rothkopf, David J) 174

로이드뱅킹그룹 23, 117

로젠버그, 저스틴(Rosenberg, Justin) 135

롱텀캐피털매니지먼트(LTCM) 98

루비니(Roubini, Nouriel) 132

루빈(Rubin, Robert E) 100

루스, 에드워드(Luce, Edward) 112

루스벨트, 프랭클린(Roosevelt, Franklin D) 41, 125, 126, 157

루어 핑(Luo Ping) 158

르노 139

리먼브러더스 9, 15, 20, 21, 27, 34, 42, 43, 57, 117, 130, 131, 136, 138, 157

리스본 조약(Lisbon Reform Treaty) 142

리카도, 데이비드(Ricardo, David) 60

릭스, 토머스(Ricks, Thomas E) 150

ㅁ

마그나 144

마르크스(Marx, Karl) 10, 36, 47, 53~55,
    62, 69, 71~75, 78, 129, 191, 198

마르크스주의 11, 12, 35~37, 53, 57,
    60, 71, 73, 82, 87, 88, 111, 112,
    146~148, 192

말레이시아 43

말리키, 누리 알(Maliki, Nouri al-) 150,
    170

〈매드 머니〉(Mad Money) 42

맥널리, 데이비드(McNally, David) 80, 81,
    88, 164

맥널리, 데이비드(McNally, David) 80, 81,
    88, 164

맥도널드, 램지(MacDonald, J Ramsay) 22

메드베데프, 드미트리(Medvedev, D A)
    17, 18

메르켈, 앙겔라(Merkel, Angela) 139, 145,
    146

메릴린치 116, 117

메사, 카를로스(Mesa, Carlos) 189

메흐디 군(Mehdi Army) 150

멕시코 166

모건스탠리 116, 117

모랄레스, 에보(Morales, Evo) 189, 190,
    191

모훈, 사이먼(Mohun, Simon) 85, 87, 99

뮌차우, 볼프강(Munchau, Wolfgang) 139

뮌헨 안보회의(Munich Security Confer-
    ence) 169

뮤추얼펀드 50, 51

미국 9, 10, 16, 21, 24, 25, 27, 34, 41~
    45, 47, 49, 50, 52, 56, 58, 60, 66,
    77, 79, 81, 83~87, 89~104, 106,
    108~110, 112~119, 121~125, 127~
    132, 136, 137, 142~145, 148~149,
    150~153, 155~162, 165~169, 172~
    174, 184~186, 195

미국 상품선물현대화법(Commodity Fut-
    ures Modernization Act) 92

≪미국 이후의 세계≫(The Post-American
    World) 167

미국 자동차노조(UAW) 129

미사일 방어 시스템 171

민스키, 하이먼(Minsky, Hyman P) 31, 61,
    62~68, 71, 78, 107, 118, 187, 188

민주당(미국) 45, 125, 169, 170

민주주의 16, 17, 102, 154, 156, 157,
    191, 193, 194

밀러, 데이비드(Miller, David) 192

ㅂ

바이든, 조(Biden, Joe) 169, 171

바젤 협약(Basel Accords) 51

바클레이스 129, 136, 144

바클레이스 캐피탈 163

뱅크오브아메리카 108, 117

버냉키, 벤(Bernanke, Ben S) 99, 100,
    106, 114, 128

버닝, 짐(Bunning, Jim) 34

버마 173

베네수엘라 161, 173, 189

베를루스코니, 실비오(Berlusconi, Silvio) 137

베버, 악셀(Webber, Axel) 139

베어스턴스 116

베이커, 제임스(Baker, James A) 170

벤야민, 발터(Benjamin, Walter) 33

벨로, 월든(Bello, Walden) 34

보수당 22, 23, 25, 83, 124

보이터, 윌럼(Buiter, Willem) 130

보호주의 142, 143

볼리비아 189, 190, 191, 198

볼커, 폴(Volcker, Paul A) 83, 92, 102

뵘바베르크, 오이겐 폰 (Böhm-Bawerk, Eugen von) 69

부시, 조지 W(Bush, George W) 16, 17, 19, 23, 34, 57, 104, 108, 117, 131, 137, 148,~152, 157, 158, 169~171, 194

부시, 조지(Bush, George H W) 148, 149, 170

부실자산구제프로그램(TARP, Troubled Assets Rescue Programme) 170

부채 24, 43, 48, 50, 57, 63, 64, 95, 103, 104, 107, 110, 115, 116, 121, 122, 124, 146, 157, 188

부채담보부증권(CDO) 29, 51, 53, 56, 57, 107, 115, 116

불균등 발전 87

≪불안정한 경제를 안정시키기≫(Stabilizing an Unstable Económy) 62

브라운, 고든(Brown, Gordon) 101, 109, 139, 181

브라이언, 딕(Bryan, Dick) 57~59, 77, 98

브라질 106, 143, 161, 162, 166, 167, 173

브레너, 로버트(Brenner, Robert) 79, 83~85, 88, 89, 102, 103

브레진스키, 즈비그뉴(Brzezinski, Zbigniew) 169

브레턴우즈 협정 91, 95, 104

브뤼닝, 하인리히(Brüning, Heinrich) 139

브리턴, 새뮤얼(Brittan, Samuel) 31

브릭스(BRICs) 106, 161, 162

블레어, 토니(Blair, Tony) 33, 101

블레이키, 사이먼(Blakey, Simon) 138

비니어, 데이비드(Viniar, David A) 62

비스마르크(Bismarck, Prince Otto von) 168

비트겐슈타인, 루트비히(Wittgenstein, Ludwig) 96

ㅅ

사담 후세인(Saddam Hussein) 150, 156

사드르, 무크타다 알(Sadr, Moqtada al-) 150

사르코지, 니콜라 20, 22, 138

사모펀드 45, 50, 109, 115

사베인스-옥슬리 법(Sarbanes-Oxley Act) 110, 184

사카슈빌리, 미하일(Saakashvili, Mikheil) 17

사회민주주의 189, 190

사회주의 11, 25, 34, 129, 156, 189

산업자본 47, 49, 54, 55

산유국 94

상업자본 49, 53, 55
생산성 32, 82, 85, 86, 99, 113, 166
서머스, 로런스(Summers, Lawrence H) 100, 170
서브프라임 모기지 21, 45, 46, 52, 62, 107, 108
석유 19, 152, 154, 156, 173, 189~191
세계 경제·통화 회의(World Economic and Monetary Conference) 125
세계무역기구(WTO) 17, 143
세계은행(World Bank) 142
세계화 30, 34, 60, 97, 135, 142, 143, 159, 179, 180, 182, 185, 186, 189, 199
≪세계화가 성공하는 이유≫(Why Globalization Works) 30
세처, 브래드(Setser, Brad) 158
셰네, 프랑수아(Chesnais, François) 49
소련 11, 16,~18, 22, 25, 81, 148, 152, 154, 155, 192, 197
소로소, 조지(Soros, George) 52, 130
소시에테제네랄(Société Générale) 144
슈타인브뤼크, 페어(Steinbrück, Peer) 20, 22, 24
슘페터, 조지프(Schumpeter, Joseph A) 60
스리랑카 173
스무트-홀리 법(Smoot-Hawley Act) 143
스미스, 애덤(Smith, Adam) 28
스미스, 토니(Smith, Tony) 192
스웨덴 26, 127, 143
스위스 123
스칸디나비아 123
스코틀랜드 핼리팩스은행 117

스코틀랜드왕립은행(RBS)23, 42, 52, 117
스탈린(Stalin, J V) 11, 22
스탈린주의 25, 189
스튜어트, 존(Stewart, Jon) 42
스트랫포 136
스트레이치, 존(Strachey, John) 71, 126
스티글리츠, 조지프(Stiglitz, Joseph E) 30
스페인 104
시리아 170
시장 사회주의 192
시티그룹 53, 100, 108, 115, 116
신고전학파 경제학 59~61, 68, 69
신노동당 23, 101, 109, 124, 181
신보수주의 156
신브레턴우즈 체제 104, 149
신용 21, 23, 46, 49~54, 63, 68~71, 73~76, 78, 79, 85, 94, 97, 101, 105~107, 109, 110, 115~117, 120, 123, 127, 142, 155, 161, 164, 192
신용 평가 기관 107
신용파산스와프(CDS) 29
신자유주의 16, 19, 20, 24, 26, 29~34, 37, 49~51, 57, 60, 68, 83, 84, 88, 92, 98, 101, 102, 141, 143, 149, 179, 181, 182, 185, 187, 188, 190~192, 199, 200
실업 32, 65, 72, 77, 113
싱가포르 88, 104

ㅇ

아널, 롤런드(Arnall, Ronald E) 108

아르투, 앙투안(Artous, Antoine) 191

아르헨티나 43, 143, 173

아리기 조반니(Arrighi, Giovanni) 11, 19, 160

아메리퀘스트 모기지 회사 108

아이슬란드 127

아일랜드 127, 139, 142

아커만, 요제프(Ackerman, Josef) 29

아프가니스탄 16, 18, 19, 171

아프리카 105, 185

안토넨코, 옥사나(Antonenko, Oksana) 19

알카에다(al-Qaida) 150, 153

압하지야 17

앤더슨, 페리(Anderson, Perry) 172

앨버트, 마이클(Albert, Michael) 193, 195, 196, 199

양적 완화 33, 121

에콰도르 173

엔론 109, 184

엔화 89, 93

역사철학 테제 34

연방준비제도이사회 27, 66, 67, 83, 96, 98~100, 102, 104, 115~117, 121, 168, 188

영국 10, 21~26, 31, 41, 42, 47, 50, 56, 60, 74, 82~84, 91, 97, 99, 104, 110, 117, 118, 123~125, 127, 129, 137, 138, 143, 144, 162, 181, 185

영국은행 10, 32, 51, 121, 124

옐친, 보리스(Yeltsin, B I) 151

오거, 필립(Augar, Philip) 110

오바마, 버락(Obama, Barack Hussein) 19, 24, 34, 35, 100, 120, 124, 125, 128, 143, 145, 157, 159, 161, 167~172, 174, 181, 184

오펠 144

올브라이트, 매들린(Albright, Madeleine Korbel) 174

올트먼, 로저(Altman, Roger C) 20

우드워드, 밥(Woodward, Bob) 27

우크라이나 137, 151, 152, 155, 171

울포스, 윌리엄(Wolforth, William C) 167

울프, 마틴(Wolf, Martin) 30, 31, 36, 59, 60, 94~96, 111, 112, 114, 128, 161, 182, 187

워싱턴 컨센서스 84

원자바오 158

월드컴 109

월스트리트 41, 42, 44, 48, 52, 61, 64, 92, 113, 116, 121, 125, 143

웨브, 시드니, 패스필드 경(Webb, Sidney, Lord Passfield) 22

웨이드, 로버트(Wade, Robert H) 179, 180, 181, 182, 183, 185, 187

웰스파고 108

위험과 불확실성 62

윌슨, 우드로(Wilson, Thomas Woodrow) 125

유러달러 시장 91, 93

유럽 단일 시장 138, 139, 140

유럽연합 이사회(European Council) 141

유럽연합 집행위원회(European Commission) 127, 139, 141

유럽연합(EU) 10, 17, 20, 24, 123, 137, 138, 139, 140, 141, 142, 143, 153, 167, 169, 185, 195

유럽의회(European Parliament) 24, 141

유럽중앙은행(European Central Bank) 116, 140

유럽헌법 조약(European Constitutional Treaty) 142

유로 109, 138, 140

유로존 10, 94, 114, 123, 139, 140

은행 구제금융 10, 42, 84, 102, 108, 124, 128~131, 135, 139, 140, 144

의회(미국) 27, 41, 42, 52, 109, 125, 131, 143, 184

이라크 16, 18, 19, 136, 137, 149~153, 156, 157, 170

이라크 스터디 그룹(Iraq Study Group) 170

이란 19, 150, 170

이스라엘 17, 171

이윤(율) 36, 51, 54~56, 65, 70, 72, 73, 81, 83, 86, 87, 91, 97, 99, 101, 103, 104, 107, 111, 112, 114, 115, 118, 121, 128~131, 180, 183, 187, 188, 191

이자 낳는 자본 54, 55, 73

이집트 192

〈이코노미스트〉(The Economist) 34, 43, 121, 130, 157

이탈리아 137, 138, 143

이토, 마코토(Itoh, Makoto) 54, 55

인도 106, 143, 154, 161, 162, 167, 192, 195

인플레이션 32, 77, 99, 102, 103, 145

일본 47, 48, 79, 80, 85, 88~90, 92~94, 97, 98, 105, 117, 121, 123, 124, 145, 161, 162, 164, 165, 167

일본은행 121

임금 36, 56, 80, 83~86, 99, 114, 122, 145, 166, 180, 193, 197

잉여가치 36, 37, 54~56, 72~75, 99, 112~114

ㅈ

자기자본비율(leverage ratios) 51, 64, 116

자동차 산업 128, 129, 131, 143, 144

≪자본론≫(Capital) 53, 75

자본의 유기적 구성 72, 81, 85

≪자본의 한계≫(The Limits to Capital) 11, 75, 77

자본주의 생산양식 22, 36, 37

자본축적 62, 67, 74, 78, 88, 106, 180, 187

자유주의 60, 68, 101, 125, 135, 146, 154, 183

자카리아, 파리드(Zakaria, Fareed) 162, 167, 174

장기 호황(Long Boom, 1948~1973) 21, 79~81

재정정책 33, 101, 122, 126, 128, 140, 141

잭슨, 브루스(Jackson, Bruce) 137

저축 69, 71, 94, 110~114, 122, 128, 165

전국산업부흥법(National Industrial Recovery Act) 125

제1차세계대전 41, 46, 81, 147

제2차세계대전 21, 47, 66, 80, 82, 91,

105, 120, 148, 154, 157, 159, 183~185

제3세계 외채 위기 84

제3의 길 33

제국주의 36, 148, 153, 156, 160

제너럴 모터스(GM) 56, 129, 144, 145

제너럴 일렉트릭(GE) 56

존슨, 사이먼(Johnson, Simon) 43, 44, 46, 130

≪좀비 자본주의≫(Zombie Capitalism) 12

주식시장 97, 102~104, 114

주택 27, 45, 46, 50, 100, 103~105, 115

중국 19, 28, 88, 90, 91, 94, 104~106, 111~113, 117, 118, 132, 143, 154, 158, 159, 161~167, 169, 172~174, 185, 192, 195

중동부 유럽 30, 106, 123, 127

중앙아시아 155, 156

중앙은행 27, 32, 33, 44, 66, 101, 102, 117, 122, 129, 166, 187

〈쥐트도이체 차이퉁〉(Süddeutsche Zeitung) 124

지정학적 경쟁 36, 106, 148, 160

지젝, 슬라보예(Zizek, Slavoj) 34, 168

ㅊ

차베스, 우고(Chávez, Hugo) 189

차입 매수 115

착근된 자유주의 179, 183, 184, 185

착취 36, 37, 72, 83, 85, 87, 112

처노, 론(Chernow, Ron) 47, 50

처칠, 윈스턴(Churchill, Winston S) 41, 183

천연가스 19, 137

체니, 딕(Cheney, Richard B) 152

체코 공화국 24, 171

추나라, 조셉(Choonara, Joseph) 11

ㅋ

카이로 대학 169

카터, 지미(Carter, Jimmy) 97

캅카스 17, 151, 156

캐나다 119, 129, 143

케네디, 폴(Kennedy, Paul M) 155

케인스, 메이너드(Keynes, J M) 25, 29, 31, 62, 67, 71, 78, 111

케인스주의 24, 25, 31, 32, 60, 61, 68, 82, 84, 103, 110, 124~126, 181, 184, 187

코닝스, 마르테인(Koonings, Martijn) 95

콜(Cole, G D H) 25

쿠, 리처드(Koo, Richard) 121

쿠바 미사일 위기(1962) 152

크라이슬러 129

크레이머, 짐(Cramer, Jim) 42

클린턴, 빌(Clinton, William J) 89, 148, 149, 169, 174

클린턴, 힐러리(Clinton, Hillary Rodham) 169

키드런, 마이크(Kidron, Michael) 81

킹, 머빈(King, Mervyn) 24

ㅌ

〈타임〉(Time) 100
탈레반 16, 171
탈레브, 나심 니콜라스(Taleb, N N) 26,
　129
터너, 그레이엄(Turner, Graham) 106
터너, 어데어(Turner, Adair Lord) 50,
　107, 147
터커, 폴(Tucker, Paul) 51
터키 98
테러와의 전쟁 104
테일러(Taylor, A J P) 22
테트, 질리언(Tett, Gillian) 109
토폴라네크, 미레크(Topolánek, Mirek) 24
통화 32, 33, 41, 61, 89, 91, 93, 95,
　96, 101, 121, 140, 141
통화정책 33, 101
통화주의 31, 61, 101
트로츠키(Trotsky, L D) 147

ㅍ

파생상품 52, 56, 57, 58, 59, 73, 77,
　78, 92, 95, 98, 107, 109, 128, 184
파운드화 41, 84, 91
〈파이낸셜 타임스〉(Financial Times) 17,
　23, 29~31, 130, 138, 139, 142, 145,
　181
파키스탄 171, 173
패니메이(Fannie Mae) 23, 45, 117, 158
패니치, 리오(Panitch, Leo) 95, 98, 100

퍼거슨, 닐(Ferguson, Niall) 23, 130, 160,
　161
퍼트레이어스, 데이비드(Petraeus, General
　David H) 150, 151
페탱, 필리프(Petain, Philippe) 35
페트로브라스 190
폴라니, 칼(Polanyi, Karl) 179, 183
폴란드 137, 171
폴슨, 헨리(Paulson, Henry) 130, 131, 170
푸조-시트로엥 사 139
푸틴, 블라디미르(Putin, V V) 17, 19,
　136, 152
풀드, 리처드(Fuld, Richard S) 42
프랑스 119, 124, 129, 136, 137, 139,
　141, 169, 199
프레디맥(Freddie Mac) 23, 45, 117, 158
프레스토위츠, 클라이드(Prestowitz, Clyde)
　165
프레오브라젠스키, 예브게니(Preobrazhe-
　nsky, E V) 87
프리드먼, 밀턴(Friedman, Milton) 25, 32,
　61, 71
프리드먼, 조지(Friedman, George) 18,
　136, 141, 144, 146, 151, 171
프린스, 척(Prince, Chuck) 115
피셔, 요슈카(Fischer, Joschka) 140
피아트 144
필립스 곡선 32

ㅎ

하먼, 크리스(Harman, Chris) 11, 12, 110

하비, 데이비드(Harvey, David) 11, 71, 75~78, 87, 148, 160

하이에크, 프리드리히 폰(Hayek, F A von) 25, 33, 68, 69, 71, 72, 85

하트, 마이클(Hardt, Michael) 135

한국 88, 94, 105, 165~167, 192

헤게모니 19, 20, 25, 46, 60, 92, 96, 97, 148, 156, 157, 160, 162, 167, 182, 186

헤지펀드 42, 45, 51, 62, 96, 98, 109, 184

헬라이너, 에릭(Helleiner, Eric) 92, 93

혁명 17, 28, 32, 171, 191, 198, 199

현실주의 146, 160

≪혼돈에 빠진 세계경제≫(The Economics of Global Turbulence) 83

≪혼돈의 시대≫(The Age of Turbulence) 83

홀러웨이, 존(Holloway, John) 189, 190, 198

홍콩 88

홍콩 금융관리국(Hong Kong Monetary Authority) 165

화폐 58, 60~62, 68~70, 73, 76, 77

효율적 시장 가설(Efficient Market Hypothesis) 59

후버, 허버트(Hoover, Herbert C) 125

후쿠야마, 프랜시스(Fukuyama, Francis) 16, 156

히틀러, 아돌프(Hitler, Adolf) 22, 35, 139

힐퍼딩, 루돌프(Hilferding, Rudolf) 46, 47, 130

기타

9 · 11 16, 17, 103, 151

AIG 23, 57, 117, 144

BNP파리바 116, 144

G20 142, 170 : ― 124, 127, 169, 186

HSBC 129

IMF 21, 22, 43, 44, 52, 78, 84, 90, 98, 105, 120, 123, 124, 127, 130, 157

JP 모건 108, 118, 129

JP모건체이스 116

OECD 117, 118, 120

PwC 129

RHJ 144

UBS 52

US스틸 47